高等院校“十二五”工程造价专业系列规划教材

工程经济学

黄喜兵　颜笑春　主编

西南交通大学出版社
·成　都·

内容简介

本书系统地介绍了工程经济学的基本理论、基本方法及其在项目决策中的应用方法，主要内容包括现金流量与资金的时间价值、建设项目的绝对效果评价、建设项目的相对效果评价、建设项目财务评价、建设项目国民经济评价、不确定性分析与风险分析、价值工程等。

本书特别注重实践性，与我国现行法规、规范及现实生活联系紧密。本书内容深入浅出、通俗易懂、难易适中，既可作为高等院校相关专业本、专科学生的教材，也可供造价工程师、建造师、咨询工程师等专业人士参考。

图书在版编目（CIP）数据

工程经济学 / 黄喜兵，颜笑春主编. —成都：西南交通大学出版社，2011.9（2017.11 重印）
高等院校“十二五”工程造价专业系列规划教材
ISBN 978-7-5643-1413-2

Ⅰ. ①工… Ⅱ. ①黄…②颜… Ⅲ. ①工程经济学－高等学校－教材 Ⅳ. ①F062.4

中国版本图书馆 CIP 数据核字（2011）第 185763 号

高等院校“十二五”工程造价专业系列规划教材
工程经济学
黄喜兵　颜笑春　主编

责任编辑	高　平
特邀编辑	曾荣兵
封面设计	墨创文化
出版发行	西南交通大学出版社 （四川省成都市二环路北一段 111 号 西南交通大学创新大厦 21 楼）
发行部电话	028-87600564　87600533
邮政编码	610031
网　　址	http://www.xnjdcbs.com
印　　刷	四川森林印务有限责任公司
成品尺寸	185 mm × 260 mm
印　　张	11.75
字　　数	294 千字
版　　次	2011 年 9 月第 1 版
印　　次	2017 年 11 月第 7 次
书　　号	ISBN 978-7-5643-1413-2
定　　价	28.00 元

前　言

"工程经济学"是工程造价专业的一门主干专业基础课程，也是使其他工科类专业学生得以正确处理技术和经济二者关系的一门重要的经济类平台课程。学习本课程，学生能掌握工程经济学的基本原理、基本方法，具有从事各类工程项目经济评价的基本技能；在工程实践中树立经济意识，更好地提高项目经济效益。

在本书的编写过程中，特别注重理论与实践的结合，紧密结合《建设项目经济评价方法与参数》（第三版）、《价值工程　第1部分：基本术语》（GB/T 8223.1—2009）等国家最新财经法规或规范、标准，并密切结合如造价工程师、建造师、咨询工程师（投资）等国家相关执业（职业）资格考试内容对工程经济学知识的要求，利于读者学以致用。

本书由西南交通大学黄喜兵和四川师范大学颜笑春担任主编，各章具体分工如下：第1章、第2章、第3章、第4章、第7章、第8章由黄喜兵编写；第5章、第6章由颜笑春编写。

感谢在本书编写过程中所参考的文献的作者。

由于编者水平有限、编写时间仓促，书中难免会有不妥之处，恳请各位专家和读者提出宝贵意见。

编　者

2011年7月

前言

目　录

第 1 章　绪　论

【本章导读】

由于工程活动需要消耗经济资源，因而最大限度地有效利用资源，使工程活动的经济效果满足人们的需要显得特别重要。工程经济学正是这样一门研究工程活动的代价及其对目标实现的贡献，寻求以有限的经济资源满足人们对工程活动经济效益要求的最佳实施方案的学科。

本章的主要内容包括工程经济学的概念、产生与发展，工程经济学的研究对象与研究内容，工程经济学的学习目的与意义，工程经济学的课程特点与学习要求等内容。

1.1　工程经济学的概念、产生与发展

1.1.1　工程经济学的概念

在工程项目建设和生产经营过程中，人们经常会面对多个建设方案、工程技术方案，这些方案可能从技术上都具有可行性，但由于各方案的投资额、效益、建设及使用年限很可能不一样，因此这些方案就具有不同的经济性。如何对这些方案进行经济性分析和评价，从众多技术上可行的方案中选出一个更为经济合理的方案，就是工程经济学所要研究的问题。也就是说，工程经济学的实质就是寻求工程技术与经济效果之间的内在联系，揭示二者协调发展的内在规律，追求技术先进性与经济合理性的最佳结合。

工程经济学（Engineering Economics）是工程技术与经济的交叉学科，是一门介于自然科学与社会科学之间的边缘学科，它是以工程技术为主体，以技术经济系统为核心，利用经济学的理论和分析方法，研究项目建设中涉及的工程技术、生产经营等领域的经济问题和经济规律，通过系统的计量和评价，研究如何有效利用资源，提高经济效益，以达到技术和经济完美结合的一门学科。

1.1.2　工程经济学的产生

随着科学技术的飞速发展，人们在工程项目建设中可采取的工程技术方案也越来越多。如何从经济效果角度对众多技术上可行的方案进行比较而从中选取最优方案的问题越来越突出。工程经济学就是在这样的背景下产生的，也就是说，工程经济学的产生是为了解决从经济角度对工程技术方案如何进行选择的问题。

1886 年，美国机械工程师协会（ASME）会员亨利·唐纳（Henley Towne）发表的《作

为经济学家的工程师》一文中，提出了把对经济问题的关注提高到与技术同等重要的地位。

但国际上一般认为，工程经济学的产生以美国土木工程师亚瑟姆·惠灵顿（Arthur M. Wellington）于1887年出版的专著《铁路选线的经济理论》（*The Economic Theory of Railway Location*）为标志。惠灵顿通过长期的铁路建设实践，认识到铁路选线问题是一个多方案选择的问题。在进行铁路选线时，除了坡度、弯度半径等技术参数外，经济性是影响方案选择的另一个重要因素。他在这部著作中首次将成本分析方法应用于铁路的最佳长度和路线的曲率选择问题上，并提出了工程利息的概念，开创了工程领域中的经济评价工作。在这部著作中，惠灵顿将工程经济学定义为"一门少花钱多办事的艺术"。

20世纪初，美国斯坦福大学教授菲什（J.C.Fish）出版了第一部《工程经济学》（*Engineering Economics*）著作。他在书中系统地阐述了与债券市场相联系的工程投资模型。1920年，戈尔德曼（O.B.Goldman）出版了《财务工程》（*Financial Engineering*）一书，第一次提出用复利法确定方案的比较价值来进行投资方案评价的思想，并且批评了当时研究工程技术问题不考虑成本、不讲究节约的错误倾向。在书中，戈尔德曼指出："有一种奇怪而遗憾的现象，就是许多作者在他们的工程学书籍中，没有或很少考虑成本问题。实际上，工程师的最基本的责任是分析成本，以达到真正的经济性，即赢得最大可能数量的货币，获得最佳财务效益。"

但是，使工程经济学成为一门独立的、系统性的学科的奠基人却是美国工程经济学家格兰特教授（E.L.Grant）。1930年，他编写出版了《工程经济原理》（*Principles of Engineering Economics*）一书。该书指出了古典工程经济的局限性，并以复利计算为基础，对固定资产投资的经济评价原理作了阐述，讨论了判别因子和短期投资评价的重要性以及与长期投资的一般比较。该书初步奠定了工程经济学的学科体系，他的诸多理论贡献为社会所公认，他也因此被称为"工程经济学之父"。

自此，历经了40多年的曲折历史，工程经济学成为了一门独立的学科。

1.1.3　工程经济学的发展

1. 西方工程经济学的发展过程

20世纪30—50年代，工程经济学的研究内容从单纯的工程成本分析扩展到市场供求和资源合理配置分析，理论体系更加完善。

20世纪60年代以来，工程经济学的研究内容进一步扩展到风险投资、敏感性分析和市场不确定性因素分析等方面。工程经济学理论与方法逐步形成了完整的科学体系。

1951年，乔尔·迪安（J.Dean）在凯思斯经济理论的基础上，分析了市场供求状况对企业有限投资分配的影响。1961年，乔尔·迪安出版的《资本预算》一书不仅发展了折现现金流量法，而且开创了资金限额分配的现代经济分析方法。

1978年，布西（L.E.Bussey）出版了《工业投资项目的经济分析》一书，全面系统地总结了工程项目的资金筹集、经济评价、优化决策以及项目的风险和不确定性分析等理论。

1982年，里格斯（J.L. Riggs）出版了《工程经济学》（*Engineering Economics*）一书，系

统地阐述了货币的时间价值理论、经济决策和风险以及不确定性等工程经济学的内容，把工程经济学的学科水平向前推进了一大步。

20世纪90年代以后，西方工程经济学理论逐渐突破了传统的对工程项目或技术方案本身经济效益的研究，出现了对中观经济与宏观经济进行研究的新趋势。近代工程经济学将经济数学、计算机理论运用于项目的风险性研究及非经济因素的研究，使工程经济学学科体系日趋完善。

进入21世纪后，随着运筹学、概率论、数理统计等方法的大量运用，以及系统工程、最优化技术、电子计算机技术的飞跃发展，工程经济分析评价方法有了新的突破，许多过去无法定量计算的因素开始可以定量化，许多计算过程繁杂的分析可以通过计算机处理，工程经济学进入了一个新的发展时期。

2. 工程经济学在我国的发展历程

我国工程经济方面的研究始于20世纪50年代。新中国成立后的“一五”时期，与其他领域一样，主要是学习苏联的做法，对重点投资项目进行经济论证，并作为项目投资决策的依据。在《1956—1967年全国科学技术发展十二年规划》和《1965—1974年全国科学技术发展十年规划》中，工程经济（时称建筑经济）研究作为独立的学科被列入了规划。但总体而言，在20世纪80年代以前，我国工程经济的发展时有反复，时而重视、时而忽视工程经济的重要性。20世纪80年代之后，工程经济学在我国发展才真正走上正轨。随着改革开放的推进，工程经济学的原理和方法在经济建设宏观与微观的项目评价中得到广泛应用；对工程经济学学科体系、理论和方法、性质与对象的研究也十分活跃；随着有关工程经济的投资理论、项目评价等著作和文章的大量出现，逐步形成了有体系的、符合我国国情的工程经济学。

20世纪80年代后的工程经济研究在我国得到了广泛重视，其发展可分为三个阶段。

第一阶段，从20世纪80年代初期至80年代中期，工程经济用于技术经济评价，作为经济决策的补充。

第二阶段，从20世纪80年代中期至90年代中期，随着我国改革开放步伐的加快，大量工程建设项目上马，要求按照市场经济原则自负盈亏，所有项目要求必须进行可行性分析。而工程经济学恰好提供了一套系统、科学、完整的分析方法。因此，这一时期，工程经济学得到了广泛应用，也为我国广大工程技术人员所认识和接受。

第三阶段，从20世纪90年代中期至21世纪初，尤其是最近若干年，由于工程管理、工程造价及工业工程专业的发展，工程经济学被作为主干课程列入专业课目录中，得到了广泛的认可。教育部规定工程经济学为工科和财经院校相关专业的必修课。国务院也成立有工程经济中心，全国形成了一支庞大的工程经济工作者队伍，为工程经济学的发展和应用奠定了基础，在吸收、借鉴国外先进经验的基础上建立了较为完善的工程经济学学科体系。

2006年，国家发展改革委员会和建设部联合发布了《建设项目经济评价方法与参数（第三版）》，为提高我国经济评价工作质量提供了有力保证，也推动了工程经济学在我国的应用与发展。近年来，随着我国经济的飞速发展，大型工程项目也显著增加，工程经济学理论与方法在我国逐步得到应用与普及，为工程经济学的发展提供了更为广阔的空间。

1.2 工程经济学的研究对象与研究内容

凡是一门独立的学科，都必须有自己独特的研究对象和研究内容，那么工程经济学的研究对象和研究内容是什么呢？

1.2.1 工程经济学的研究对象

人们在进行工程项目决策时，往往要考虑以下问题：

（1）为什么要建设这个项目？

（2）应当何时建设这个项目？

（3）应该以何种方案建设这个项目？

工程经济学就是要研究解决上述问题，也就是说，工程经济学的研究对象就是要解决各种工程项目（或投资项目）是否应当建设、应当何时建设、应当怎样建设的问题，但其核心是工程项目的经济性分析。

工程经济学从技术的可行性和经济的合理性出发，运用经济理论和定量分析方法，研究工程技术方案和经济效益的关系，例如，各种技术在使用过程中如何以最小的投入取得最大的产出；如何用最低的寿命周期成本实现产品、作业或服务的必要功能。工程经济学不研究工程技术原理与应用本身，也不研究影响经济效果的各种因素，而是研究这些因素对工程项目产生的影响，研究工程项目的经济效果。

这里所说的工程项目（Project）是指需要投入一定资源的计划（Plan）、规划（Programmet）或方案（Alternatives），并可以进行分析和评价的独立工程单元。所以，其含义是相当广泛的，既可以是一个拟建的工厂、车间，也可以是一项技术革新或改造的计划；既可以是设备，甚至是设备中某一部件的更换方案，也可以是一项规模宏大的水利枢纽或交通设施等。

1.2.2 工程经济学的研究内容

从工程经济学的研究对象，我们可以看出其研究内容相当广泛，主要包括以下几个方面：

（1）现金流量与资金的时间价值。

现金流量与资金的时间价值是工程经济分析的重要基础，其具体内容包括：现金流量与现金流量图表、资金时间价值的计算、名义利率与实际利率、资金的等值计算等。

（2）投资项目方案的绝对（经济）效果评价。

一个投资项目方案的经济可行性要满足起码的条件，也就是首先要进行绝对效果评价，其具体内容主要包括：评价指标、判断准则等。

（3）投资项目方案的相对（经济）效果评价。

一个投资项目通常有几个方案，为了从多个方案中选择最佳方案，需要对方案进行比选，也就是要对其进行相对效果评价，其具体内容包括：方案间的关系、不同类型方案间相对效果评价的方法等。

（4）建设项目的财务评价及国民经济评价。

建设项目的财务评价是从项目投资人或企业角度考察项目的经济合理性，其具体内容包括：财务评价的方法与基本步骤、财务评价的基本报表、财务评价指标体系。

建设项目的国民经济评价是从国民经济全局角度对项目的经济评价，其具体内容包括：国民经济评价的效益和费用、方法和参数、国民经济评价指标体系。

（5）建设项目的不确定性分析与风险分析。

由于外部环境的变化以及预测方法的局限性，投资项目方案经济评价中所采用的基础数据与实际值间会存在一定的偏差，从而使工程项目具有不确定性与风险。为了确定和减少这种偏差对经济效果评价的影响，预测项目可能承担的风险，确定项目经济上的可靠性，有必要进行项目的不确定性分析和风险分析，其具体内容包括：盈亏平衡分析、敏感性分析、风险分析。

（6）价值工程原理。

价值工程原理由于对技术方案、工程项目的比较和优选能够取得明显的效果，在工程建设领域得到了广泛应用，其具体内容包括：价值工程的基本概念、提高价值的途径、价值工程方法与应用程序。

（7）设备更新经济分析。

设备更新经济分析的具体内容包括：设备更新的原因、设备的磨损及其补偿、设备经济寿命的确定、设备更新分析方法、不同设备更新方案的比较。

（8）工程项目后评价。

工程项目后评价是在项目建成投产后若干年，对整个项目实现原定目标的评价，其具体内容包括：项目后评价的概念、项目后评价的基本步骤、项目后评价的基本方法、项目后评价的组织与实施。

1.3 工程经济学的学习目的与意义

1.3.1 工程经济学的学习目的

一般而言，一个工程项目的成功，除了技术上可行和成功以外，还要产生预期的效益，在有些情况下还要求产生的效益要超过实施该项目而付出的代价，从而使项目实现净效益。很多重大项目的失败，并不是工程技术的失败，而是经济分析上的失算。如英法两国联合研制的“协和”号超音速客机在技术上完全达到了原来的预期，技术上是世界最先进的，但由于其油耗太大，尽管其速度快，但其票价比普通客机的票价高，随着通货膨胀的发生，“协和”号飞机的票价比普通客机的票价上涨快得多，以致后来完全超出了人们的承受能力。2003 年 10 月，世界著名的“协和”号飞机最终结束了其飞行生涯。这在世界范围内被认为是投资决策失误的例证。

学习工程经济学，就是要彻底认识到工程经济的重要性。由于工程经济学是研究各种工程技术方案的经济效果的一门学科，通过学习工程经济学，帮助工程技术人员、工程管理人员提高决策水平，使其不仅对其提出方案的技术可行性负责，还要对其经济合理性负责。具体来说，学习工程经济学就是要学会：从经济学角度定量比较各种工程方案的优劣；能对现有的工程项目进行经济合理性方面的评价。更重要的是要通过工程经济学的学习，树立起一种新的工作和生活态度，在头脑中建立起经济意识。

【考考你】

某金融机构曾经推出一款产品：客户连续 10 年每年年初存入该金融机构 5 000 元人民币，从第 1 年年末开始连续 15 年享受分红 500 元人民币，第 15 年年末金融机构一次返还现金 50 000 元人民币。请问，你愿意投资吗？

1.3.2 学习工程经济学的重要性

戈尔德曼教授曾经在其著作《财务工程》中指出："工程师最基本的责任是分析成本，以达到真正的经济性，即赢得最大可能数量的货币，获得最佳财务效益。"里格斯在其出版的经典著作《工程经济学》中也指出："工程师不仅要提出新颖的技术发明，还要能够对其实施的效果进行经济分析。在密切而复杂地联系着的现代工业、公共部门和政府之中，成本和价值的分析比以往更为细致、更为广泛。缺少这些分析，整个项目往往很容易成为一种负担而收益不大。"

从上述论述中我们可以看出：一个称职的工程技术（或工程项目管理）人员必须具备相应的工程经济学知识，才能使其工作成果更为有效。所以，工程经济学知识已经成为现代工程技术和工程项目管理人员的必备知识。

在我国现行的诸多执业（职业）资格考试中，工程经济学知识的重要性已经得以显现（见表 1.1）。

表 1.1 对工程经济学知识有要求的执业（职业）资格

序　号	名　称	管理部门	实施时间
1	监理工程师	住房和城乡建设部	1992-07
2	房地产估价师	住房和城乡建设部	1995-03
3	造价工程师	住房和城乡建设部	1996-08
4	一级结构工程师	住房和城乡建设部	1997-09
5	房地产经纪人	住房和城乡建设部	2001-12
6	一级建造师	住房和城乡建设部	2003-01
7	资产评估师	财政部	1996-05
8	咨询工程师（投资）	国家发展和改革委员会	2001-12
9	投资建设项目管理师	国家发展和改革委员会	2005-02
10	设备监理师	国家质量监督检验检疫总局	2003-12
11	经济师（建筑经济）	人力资源和社会保障部	1993-01

1.4 工程经济学的课程特点与学习要求

1.4.1 课程性质

"工程经济学"是工程管理、工程造价等专业的一门重要的专业基础课，既具有很强的理论性，又与工程实践过程紧密相关。随着社会主义市场经济建设的发展和深化，对于既懂技术又懂经济的人才的需求越来越迫切，越来越多的高校将“工程经济学”列为必修课程。

本课程的任务是使学生了解工程技术与经济效果之间的关系，熟悉工程技术方案选优的基本过程，熟练掌握工程经济的基本原理和方法，具有运用工程经济知识分析经济运行中的实际问题和指导生产实践的能力。

1.4.2 课程特点

工程经济学是工程技术与经济相结合的一门综合性边缘学科。因此，它具有边缘学科的特点，即实践性、系统性、综合性等。

工程经济学必须以自然规律为基础，既不同于技术科学研究自然规律本身，又不同于其他经济科学研究经济规律本身，它是以经济科学作为理论指导和方法论。工程经济学的任务不是发明、创造新技术，而是对成熟的技术和新技术的选用进行经济性分析，从经济角度研究技术方案的合理性，为技术方案的选用决策提供依据。简而言之，工程经济学既不研究技术发展的规律，也不研究经济规律，而是在尊重客观规律的前提下，对各种工程方案的经济效果进行分析、评价。

工程经济学具有以下特点：

（1）实践性。

工程经济学是一门与经济建设、社会生产实践有着密切联系的学科。无论是投资建设生产性项目，还是建设各类非生产性项目，甚至企业的设备更新、技术改造、施工单位的施工方案的采用，都会面临资源的投入，这就必然需要考虑投入与产出的关系问题，就需要进行决策。而工程经济学就是帮助人们解决这类问题的。这类问题的解决，又必然涉及国家相关的现行有效的财经法规和标准规范。

（2）系统性。

工程技术方案的评价选择过程必定会受到自然环境和社会环境等客观条件的制约。工程经济学在分析技术方案的经济效果时，是将其放在社会的政治、经济及自然环境的大系统中进行的。因而工程经济学的特点之一就是系统性。

（3）定性与定量相结合。

随着数学、计算机技术、系统科学的发展，过去很多只能定性分析的因素都实现了定量化，这样可以尽量减少主观成分对决策的不良影响。但是，我们不得不承认，工程经济分析中，仍然存在大量无法定量化的因素，只能进行定性分析。因此，在工程经济分析中，应当注意采用定量与定性相结合的方法，以提高分析结论的可靠性。

（4）预测性。

工程经济学所讨论的经济效果都和“未来”有关。也就是说，工程经济学不关心某方案已经花费了多少，而只考虑从现在起可获得同样使用效果的各种方案的经济效果。既然工程经济学是讨论各方案“未来”的经济效果，因此，工程经济学就是建立在预测基础上的一门学科。

（5）综合性。

工程经济学强调的是技术可行基础上的经济分析，是在技术可行性研究的基础上进行的经济合理性分析。工程经济学为工程方案的技术可行提供经济依据，并为欲改进的方案提供可供社会接受的改进途径。因此，工程经济学具有很强的技术与经济的综合性。

1.4.3 学习应当注意的问题

工程经济学的中心任务是帮助决策者对工程技术方案进行经济合理性分析，据以做出相应决策。很多决策失误并不是因为具体计算的失误，而是由于分析问题的方法和原则选择不当。因此，我们在学习以及以后运用工程经济学的过程中就应当注意把握以下原则：

（1）多方案比选原则——形成尽可能多的备选方案。

决策是在两个或两个以上备选方案（Option）中做出选择的行为。因此，形成尽可能多的备选方案是提高决策水平的基础。一旦忽略了潜在可行的备选方案，就失去了进一步优化决策的机会，毕竟优劣总是相对的。因此，要时时注意“是否还有其他可行方案？”以得到尽可能多的备选方案。

注意在备选方案中，有一个特殊的方案，就是使原有状况继续的方案，或称为“不干什么”或“无”项目方案（Doing nothing）。

（2）可比性原则——方案间必须具有比较的基础。

不同方案的初始投资、使用寿命、产出效益以及运行费用等不可能都相同（显然，如果都相同就不需要决策了，随便选一个都可以），因此要注意方案间的可比性。比如说，两个方案的寿命期不同就不能进行总费用的比较，就要设法使用研究期法等方法使其具有相同的寿命期，或者采用年费用作为比较的基础。又比如，两个方案投入的货币币种不同，就不能直接进行比较，而应当换算成相同的货币单位再进行比较。基于可比性考虑，项目方案分析时宜坚持“有无对比”，而不是“前后对比”。“有无对比”是将有该项目与无该项目时的现金流量进行对比，“前后对比”是将该项目实施后与未实施该项目时的现金流量进行对比，“前后对比”至少不具有时间的可比性。“有无对比”时，两种情况的效益和费用计算范围、计算期应当保持一致，以具有可比性。

（3）资金的时间价值原则——以动态分析为主。

工程经济学中最基本的一个概念就是资金具有时间价值，简单地说，现在的 1 元钱比未来的 1 元钱更值钱。能不能将不同时间获得的财富直接相加作为方案的经济效果呢？显然不能，因为资金具有时间价值，未来的钱放在现在就没那么多。不同方案的投入及产出，一般都以资金的形式表现出来，所以在进行工程技术方案的经济性分析时，应当以考虑资金时间价值的动态分析方法为主。

（4）机会成本原则——不计沉没成本。

在进行工程经济分析时，要选择影响正确决策的成本费用数据。工程经济分析中强调机会成本（Opportunity cost），而排除沉没成本（Sunk cost）。

沉没成本是指由于过去的决策已经发生了的，而不能由现在或将来的任何决策改变的、已经计入过去投资费用回收计划的成本费用。由于这些费用对于任何备选方案而言都是无法改变的，因此在工程经济分析中不予考虑。而机会成本是指资源用于某用途而放弃其他用途可带来的最大收益。

例如，某企业有一台设备原值 300 万元，使用若干年后，扣除已计提的折旧，账面价值

100万元，但该设备现在的市值80万元。如果企业把该设备用于新的项目，在对新项目方案进行经济分析时，就不应当考虑其账面价值100万元，因为这是由于过去的决策已经发生的，与是否用该设备于新项目无关的沉没成本；但必须考虑其市场价值80万元，因为若该设备不用于新项目，就可以出售变现，就可以为企业带来80万元的收益，这就是该设备用于新项目的机会成本。

（5）定量分析与定性分析相结合，定量分析为主的原则。

工程经济分析的本质就是要对工程项目方案的经济活动，通过效益和费用的计算，对其经济效益进行分析和比较。所以，一般来说要尽量采用定量指标，但对一些不能量化的经济因素，不能直接进行数量分析，对此也要求进行定性分析，并与定量分析结合起来进行评价。

（6）收益与风险权衡原则。

任何项目都存在着风险。工程经济分析时，若对可能带来风险的因素考虑得不全面，对风险可能导致的损失估计不足，结果往往有可能使得项目失败。所以，工程经济分析中不但要看到收益，也要关注风险，在权衡利弊得失后再做决策。一般而言，风险越高的项目，我们会要求越高的收益。

思考题与习题

1. 什么是工程经济学？
2. 工程经济学的研究内容主要包括哪些？
3. 工程经济学有哪些特点？
4. 什么是沉没成本？什么是机会成本？试举例说明。
5. 简述工程经济学的发展。

第 2 章　现金流量与资金的时间价值

【本章导读】

资金时间价值的概念及其等值计算方法已经被广泛应用于项目经济评价及社会经济的诸多领域。根据资金时间价值原理形成的以现金流量分析（动态分析）为主的项目经济评价方法包括项目财务分析和经济分析。工程项目方案的经济比选主要也是采用现金流量分析方法。

本章的主要内容包括现金流量与现金流量图表、资金时间价值的概念和资金的等值计算等。

2.1　现金流量与现金流量图表

现金流量与现金流量图表是很重要的概念，也是用来表示项目基础数据的基本工具，是正确进行项目经济评价、进行科学决策的基础。

2.1.1　现金流量

在进行经济分析时，可以把所考察的对象视为一个系统，这个系统可大可小，可以是一个工程项目、一个企业、一个地区、甚至一个国家。现金流量（Cash Flow，CF）就是考察对象（或系统）在一定时期内各时点上所实际发生的现金及现金等价物的流入与流出。现金等价物是指期限短、流动性强、易于转换为已知金额现金、价值变动风险小的资产。在后续叙述中，无特别说明时，"现金"都包括现金与现金等价物。

现金流量有两个方面需要注意：一是只计算现金收支而不计算如折旧费等非现金收支；二是现金收支都必须对应发生的时间点。

现金流量的内涵和构成随工程经济分析的范围和经济评价方法的不同而不同。在对工程项目进行财务评价时，应当从项目或企业角度出发，使用按现行财税制度和市场价格确定的财务现金流量；而在进行工程项目的国民经济评价时，要从国民经济角度出发，使用按照资源优化配置原则和资源的影子价格确定的国民经济效益费用流量。相关的现金流量构成见相应章节内容。

现金流量包括现金流出量、现金流入量和净现金流量三个具体概念。

1. 现金流出量（Cash Outflow，CO）

现金流出量（简称现金流出）是指考察对象（或系统）在一定时期内各时点上所实际发生的现金的支出，如借款本息的支付等。

2. 现金流入量（Cash Inflow，CI）

现金流入量（简称现金流入）是指考察对象（或系统）在一定时期内各时点上所实际发生的现金的流入，如销售收入、流动资金的回收等。

3. 净现金流量（Net Cash Flow，NCF）

净现金流量是同一时点上现金流入量与现金流出量之差。当现金流入大于现金流出时，净现金流量为正；反之为负。

2.1.2　现金流量图

为了能直观地表达现金流量发生的时点、金额及流向（流入或流出），可以借助现金流量图这个有效的工具。

现金流量图（Cash Flow Diagram）是表示某一特定经济系统现金流入、流出与其发生时点对应关系的数轴图形，换句话说，就是一种反映资金运动状态的图式。现金流量图要正确地表示现金流量的三要素：现金流量的大小（资金数额）、流向（现金流入或流出）和时点（资金流入流出发生的时间点），现金流量图如图 2.1 所示。

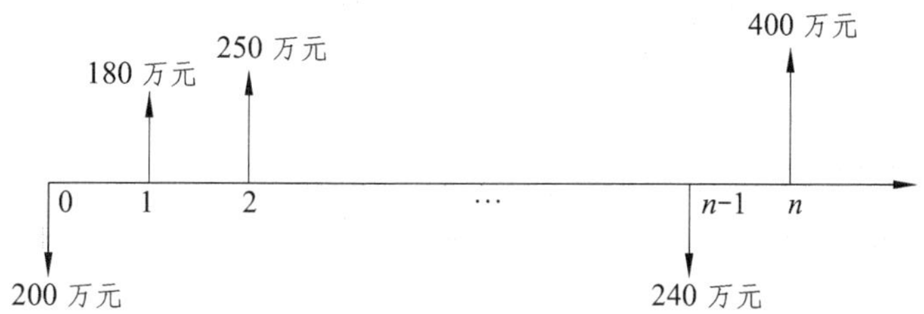

图 2.1　现金流量图示例

现金流量图的画法和规则如下：

（1）横轴为时间轴，向右表示时间的延续，将横轴分成相等的时间间隔，表示计息周期，通常以年为单位，“0”表示时间序列的起点。在《建设项目经济评价方法与参数（第三版）》中的时间期序列 $t=1,2,\cdots,n$；如果列出第 1 期期初即 0 点的现金流量，则时间期序列 $t=0,1,2,\cdots,n$。

（2）与横轴相连的垂直箭线，代表不同时点流入或流出系统的现金流量。箭头向上表示现金流入，箭头向下表示现金流出，现金流量图上要注明每一笔现金流量的金额。箭线长短只要能区分现金流量多少即可，不一定按比例绘制。

（3）箭线与时间轴的交点就是现金流量发生的时点。

注意：现金流量的方向是对特定系统而言的。如借款人的资金流入就是贷款人的资金流出。通常工程项目现金流量的方向是针对资金使用者的系统而言的。另外，现金流量图上第 t 时点，既表示是第 t 期期末，也表示是第 $t+1$ 期期初。

【例 2.1】　某项目第一年年初投入资金 28 万元，第一年至第五年每年年末流入现金 4 万元，同时需投入资金 2 万元，第五年年末还回收流动资金 2 万元，则其现金流量图如图 2.2 所示。

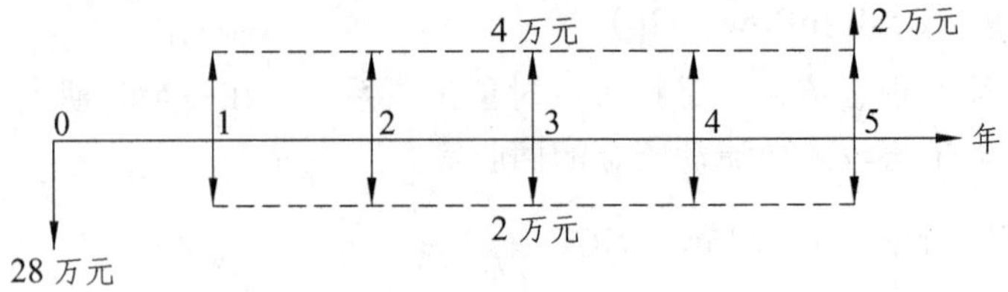

图 2.2　某项目现金流量图

2.1.3　现金流量表

另一个能直观表达现金流量发生的时点、金额及流向（流入或流出）的有效工具是现金流量表。

现金流量表（Cash Flow Table）是指能直接、清晰地反映某一特定经济系统现金流入、流出与其发生时点对应关系的表格。利用现金流量表可以方便地进行现金流量分析，是进行项目经济评价的有力工具。

在教材或课堂教学中，为了便于对资金时间价值的理解，一般用现金流量图；而在实际的项目经济评价中，由于现金流入与流出较多，通常采用现金流量表的形式，以方便计算。在我国 2006 年发布的《建设项目经济评价方法与参数（第三版）》中，非常重视现金流量表的运用，共提供了包括项目投资现金流量表、项目资本金现金流量表、投资各方现金流量表和财务计划现金流量表等 4 个现金流量表。表 2.1 即为项目投资现金流量表。

表 2.1　项目投资现金流量表　　万元

序号	项　目	合计	计　算　期					
			1	2	3	4	…	n
1	现金流入							
1.1	营业收入							
1.2	补贴收入							
1.3	回收固定资产余值							
1.4	回收流动资金							
2	现金流出							
2.1	建设投资							
2.2	流动资金							
2.3	经营成本							
2.4	营业税金及附加							
2.5	维持运营投资							
3	所得税前净现金流量（1－2）							
4	累计所得税前净现金流量							
5	调整所得税							
6	所得税后净现金流量（3－5）							
7	累计所得税后净现金流量							

续表 2.1

序号	项　目	合计	计　算　期					
			1	2	3	4	…	n
计算指标： 项目投资财务内部收益率（%）（所得税前） 项目投资财务内部收益率（%）（所得税后） 项目投资财务净现值（所得税前）（i_c=　%） 项目投资财务净现值（所得税后）（i_c=　%） 项目投资回收期（年）（所得税前） 项目投资回收期（年）（所得税后）								

从表中可以看出：现金流量表的纵列是现金流量项目，按照现金流入、现金流出、净现金流量的顺序进行编排，表的横行是时间。整个表既包含了现金流量各项目的基础数据，又包含了计算的结果，非常直观方便。

2.2　资金时间价值

2.2.1　资金时间价值的概念

即使排除通货膨胀因素的影响，在不同时间发生的等额资金在人们眼中并不具有同样的价值。比如说，今年到手的 1 000 元钱与一年后到手的 1 000 元钱，虽然同样是 1 000 元，但任何人都希望拥有前者。还有，我们现在在银行存款 10 万元，过一段时间去取款时，银行付给我们的钱一定比 10 万元更多，这是为什么呢？其实，这是因为资金具有时间价值。

资金时间价值（Time Value of Money）是指资金在生产、流通过程中随着时间的推移而不断增加的价值。

【考考你】所有资金都有时间价值吗？

由于资金时间价值的存在，不同时点发生的现金流量不能直接进行比较，资金必须与时间结合，才能表现出其内在的价值。

资金时间价值的重要意义：① 明确了资金存在时间价值，在项目经济评价时充分考虑时间因素对经济效益的影响，提高项目投资决策的质量；② 树立起资金必须有偿使用的观念，促进整个社会重视货币资金的有效利用，提高资金的利用效率和投资效益；③ 有利于合理配置资金，使资金向效益高（增值快）的地方流动，进而提高国民经济的整体实力。

【拿破仑的玫瑰花诺言】拿破仑 1797 年 3 月在卢森堡第一国立小学演讲时说了这样一番话：“为了答谢贵校对我的盛情款待，我不仅今天呈上一束玫瑰花，并且在未来的日子里，只要我们法兰西存在一天，每年的今天都将送给贵校一束价值相等的玫瑰花。”后来，拿破仑因战败而被流放到圣赫勒拿岛，把对卢森堡的诺言忘得一干二净。可卢森堡这个小国对此却念念不忘。1984 年底，卢森堡旧事重提，向法国提出：要么从 1797 年起，用 3 路易作为一束玫瑰花的本金，以 5 厘复利（即利滚利）计息全部清偿这笔“玫瑰花”债；要么法国政府在法国各大报刊上公开承认拿破仑是个言而无信的小人。起初，法国政府准备不惜重金赎回拿

破仑的声誉，但却被计算机算出的数字惊呆了：原本3路易的许诺，本息竟高达1 375 596法郎。经苦思冥想，法国政府字斟句酌的答复是："以后，无论在精神上还是在物质上，法国将始终不渝地对卢森堡大公国的中小学教育事业予以支持与赞助，来兑现我们的拿破仑将军那一诺千金的玫瑰花信誉。"这一措辞最终得到了卢森堡人民的谅解。

2.2.2 资金时间价值的度量

1. 资金时间价值的表现形式

资金的时间价值表现为利息或利润。从投资者角度看，资金时间价值是资金在生产与交换活动中给投资者带来的利润；从消费者角度看，资金时间价值是消费者放弃即期消费所获得的利息。利息（Interest）是指因占用资金所付出的代价，或因放弃资金的使用权所得到的补偿。利润（Profit）是指资金投入生产过程后，获得的超过原有投入部分的收益。

利息与利润的区别主要表现在：① 来源不同：利息源于借贷关系；利润源于投资的生产经营。② 风险不同：利息一般风险较小，并在事前明确；利润一般风险较高，事前仅可预测，最终取决于资金使用者经营管理的效果。

由于资金时间价值的计算方法与银行利息的计算方法相似，所以常常用利息来说明资金的时间价值。工程经济分析中所说的利息包含了资金时间价值的两种形式，即利息与利润，所以它比通常所说的利息概念更广义。

2. 资金时间价值的衡量

通常用利息额的多少来作为衡量资金时间价值的绝对尺度，用利息率（简称利率）来作为衡量资金时间价值的相对尺度。

在借贷过程中，债务人支付给债权人的超过原借贷金额（本金）的部分就是利息，即

$$I = F - P \tag{2.1}$$

式中：I——利息；

F——还本付息总额；

P——本金。

利率是指一定时期内（年、半年、季度、月等，即一个计息周期）所得的利息与借贷金额（本金）的比值，通常用百分数表示。利率通常以一年为一个计息周期，也有短于一年的。

$$i = \frac{I}{P} \times 100\% \tag{2.2}$$

式中：i——利率；

I——单位时间内的利息；

P——本金。

在工程经济分析中，把根据未来的现金流量求现在的现金流量所使用的利率称为折现率。在本书中，一般不区分利率和折现率，均用 i 表示。

关于利率的几个习惯说法的解释：

"利率为6%"——年利率为6%，一年计息一次。

"利率为 6%，半年计息一次"——年利率为 6%，每年计息两次，或半年计息一次，每次计息的利率为 3%。

利率的大小由以下因素决定：

（1）社会平均利润率。通常平均利润率是利率的最高界限，因为如果利率高于利润率，借款人投资后无利可图，就不会借款了。

（2）资金供求状况。在平均利润率不变的情况下，借贷资金供不应求，利率就提高；反之，利率就会降低。

（3）风险大小。借出的资金承担的风险越大，利率就会越高。

（4）通货膨胀率。通货膨胀对利率有直接影响，资金贬值可能使实际利率无形中成为负值。

（5）借出资金的期限长短。若借款期限长，不可预见因素多，风险大，则利率就高。

2.2.3　利息的计算

1. 有关利息计算的几个术语

本金（Principal）：贷款、存款或投资在计算利息之前的原始金额。

计息周期：计算一次利息的时间单位。

计息期：计算利息的整个时间段。

计息次数：计息期除以计息周期所得的值。一般用 n 表示。如以月为计息周期，则一年计息 12 次，五年计息次数为 $12\times5=60$ 次。如以年为计息周期，则一年计息 1 次，五年计息次数为 $1\times5=5$ 次。

现值（Present Value，PV）：资金发生在某一特定时间序列起点的价值，一般用 P 表示。在工程经济分析中，现值表示在现金流量图起点的投资数额或项目现金流量折算到起点的价值。

终值（Final Value，FV）：资金发生在某一特定时间序列终点的价值，即期末的本利和，一般用 F 表示。在工程经济分析中，终值表示期初投入或产出的资金换算到计算期末的期终值。

年金（Annuity）：各年（期）收入或支付的等额金额，一般用 A 表示。注意：年金支付的时间间隔不一定为"年"。

2. 利息的计算方法

利息有两种计算方法：单利法和复利法。

（1）单利法。

单利法是指仅对本金计算利息，已取得的利息不再计息的一种计算方法。在单利计息的情况下，利息与时间是线性关系，不论计息周期数为多大，只有原始本金计息，而利息不再计息。我国目前国库券的利息多是以单利计算利息的，其计算公式为：

$$F=P(1+ni) \tag{2.3}$$

式中：F——n 年年末本金与利息之和（简称本利和）；

P——本金；

i——代表利率；

n——计息次数。

【例 2.2】 某人存入银行 10 万元，若银行存款年利率为 5%，存期为 3 年，要求按单利法计算到期本利和和利息。

解： 到期本利和 $F = P(1+ni) = 100\,000 \times (1+3\times 5\%) = 115\,000$（元）

利息 $I = F - P = 115\,000 - 100\,000 = 15\,000$（元）

单利虽然考虑了资金的时间价值，但对以前已经产生的利息并没有转入计息基数而累计计息。因此，单利计算资金的时间价值是不完整的，在应用中有其局限性。

（2）复利法。

复利法是指以本金和累计利息之和为基数计算利息的一种计算方法，也就是俗称的“利滚利”方法。目前，我国银行贷款利息多是以复利法计算的。若每期的利率相同，复利计算的基本公式为：

$$F = P(1+i)^n \tag{2.4}$$

推导过程如下（见表 2.2）。

表 2.2 复利计算基本公式的推导过程

计算期数	期初本金	本期利息	期末本利和
1	P	Pi	$F_1 = P + Pi = P(1+i)$
2	$P(1+i)$	$P(1+i)i$	$F_2 = P(1+i) + P(1+i)i = P(1+i)^2$
3	$P(1+i)^2$	$P(1+i)^2 i$	$F_3 = P(1+i)^2 + P(1+i)^2 i = P(1+i)^3$
…	…	…	…
n	$P(1+i)^{n-1}$	$P(1+i)^{n-1}i$	$F_n = P(1+i)^{n-1} + P(1+i)^{n-1}i = P(1+i)^n$

【例 2.3】 某人存入银行 10 万元，若银行存款年利率为 5%，存期为 3 年，要求按复利法计算到期本利和和利息。

解： 到期本利和 $F = P(1+i)^n = 100\,000 \times (1+5\%)^3 = 115\,762.5$（元）

利息 $I = F - P = 115\,762.5 - 100\,000 = 15\,762.5$（元）

从例 2.2 和例 2.3 可见，在利率相同时，对同一笔借款，按复利法计算的利息金额比按单利法计算的要多，且时间越长，差别会越大。

由于单利法隐含的假设是每期的盈利（利息）不再投入社会再生产，而复利法反映的资金时间价值更符合资金运动规律，所以在项目经济评价中均采用复利法计算资金的时间价值。在以后的计算中，只要不特别指出采用单利法的，都按复利法计算。

3. 名义利率与有效利率

一般情况下，在复利计算中，利率周期通常以年为单位，也就是说一般所说的利率是指年利率，即以 1 年为计息周期。但在实际中，计息周期却不一定以 1 年为计息周期，有时可能实际计息周期是半年、一季度、一月、一天等，那么，一年内的复利发生次数将分别是 2 次、4 次、12 次、365 次等。由此会产生一个问题，即同样的年利率，由于计息周期不同，在相同本金下实际支付的利息也不同。所以，当计息周期与利率周期不一致时，就产生了名义利率（Nominal Interest Rate）和有效利率（Real Interest Rate）的概念。

名义利率是指计息周期利率乘以一年内的计息周期数所得的年利率。如果利率为年利率，而实际计息周期不是一年，则这种年利率就是名义利率。

有效利率是指资金在计息期所发生的实际利率，又称为实际利率。显然，如果一年计息一次，则名义利率与有效利率相等；若一年计息次数不是一次，二者就有差别。

在工程经济分析中，每年计息期数不同的名义利率之间不具有可比性，必须把名义利率转换成有效利率进行评价，才能得出正确的结论。

根据前述利息的定义，可推导出名义利率与有效利率的关系式：

设名义利率为 r，一个利率周期内计息 m 次，则计息周期利率为 $i = r/m$，在某个利率周期初有资金 P，则根据复利法计算其利率周期的本利和为：

$$F = P(1+i)^n = P \times \left(1+\frac{r}{m}\right)^m$$

该利率周期的利息

$$I = F - P = P \times \left(1+\frac{r}{m}\right)^m - P = P\left[\left(1+\frac{r}{m}\right)^m - 1\right]$$

根据利率的定义可以得出该利率周期的实际利率 i_{eff} 为：

$$i_{\text{eff}} = \frac{I}{P} = \left(1+\frac{r}{m}\right)^m - 1 \qquad (2.5)$$

从式（2.5）可以看出：若 $m = 1$，实际利率与名义利率相等；若 $m>1$，实际利率大于名义利率。当计息次数无限多时，其实际利率为：

$$i_{\text{eff}} = \lim_{m\to\infty}\left[\left(1+\frac{r}{m}\right)^m - 1\right] = \mathrm{e}^r - 1$$

式中：e——自然对数的底，其值约为 2.718 28。

设年名义利率为 12%，则计息期分别为年、半年、季度、月、日的年有效利率见表 2.3。

表 2.3　实际利率与名义利率的关系

年名义利率 r	计息期	年计息次数 m	计息期利率 $i = r/m$	年实际利率 i_{eff}
12%	年	1	12%	12%
	半年	2	6%	12.36%
	季度	4	3%	12.55%
	月	12	1%	12.68%
	日	365	0.033%	12.75%

在实际工程经济分析时，对名义利率一般有两种处理方法：① 将其换算为实际利率后再进行计算；② 直接按单位计息周期利率来计算，但计息期数要作相应调整。

2.3 资金的等值计算

2.3.1 资金等值的含义

资金等值是指考虑资金时间价值因素后，不同时点上数额不等的资金，在一定利率条件下具有相等的价值。特定利率下不同时点上绝对数额不等但经济价值相等的若干资金称为等值资金。

例如，现在的 100 元与一年后的 105 元，数量上并不相等，但如果将这笔 100 元的资金存入银行，且年利率为 5%时，一年后的本金和利息之和为：$F = 100 \times (1 + 5\%) = 105$ 元。也就是说，在年利率为 5%的条件下，现在的 100 元与一年之后的 105 元，两者是等值的。显然，影响资金等值的因素有三个：① 资金数额的大小；② 资金发生的时间；③ 利率的大小。

利用资金等值的概念就可以进行不同时点资金间的换算。资金等值计算就是指将一个时点或多个时点发生的资金金额按一定利率换算成另一时点或多个时点的等值金额的过程。把将来某一时点的资金金额换算成现在时点的等值金额称为“折现（Discounting）”或“贴现”。贴现率（折现率，Discount Rate）是指贴现时所采用的利率。银行贷款还本付息计算就是资金等值计算的典型。

资金等值是工程经济学中一个非常重要的概念。在对不同方案进行比较时，必须运用资金等值原理将各方案发生在不同时点的现金流量换算成相同时点的资金才能进行方案的比较、选择。

资金等值计算时常用的基本参数有：

① 现值（P）；② 终值或本利和（F）；③ 等额年金或年值（A）；④ 利率、折现率或贴现率（i）；⑤ 计息期数（n）。

2.3.2 资金等值计算公式

根据资金时间分布的不同和经济评价的需要，常用的资金等值计算公式有以下几种：

1. 一次支付类型

一次支付又称整付，是指所分析系统的现金流量无论是流入还是流出，均在一个时点上一次发生。

一次支付类型的现金流量图如图 2.3 所示。

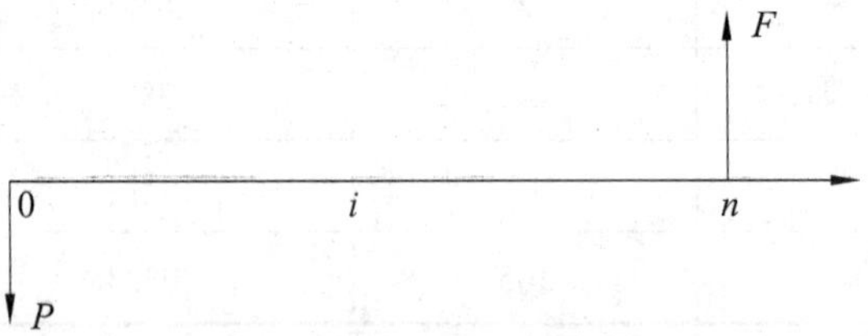

图 2.3 一次支付类型的现金流量图

一次支付类型的资金等值计算公式是资金等值计算的基本公式，它分为如下两种情况：

（1）一次支付终值公式（已知 P，求 F）。

已知本金（期初投资）为 P，利率为 i，以复利法计算，求 n 期期末的本利和（终值）F 为多少？其现金流量图如图 2.3 所示。解决此类问题的公式称为一次支付终值公式，也称为复利终值公式或整付本利和公式。

在前面复利法计算利息部分，我们已经推导出终值 F 与本金 P 的关系为：

$$F = P(1+i)^n \tag{2.6}$$

式中的 $(1+i)^n$ 称为一次支付终值系数，记为 $(F/P,i,n)$，故（2.6）式又可写为：

$$F = P(F/P,i,n) \tag{2.7}$$

在 $(F/P,i,n)$ 这类表达符号中，括号内斜线前面的符号表示所求的未知量，斜线后的符号表示已知参数，即整个 $(F/P,i,n)$ 表示在已知 P、i 和 n 的情况下，求本利和（终值）F 时的计算系数。为了便于计算，通常按照不同的利率和计息期计算出该系数的值，排列成表（复利系数表，见附录），供使用时直接查用。

【例 2.4】 某学生为了出国留学向银行贷款 10 万元人民币，年利率 5%，5 年学成归来后一次结算偿还，问其到期应该偿还的金额是多少？

解： 利用公式（2.6）计算得：

$$F = P(1+i)^n = 10\times(1+5\%)^5 = 10\times1.276\,3 = 12.763 \text{（万元）}$$

即五年学成归来后应该偿还银行的资金为 12.763 万元。

注：本题也可通过附录查 $(F/P,i,n)$ 系数直接计算得到。

由附录查表得 $(F/P,5\%,5)=1.276\,3$，所以五年学成归来后应该偿还银行的资金为：$F = P(F/P,i,n) = 10\times(F/P,5\%,5) = 10\times1.276\,3 = 12.763$ 万元。

通过查复利系数表进行计算简便快捷，我们一般采用此法进行资金等值计算。

（2）一次支付现值公式（已知 F，求 P）。

已知终值为 F、利率为 i 和计息期数 n，以复利法计算，求现值 P 为多少？其现金流量图仍如图 2.3 所示。解决此类问题的公式称为一次支付现值公式，也称为复利现值公式。

由式（2.6）我们可以很容易推导出现值 P 与终值 F 的关系为：

$$P = F(1+i)^{-n} \tag{2.8}$$

式中的 $(1+i)^{-n}$ 称为一次支付现值系数或贴现系数，同样可以简记为 $(P/F,i,n)$，故（2.8）式又可写为：

$$P = F(P/F,i,n) \tag{2.9}$$

显然，现值系数 $(P/F,i,n)$ 与终值系数 $(F/P,i,n)$ 互为倒数，也可通过查表（见附录）直接得到。

【例 2.5】 某公司为了促销提出一种促销方案：客户如果现在用全款 10 万元购买其产品，满 20 年时，公司将如数返还客户。若已知年利率为 8%，问客户实际获得的优惠有多大？

解： 20 年后返还的资金相对于现在的价值是：

$$P = F(P/F,8\%,20) = 10 \times 0.2145 = 2.145 \text{（万元）}$$

所以，客户实际获得的优惠为 2.145 万元。

2. 等额分付类型

在工程经济实践中，多次支付是最常见的支付情形。等额分付是多次支付形式中的一种。多次支付是指现金流量在多个时点上发生，而不是集中在某个时点上。现金流量数额的大小可以是不等的，也可以是相等的。当现金流序列是连续的，且数额相等，则称之为等额分付序列，等额分付序列的现金流量图如图 2.4 所示。

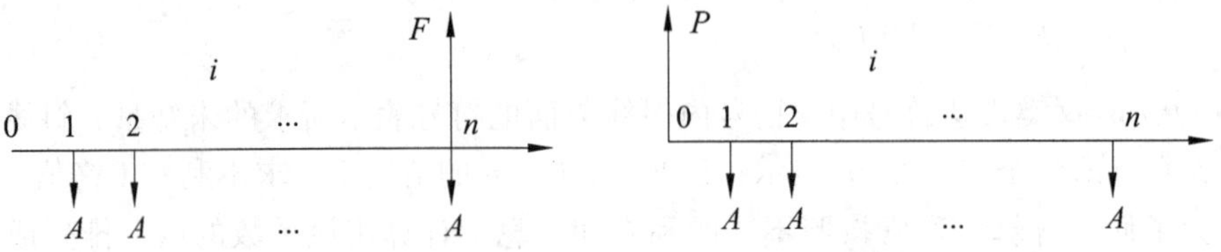

（a）年金与终值　　（b）现值与年金

图 2.4　等额分付类型的现金流量图

下面介绍等额分付序列的四个等值计算公式：

（1）年金终值公式（已知 A，求 F）。

在一个时间序列中，在利率为 i 的情况下，连续在每个计息期期末支付一笔等额资金（年金）A，求 n 年后由各年的本利和累积而成的终值 F。这种情形类似于银行储蓄中的零存整取，其现金流量图如图 2.4（a）所示。

依据图示现金流量，可把等额分付序列视为 n 个一次支付的组合，利用一次支付终值公式推导出等额分付终值公式为：

$$\begin{aligned} F &= A + A(1+i) + A(1+i)^2 + \cdots + A(1+i)^{n-2} + A(1+i)^{n-1} \\ &= A[1+(1+i)+(1+i)^2 + \cdots + (1+i)^{n-2} + (1+i)^{n-1}] \end{aligned}$$

利用等比级数求和公式，得：

$$F = A\frac{(1+i)^n - 1}{i} \tag{2.10}$$

式中，$\frac{(1+i)^n - 1}{i}$ 称为年金终值系数，也可用符号 $(F/A,i,n)$ 表示，其值也可通过查表（见附录）直接得到。因此，式（2.10）可写成：

$$F = A(F/A,i,n) \tag{2.11}$$

【例 2.6】　某省的独生子女奖励政策是：每月发给独生子女父母奖励金总和 10 元，每年一次领取，直到独生子女年满 18 周岁。若父母将奖励金存入银行，待孩子成年时交给其本人，假如银行年利率为 5%，问当孩子年满 18 岁时能得到多少钱？

解：每年领取的奖励金为 $12 \times 10 = 120$ 元。存入银行到期可取出的资金为：

$$F = A(F/A,5\%,18) = 120 \times 28.1324 = 3375.89 \text{（元）}$$

所以，独生子女年满 18 岁时可以得到 3 375.89 元。

（2）偿债基金公式（已知 F，求 A）。

在利率为 i，复利计息的条件下，如果要在 n 期期末能一次收入 F 数额的现金流量，求在这 n 期内连续每期期末应等额存储的资金 A 是多少？ 其现金流量图仍如图 2.4（a）所示。

通过年金终值公式的逆运算就可得到偿债基金公式为：

$$A = F\frac{i}{(1+i)^n - 1} \tag{2.12}$$

式中，$\frac{i}{(1+i)^n - 1}$ 称为等额分付偿债基金系数，也可用符号 $(A/F,i,n)$ 表示，显然其与年金终值系数 $(F/A,i,n)$ 成反比，同样其值也可通过查表（见附录）直接得到。因此，式（2.12）可写成：

$$A = F(A/F,i,n) \tag{2.13}$$

【例 2.7】 某同学欲从大学毕业开始每年等额存入银行一笔钱，用于毕业 10 年后购买商品房时支付购房款的首付款，若首付款需要人民币 30 万元、银行年利率为 5%，问其每年应该存入的金额是多少？

解： 该同学应当每年存入银行的资金为：

$$A = F(A/F,i,n) = 30\times(A/F,5\%,10) = 30\times 0.079\,5 = 2.385\text{（万元）}$$

即该同学每年需存入银行 23 850 元才有能力在 10 年后买房时支付首付款。

（3）年金现值公式（已知 A，求 P）。

在利率为 i，复利计息的条件下，求 n 期内每期期末发生的等额分付值 A 的现值 P，即已知 A、i、n，求 P。其现金流量图如图 2.4（b）所示。

由式（2.8）和式（2.10）可以推导出年金现值公式为：

$$P = F(1+i)^{-n} = A\frac{(1+i)^n - 1}{i(1+i)^n} \tag{2.14}$$

式中，$\frac{(1+i)^n - 1}{i(1+i)^n}$ 称为年金现值系数，也可简记为 $(P/A,i,n)$，同样其值也可通过查表（见附录）直接得到。因此，式（2.14）可写成：

$$P = A(P/A,i,n) \tag{2.15}$$

【例 2.8】 某慈善家欲在某高校设立一项奖学金：每年对优秀贫困学生进行奖励，奖励总金额为 5 万元，为期 10 年，设利率为 3%，问该慈善家现在应当一次交付多少钱才能实施该计划？

解： 欲实施该计划，慈善家应当一次交付学校的资金为：

$$P = A(P/A,i,n) = 5\times(P/A,3\%,10) = 5\times 8.530\,2 = 42.651\text{（万元）}$$

即该慈善家只有现在一次性交付 426 510 元，才能顺利实施该奖励计划。

（4）资金回收公式（已知 P，求 A）。

期初一次投资数额为 P，欲在 n 期内将投资全部收回，则在利率为 i 并复利计息的条件下，求每期期末应该等额回收的资金 A 应是多少？即已知 P、i、n，求 A。购买商品房按揭贷款就是常见的资金回收问题。资金回收问题的现金流量图仍如图 2.4（b）所示。

通过年金现值公式的逆运算就可得到资金回收公式为：

$$A = P\frac{i(1+i)^n}{(1+i)^n-1} \tag{2.16}$$

式中，$\frac{i(1+i)^n}{(1+i)^n-1}$ 称为资金回收系数，也可用符号 $(A/P,i,n)$ 表示，显然其与年金现值系数 $(P/A,i,n)$ 成反比，同样其值也可通过查表（见附录）直接得到。因此，式（2.16）可写成：

$$A = P(A/P,i,n) \tag{2.17}$$

【例 2.9】 某人向银行申请公积金贷款 70 万元用于购买商品房，贷款年限为 20 年，贷款后每年年末等额还本付息，公积金贷款的年利率为 5%，问其每年应还贷款额为多少？

解： 每年应当偿还金额为：

$$A = P(A/P,i,n) = 70\times(A/P,5\%,20) = 70\times0.080\,2 = 5.614\text{（万元）}$$

即该购房户购房后每年需要还款 56 140 元。

3. 等差分付类型☆

在工程经济实践中，常会遇到某些现金流量每年均有一定的增加或减少，如建筑机械随着使用期的延续，其维修费每年将有所增加。如果现金流量每年（期）的增加额或减少额都相等，则称之为等差分付类型。等差定额分付序列的现金流量图如图 2.5 所示。

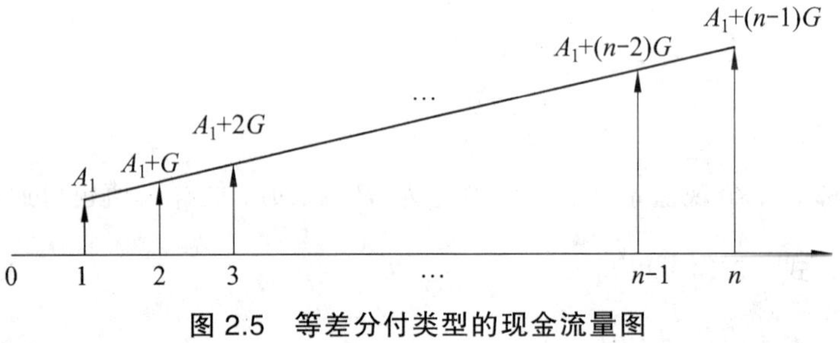

图 2.5　等差分付类型的现金流量图

等差分付序列现金流量可以简化为两个支付序列的和。一个是等额分付序列现金流量，年金为 A_1，另一个是由 G 组成的等额递增序列现金流量。问题的关键是第二部分这个等额递增序列现金流量的等值计算问题。

下面首先介绍等额递增序列现金流量的三个等值计算公式：

（1）等差终值公式（已知 G，求 F）。

$$F_G = G\frac{(1+i)^n-ni-1}{i^2} \tag{2.18}$$

式中，$\dfrac{(1+i)^n-ni-1}{i^2}$称为等差序列终值系数，用符号$(F/G,i,n)$表示，则式（2.18）可以写为：

$$F_G=G(F/G,i,n) \tag{2.19}$$

（2）等差现值公式（已知 G，求 P）。

$$P_G=G\left[\frac{(1+i)^n-in-1}{i^2(1+i)^n}\right]=G(P/G,i,n) \tag{2.20}$$

式中，$\dfrac{(1+i)^n-ni-1}{i^2(1+i)^n}$称为等差序列现值系数，用符号$(P/G,i,n)$表示。

（3）等差年金公式（已知 G，求 A）。

$$A_G=G\left\{\frac{(1+i)^n-ni-1}{i[(1+i)^n-1]}\right\}=G(A/G,i,n) \tag{2.21}$$

式中，$\left\{\dfrac{(1+i)^n-ni-1}{i[(1+i)^n-1]}\right\}$称为等差序列年金换算序数，用符号$(A/G,i,n)$表示。

由此就可方便地对等差分付类型进行等值计算：

$$A=A_1\pm A_G \tag{2.22}$$

$$P=P_{A1}\pm P_G=A_1(P/A,i,n)\pm G(P/G,i,n) \tag{2.23}$$

$$F=F_{A1}\pm F_G=A_1(F/A,i,n)\pm G(F/G,i,n) \tag{2.24}$$

上述三个公式中的减号用于等额递减系列现金流量。

4. 等比分付类型☆

在工程经济实践中，有些项目的现金流量是逐期按同一比例增减的，如某些商品的价格每年按一固定比例增加，称之为等比分付序列现金流量，其中：A_1 为某一定值；g 为某一固定的百分比。等比分付序列的现金流量图如图 2.6 所示。

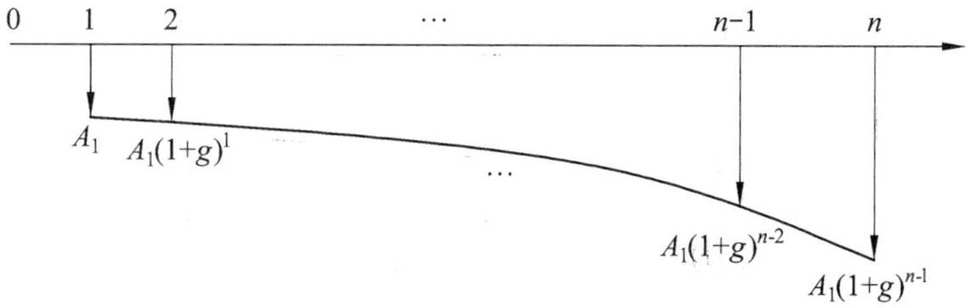

图 2.6　等比分付类型的现金流量图

当计息周期的利率为 i 时，等比分付序列现金流量的通用公式为：

$$A_t=A_1(1+g)^{t-1}\quad(t=1,2,3,\cdots,n)$$

因此，等比序列现金流的现值为：

$$P=\sum_{t=1}^{n}A_1(1+g)^{t-1}(1+i)^{-t}=\frac{A_1}{(1+g)}\sum_{t=1}^{n}\left[\frac{1+g}{1+i}\right]^t$$

利用等比级数求和公式可得：

$$P=\begin{cases}A_1\left[\dfrac{1-(1+g)^n(1+i)^{-n}}{i-g}\right], & i\neq g\\ \dfrac{nA_1}{1+i}, & i=g\end{cases} \tag{2.25}$$

或简记为：

$$P=A_1(P/A,i,g,n) \tag{2.26}$$

式中，$(P/A,i,g,n)$称为等比序列现值系数。

求出现值 P 后，由已学知识很容易得到终值 F、年金 A，在此不再赘述。

2.3.3 等值计算公式小结

1. 六个常用资金等值计算公式一览

六个常用资金等值换算公式可归集于表 2.4。

表 2.4 六个常用资金等值计算公式汇总

公式名称		已知	求解	公式	系数名称、符号
一次支付	终值公式	P、i、n	F	$F=P(1+i)^n$	一次支付终值系数 $(F/P,i,n)$
	现值公式	F、i、n	P	$P=F(1+i)^{-n}$	一次支付现值系数 $(P/F,i,n)$
等额分付	终值公式	A、i、n	F	$F=A\dfrac{(1+i)^n-1}{i}$	年金终值系数 $(F/A,i,n)$
	偿债基金公式	F、i、n	A	$A=F\dfrac{i}{(1+i)^n-1}$	偿债基金系数 $(A/F,l,n)$
	现值公式	A、i、n	P	$P=A\dfrac{(1+i)^n-1}{i(1+i)^n}$	年金现值系数 $(P/A,i,n)$
	资金回收公式	P、i、n	A	$A=P\dfrac{i(1+i)^n}{(1+i)^n-1}$	资金回收系数 $(A/P,i,n)$

2. 复利系数之间的关系

复利系数之间的关系分为三种：

（1）倒数关系。

$$(F/P,i,n)=1/(P/F,i,n)$$

$$(F/A,i,n)=1/(A/F,i,n)$$
$$(A/P,i,n)=1/(P/A,i,n)$$

（2）乘积关系。

$$(F/A,i,n)=(P/A,i,n)(F/P,i,n)$$
$$(F/P,i,n)=(A/P,i,n)(F/A,i,n)$$

（3）其他关系。

$$(A/P,i,n)=(A/F,i,n)+i$$

3. 使用资金等值计算公式应注意的问题

（1）本期期末即为下期初。0 点即为第 1 期期初，第 1 期期末即为第 2 期期初，其余类推。

（2）P 发生在第 1 计息期开始（0 点）；F 发生在考察期期末，即 n 期期末；A 发生在各期期末。

（3）当问题包含 P 和 A 时，序列的第一个 A 与 P 相差一期；当问题包含 A 和 F 时，序列的最后一个 A 与 F 同时发生。

【例 2.10】　某项目在第 4 年到第 8 年每年年末有 15 万元的现金流入，设年利率为 6%，其现金流量图如图 2.7 所示，请问其相当于现值多少？

解：本题有两种解法：

方法一：将第 4 年到第 8 年每年年末的现金流量利用等额分付类型公式将其折算到第 4 年年初（第 3 年年末），其计算结果为：

$$P_3=A(P/A,i,n)=15\times(P/A,6\%,5)=15\times4.212\,4=63.186\text{（万元）}$$

然后再利用一次支付类型公式将其折算到“0”时点，即为其相当的现值。

$$P=F(P/F,i,n)=P_3(P/F,6\%,3)=63.186\times0.839\,6=53.05\text{（万元）}$$

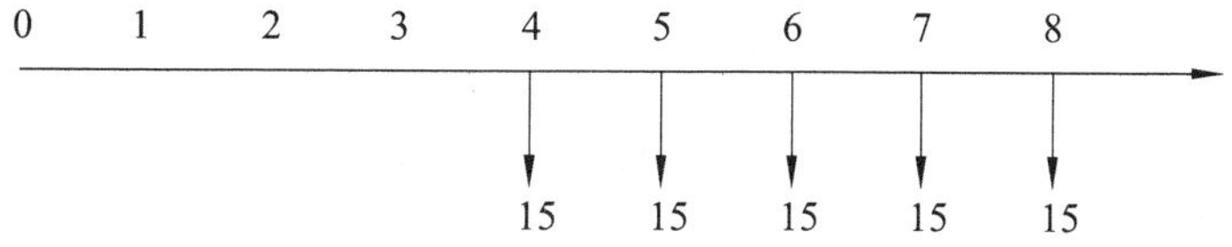

图 2.7　例 2.10 现金流量图

方法二：将原现金流量图等效为图 2.8 所示现金流量图。然后利用等额分付序列公式就可直接计算了。

$$P=15\times(P/A,6\%,8)-15\times(P/A,6\%,3)=15\times6.209\,8-15\times2.673\,0=53.05\text{（万元）}$$

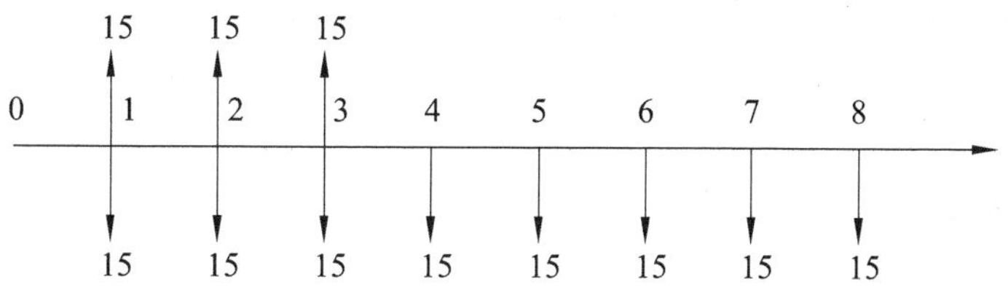

图 2.8　例 2.10 现金流量图（等效）

从本例可以看出：在进行资金等值计算时，要做到“死套活用”。“死套”是指要严格按照公式中 F，P，A，i，n 的含义、公式的应用条件进行套用；“活用”是指灵活运用公式，在不能直接用公式时，设法创造条件使之符合公式的适用条件。特别需要注意的是，现值、终值都只是相对的概念。

2.4 常用的还本付息方式及其计算

在借贷活动中，借款人与银行（贷款人）往往需要事先约定还款方式和期限。通常，还本付息方式有等额本息还款、等额本金还款、一次还本付息、每期付息到期一次还本 4 种方式。

2.4.1 等额本息还款

等额本息还款法是指借款人每期以相同的金额偿还贷款本息的还款方法。这里所谓的“等额”是指每期归还的本金和支付的利息之和各期相等。在个人住房贷款偿还中，等额本息还款方式的应用十分普遍。

等额本息还款方式的计算实际就是前述资金等值计算中等额分付系列资金回收公式的运用。

如借款 70 万元，年利率 5%，借款期限为 5 年，设借款发生在第 1 年年初，各年均在年末还款，其按等额本息法计算的还本付息计划见表 2.5。

表 2.5 等额本息还款计算表 万元

年 份	1	2	3	4	5	合 计
期初借款余额	70.00	57.33	44.03	30.06	15.39	
当期还本付息	16.17	16.17	16.17	16.17	16.17	80.85
其中：还本	12.67	13.30	13.97	14.67	15.39	70.00
付息	3.50	2.87	2.20	1.50	0.78	10.85
期末借款余额	57.33	44.03	30.06	15.39	0.00	

从计算结果可见：五年总计还款 80.85 万元，其中借款本金 70 万元、利息 10.85 万元。另外，各年还款总金额相等，但每年还款中包含的本金和利息不一样，本金逐年增加，利息逐年减少。对于这种方式，作为个人的借款人是不会在意每年还款中本金和利息各是多少的，但企业对此就必须做出区分，因为利息是可以在所得税前扣除的，这对其计算应纳所得税是有影响的。

2.4.2 等额本金还款

等额本金还款法是指借款人每期等额偿还固定金额的本金以及每期相应利息的还款方

法，这种方法又称为等额还本、利息照付。在这种方式下，由于借款本金逐期递减，所以每期需要支付的利息也就逐期递减，每期需偿还的本息总和也就自然是逐期递减的。所以，在我们办理个人住房贷款时，银行工作人员会问你是否选择“递减”方式还款，银行工作人员口里的“递减”方式就是等额本金还款方式。

仍以上例的数据，用等额本金还款方式计算见表 2.6。

表 2.6　等额本金还款计算表　　万元

年　份	1	2	3	4	5	合　计
期初借款余额	70.00	56.00	42.00	28.00	14.00	
当期还本付息	17.50	16.80	16.10	15.40	14.70	80.50
其中：还本	14.00	14.00	14.00	14.00	14.00	70.00
付息	3.50	2.80	2.10	1.40	0.70	10.50
期末借款余额	56.00	42.00	28.00	14.00	0.00	

从计算结果可见：五年总计还款 80.50 万元，其中借款本金 70 万元、利息 10.50 万元。另外，各年偿还的本金相等，但利息逐年减少，所以每年还款总金额逐年递减。这种方式对借款人而言，还款初期的经济压力较大。

另外，我们注意到等额本金还款方式需要支付的利息总额比等额本息还款方式的要少。但是否可以认为等额本金法对借款人更有利呢？

2.4.3　一次还本付息

一次还本付息法是指借款人在借款期内既不还本也不付息，而是在借款到期时一次偿还全部的本金及其利息的还款方法。

一次还本付息还款方式的计算实际就是前述资金等值计算中一次支付终值公式的运用。仍以上例的数据，用一次还本付息还款方式计算见表 2.7。

表 2.7　一次还本付息还款计算表　　万元

年　份	1	2	3	4	5	合　计
期初借款余额	70.00	73.50	77.18	81.04	85.09	
当期还本付息	0.00	0.00	0.00	0.00	89.34	89.34
其中：还本	0.00	0.00	0.00	0.00	70.00	70.00
付息	0.00	0.00	0.00	0.00	19.34	19.34
期末借款余额	73.50	77.18	81.04	85.09	00.00	

显然，这种方式由于每年既不偿还本金，也不支付利息，所以其需要支付的利息总额最多。

2.4.4 每期付息到期一次还本

每期付息到期一次还本法是指借款人在借款期内每期只支付借款的利息，在借款到期时一次偿还全部本金的还款方法。这种方式常见于债券的偿付，债权人每期按照票面价值获得相应利息，到期一次兑现面值。

仍以上例的数据，用每期付息到期一次还本的方式计算见表 2.8。

表 2.8 每期付息到期一次还本计算表 万元

年 份	1	2	3	4	5	合 计
期初借款余额	70.00	70.00	70.00	70.00	70.00	
当期还本付息	3.50	3.50	3.50	3.50	73.50	87.50
其中：还本	0.00	0.00	0.00	0.00	70.00	70.00
付息	3.50	3.50	3.50	3.50	3.50	17.50
期末借款余额	70.00	70.00	70.00	70.00	0.00	

从计算结果可见：五年总计还款 87.50 万元，其中借款本金 70 万元、利息 17.50 万元。这种方式需要支付的利息总额比一次还本付息还款方式的少，但比等额本息法和等额本金法的都要多一些。原因在于其每年都没有偿还本金，每年计算利息的基础都相同，而等额本息法和等额本金法每年都偿还了部分本金，因而其利息额逐年减少。

由于资金具有时间价值，所以不能把发生在不同时点的利息或还款额直接相加来判断哪种还款方式更好。事实上，以上四种还款方式的资金时间价值完全一样。

思考题与习题

1. 什么是现金流量？如何表示现金流量？现金流量的三要素包括哪些？
2. 什么是现金流量图？什么是现金流量表？
3. 什么是资金时间价值？是不是所有资金都有时间价值？
4. 资金时间价值的表现形式有哪些？
5. 什么是利息？什么是利润？二者有何区别？
6. 什么是利率？利率的影响因素有哪些？
7. 什么是现值、终值、年金？
8. 什么是名义利率？什么是有效利率？二者有何关系？
9. 什么是资金等值？什么是资金等值计算？
10. 何谓折现？
11. 还本付息有哪几种方式？对还款人而言用哪种方式最合算？
12. 某工程建设项目在 2011 年年初向甲银行贷款 500 万元，年利率 12%，按半年计息；

2012 年年初又向乙银行贷款 800 万元，年利率 12%，按月计息。问到 2018 年年底两笔借款共需还多少万元？

13. 某项目采购一台设备价值为 600 万元，合同签订时付了 60 万元，然后采用分期付款方式。第一年年末付款 70 万元，从第二年年初起每半年付款 80 万元。设年利率为 10%。问多少年能付清价款？

14. 假如你准备大学毕业 5 年后购买一套 100 平方米的商品房，首付 30%，其余分 20 年还清。试按照你所在地区的房价水平和你认为理想的还本付息方式，为你的购房计划做出规划。

第3章　建设项目的绝对效果评价

【本章导读】

建设项目经济评价是建设项目决策的重要依据，对于提高建设项目决策的科学化水平、引导和促进资源的合理有效配置、优化投资结构、充分发挥投资效益都具有重要作用。对一个建设项目，首先需要进行项目的绝对经济效果评价，然后再进行相对经济效果评价，最终根据评价结论做出项目决策。在进行项目经济效果评价时，总要根据具体的评价指标、按照一定的评价准则进行。

本章的主要内容包括绝对效果评价的概念、评价指标及相应的评价准则等。

3.1　概　述

3.1.1　经济效果评价及其分类

1. 经济效果评价的概念和内容

经济效果评价是对建设项目各方案在计算期内的各种有关技术经济因素和方案投入与产出的有关财务、经济资料数据进行调查、分析、预测，并对其经济效果进行计算、评价，分析比较各方案的优劣，从而确定和推荐最佳方案。

经济效果评价的内容主要包括：

（1）盈利能力分析，就是分析项目在计算期的盈利能力和盈利水平；

（2）清偿能力分析，就是分析项目偿还贷款的能力以及投资的回收能力；

（3）抗风险能力分析，就是分析项目在建设和运营期可能遇到的不确定性因素和随机因素对项目经济效果的影响，考察项目承受各种风险的能力，提高项目投资的可靠性和盈利性。

2. 经济效果评价的分类

按照评价角度的不同，经济效果评价可分为财务评价和国民经济评价。

按照评价方法的不同，经济效果评价可分为确定性评价和不确定性评价。对同一项目必须同时进行确定性评价和不确定性评价。按照评价方法是否考虑时间因素，又可分为静态评价方法与动态评价方法。

静态评价方法是不考虑时间因素，也就是不考虑资金的时间价值，对现金流量分别进行直接汇总来计算评价指标的方法。静态评价方法最大的优点在于计算简便；主要的缺点是没有考虑资金的时间价值，不能反映项目在整个寿命期的全面情况。因而在对方案进行粗评价，或对短期投资项目进行评价，或对逐年收益大致相当的项目进行评价时，通常使用静态评价方法。

动态评价方法是考虑资金的时间价值来计算评价指标以进行项目经济效果评价的方法。动态分析方法考虑了时间因素对资金价值的影响，因而能较全面地反映项目在整个计算期内的经济效果。

项目经济评价主要解决两类问题：一是项目评价方案能否满足一定的检验标准，也就是要解决项目方案的“筛选”问题；二是比较项目不同方案的优劣，即要解决“优序”问题。显然我们会先解决项目方案的“筛选”问题，再解决剩余方案的“优序”问题。因此，从经济效果评价的任务来看，又分为绝对效果评价和相对效果评价。

建设项目的绝对效果评价就是通过计算分析项目方案是否达到一定的检验标准来解决项目方案“筛选”问题的过程。绝对效果评价不涉及方案间的比较选择问题，只研究各自的取舍问题，即其本身是否可行的问题。建设项目的相对效果评价就是在绝对效果评价的基础上，通过方案间的比较，从中排出方案优先顺序的过程。相对效果评价研究的是多方案选优的问题。

3.1.2　评价指标体系

为了科学地进行经济效果评价，首先要解决评价指标的设定问题。由于项目的复杂性，任何一个具体的评价指标都只能反映项目的一个方面或某些方面，因而只凭某单一指标往往难以达到全面、系统评价项目的目的。此外，对不同项目的不同目标，也应当通过不同的指标予以反映。

所以评价指标不是唯一的，按照不同的划分标准，评价指标可以进行不同的分类，见表 3.1。

表 3.1　项目经济评价的评价指标体系

分类标准一	常用指标	分类标准二
静态评价指标	静态投资回收期、借款偿还期	时间性指标
	利息备付率、偿债备付率、投资收益率	比率性指标
动态评价指标	动态投资回收期	时间性指标
	净现值、净年值	价值性指标
	内部收益率、净现值率	比率性指标

（1）按照是否考虑资金的时间价值分类。

按照是否考虑资金的时间价值来分，评价指标可分为静态评价指标和动态评价指标，相应的评价方法就分为静态评价方法和动态评价方法。

（2）按照指标的性质分类。

按照指标的性质来分，评价指标可分为时间性指标、价值性指标和比率性指标。时间性指标以时间为计量单位衡量项目对其投资的回收或清偿能力，如投资回收期、借款偿还期等；价值性指标以货币单位考察项目投资净收益的大小，如净现值、净年值等；比率性指标反映项目单位投资的获利能力或项目对使用贷款的承受能力，如内部收益率、投资收益率、利息备付率等。

3.2 静态评价指标与方法

3.2.1 时间性指标与评价方法

1. 静态投资回收期（P_t）

（1）定义。

投资回收期是指以项目的净收益回收项目投资所需要的时间。投资回收期有静态和动态之分，静态投资回收期是指在不考虑资金的时间价值条件下，以项目的净收益回收项目投资所需要的时间，通常以年为单位，并宜从项目建设开始年算起，若从项目投产开始年计算，应予特别注明。其定义式为：

$$\sum_{t=1}^{P_t}(CI-CO)_t=0 \tag{3.1}$$

式中：CI——现金流入量；

CO——现金流出量；

$(CI-CO)_t$——第 t 年年末的净现金流量；

P_t——静态投资回收期。

（2）计算。

静态投资回收期可借助项目投资现金流量表计算。项目投资现金流量表中累计净现金流量由负变为零的时点，就是项目的静态投资回收期。

$$P_t=\text{累计净现金流量开始出现正值的年份数}-1+\frac{\text{上年累计净现金流量的绝对值}}{\text{当年的净现金流量}} \tag{3.2}$$

📖特别地，如果项目投资开始后各年的净现金流量均相同时，则静态投资回收期的计算公式为：

$$P_t=\frac{I}{A}$$

式中：I——项目全部投资；

A——每年的净现金流量。

（3）评价准则。

静态投资回收期越短，表明项目投资回收越快，项目抗风险能力越强。计算出静态投资回收期（P_t）后，与行业基准投资回收期（P_c）比较：

若 $P_t \leqslant P_c$，则表明项目投资能在规定时间内收回，项目在经济上可以考虑接受；

若 $P_t > P_c$，则项目在经济上是不可行的。

（4）优缺点。

静态投资回收期的优点在于经济意义明确、直观、计算简便，便于投资者衡量项目承担风险的能力，并在一定程度上反映了投资经济效果。

静态投资回收期的缺点主要有两点：一是只考虑了投资回收之前的效果，未反映回收之后的情况，具有片面性；二是未考虑资金的时间价值，无法正确地辨识项目的优劣。

【例 3.1】　某投资项目预计现金流量见表 3.2，试计算其静态投资回收期。

表 3.2　投资项目现金流量

年　份	1	2	3	4	5	6	7
净现金流量/万元	−420	−300	−250	−40	150	350	600

解：由上表可以计算得出累计净现金流量表见表 3.3。

表 3.3　投资项目累计净现金流量表

年　份	1	2	3	4	5	6	7
净现金流量/万元	−420	−300	−250	−40	150	350	600
累计净现金流量/万元	−420	−720	−970	−1 010	−860	−510	90

由表 3.3 可见，累计净现金流量首次出现正值的年份为第 7 年，代入公式（3.2）计算得：

$$P_t = 7 - 1 + \frac{510}{600} = 6.85\text{（年）}$$

【例 3.2】　某建设项目总投资为 4 000 万元，估计以后每年的平均净收益为 800 万元，求该项目的静态回收期。

解：由公式计算可得：

$$P_t = \frac{I}{A} = \frac{4\,000}{800} = 5\text{（年）}$$

【考考你】你能画出例 3.2 的现金流量图吗？

2. 借款偿还期（P_d）

（1）定义。

借款偿还期是指在国家财政规定及项目具体财务条件（资金来源、借款利率等）下，以项目投产后可用于偿还贷款的收益（利润、折旧及其他收益）偿还项目投资借款本金和利息所需的时间。其定义式为：

$$K_d = \sum_{t=1}^{P_d}(B_p + D + B_o - B_r)_t \qquad (3.3)$$

式中：K_d——项目借款本金和利息（不包括已用自有资金支付的部分）之和；

B_p——可用于还款的利润；

D——可用于还款的折旧和摊销费；

B_o——可用于还款的其他收益；

B_r——企业留利；

P_d——借款偿还期（从借款开始年计算）。

（2）计算。

借款偿还期主要用于估算利息备付率和偿债备付率指标，一般以年表示。

$$P_d = \text{借款偿还后开始出现盈余年份} - \text{开始借款年份} + \frac{\text{当年应偿还的借款额}}{\text{当年可用于还款的收益额}} \tag{3.4}$$

（3）评价准则。

借款偿还期满足贷款机构的要求期限时，即认为项目具备借款偿还能力。

（4）适用性。

借款偿还期指标适用于那些计算最大偿还能力、尽快还款的项目，不适用于预先给定借款偿还期的项目。

对于预先给定借款偿还期的项目，应采用利息备付率和偿债备付率指标分析项目的借款偿还能力。

3.2.2 比率性指标与评价方法

1. 利息备付率（*ICR*）

（1）定义。

利息备付率（Interest Coverage Ratio）又称已获利息倍数，是指项目在借款偿还期内的息税前利润（*EBIT*）与当期应付利息（*PI*）的比值。

利息备付率从付息资金的充裕性角度反映项目偿付债务利息的保障程度。其定义式为：

$$ICR = \frac{EBIT}{PI} \tag{3.5}$$

式中：*EBIT* ——息税前利润（Earnings Before Interest and Tax）；

PI ——计入总成本费用的应付利息；

ICR ——利息备付率。

（2）计算。

利息备付率应当分年计算。

$$ICR = \frac{\text{息税前利润}}{\text{当期应付利息}} = \frac{\text{利润总额} + \text{计入总成本费用的利息费用}}{\text{计入总成本费用的利息费用}} \tag{3.6}$$

（3）评价准则。

利息备付率越高，表明利息偿付的保障程度越高。

若 $ICR>1$（债权人有特殊要求的，应按其要求），则项目的付息能力有保障；

若 $ICR\leqslant 1$，则项目的付息能力保障程度不足。

对于正常经营的企业，其利息备付率应当大于 2，否则就认为其付息能力的保障程度不足。

2. 偿债备付率（*DSCR*）

（1）定义。

偿债备付率（Debt Service Coverage Ratio）是指项目在借款偿还期内，各年可用于还本付息的资金与当期应还本付息金额的比值。

偿债备付率从还本付息资金的充裕性角度反映项目偿还借款本息的保障程度。其定义式为：

$$DSCR = \frac{EBITAD - T_{AX}}{PD} \tag{3.7}$$

式中：$EBITAD$ ——息税前利润加折旧和摊销；

T_{AX} ——企业所得税；

PD ——当期应还本付息金额，包括还本金额和计入总成本费用的全部利息。融资租赁费用视同借款偿还；

$DSCR$ ——偿债备付率。

（2）计算。

偿债备付率应当分年计算。

$$DSCR = \frac{利润总额+计入总成本费用的利息+折旧+摊销-所得税}{当期应还本金和利息} \tag{3.8}$$

（3）评价准则。

偿债备付率越高，表明可用于还本付息的资金保障程度越高。

若 $DSCR > 1$，则项目的还本付息能力有保障；

若 $DSCR \leqslant 1$，则项目的还本付息能力保障程度不足。

对于正常经营的企业，其偿债备付率应当大于 1.3，否则就认为其还本付息能力的保障程度不足。

3. 投资收益率（R）

（1）定义。

投资收益率（Return）是指项目建成达到设计生产能力后的一个正常生产年份的年净收益总额与投资总额的比率。

投资收益率表明项目正常生产年份中，单位投资每年所创造的年净收益额。对生产期内各年净收益额变化幅度较大的项目，可计算生产期年平均收益额与投资总额的比率。其定义式为：

$$R = \frac{年净收益或年平均净收益}{投资总额} \times 100\% \tag{3.9}$$

式中：R ——投资收益率。

（2）评价准则。

将计算出的投资收益率（R）与所确定的基准投资收益率（R_c）进行比较：

若 $R \geqslant R_c$，则项目在经济上可以考虑接受；

若 $R < R_c$，则项目在经济上是不可行的。

（3）投资收益率的应用指标。

根据分析目的的不同，投资收益率又具体分为总投资收益率（ROI）和项目资本金净利润率（ROE）。

总投资收益率（Return On Investment）是指项目达到设计生产能力后正常年份的年息税前利润或运营期内年平均息税前利润（$EBIT$）与项目总投资（TI）的比率。

总投资收益率表示总投资的盈利水平，用下式计算：

$$ROI = \frac{EBIT}{TI} \times 100\% \tag{3.10}$$

项目资本金净利润率（Return On Equity）是指项目达到设计生产能力后正常年份的年净利润或运营期内年平均净利润（NP）与项目资本金（EC）的比率。

项目资本金净利润率表示项目资本金的盈利水平，用下式计算：

$$ROE = \frac{NP}{EC} \times 100\% \tag{3.11}$$

（4）优缺点。

投资收益率指标的优点在于经济意义明确、直观、计算简便，在一定程度上反映了投资经济效果，可适用于各种投资规模。

投资收益率的缺点主要有两点：一是未考虑资金的时间价值，忽视了资金具有时间价值的重要性；二是正常生产年份的选择比较困难，从而导致指标的计算有太强的主观随意性。

因此，投资收益率一般不作为主要指标进行项目经济效果评价。

3.3 动态评价指标与方法

考虑了资金时间价值的评价指标与方法称为动态评价指标与方法。由于动态评价指标要考虑资金的时间价值，更加注重考察项目在计算期内各年现金流量的具体情况，因而比静态评价指标更为科学、全面，其应用较静态评价指标更为广泛。

由于动态评价指标在计算及评价时要考虑资金的时间价值，因而需要确定折现率。用于计算动态评价指标及判别项目可行与否的折现率称为基准收益率（Hurdle Cut-Off Rate），一般用 i_c 表示。

基准收益率反映的是投资者对项目占用资金的时间价值判断，是投资者可接受的最低收益率。政府作为一类特殊的投资者，它的基准收益率由国家规定；其他投资者应根据资金成本和风险收益自行决定基准收益率，当然其他投资者可以参考国家规定的基准收益率。

3.3.1 时间性指标与评价方法

动态评价指标的时间性指标一般只有动态投资回收期。动态投资回收期指标的相关概念如下：

（1）定义。

动态投资回收期（ P_t' ）是指在考虑资金时间价值的条件下，以项目的净收益回收项目投资所需要的时间。实际上，动态投资回收期就是把项目各年的净现金流量按基准收益率折成现值来推算的投资回收期。

动态投资回收期通常以年为单位，并宜从项目建设开始年算起，若从项目投产开始年计算，应予特别注明。其定义式为：

$$\sum_{t=1}^{P_t'}(CI-CO)_t(1+i_c)^{-t}=0 \tag{3.12}$$

式中：i_c——基准收益率；

P_t'——动态投资回收期。

（2）计算。

实际计算时，动态投资回收期可借助项目投资现金流量表计算。项目投资现金流量表中累计折现净现金流量由负变为零的时点，就是项目的动态投资回收期。

$$P_t'=\text{累计净现金流量现值开始出现正值的年份数}-1+\frac{\text{上年累计净现金流量现值的绝对值}}{\text{当年的净现金流量现值}} \tag{3.13}$$

（3）评价准则。

动态投资回收期越短，表明项目投资回收越快，项目抗风险能力越强。计算出动态投资回收期（P_t'）后，与行业基准投资回收期（P_c）比较：

若 $P_t' \leqslant P_c$，则表明项目投资能在规定时间内收回，项目在经济上可以考虑接受；

若 $P_t' > P_c$，则项目在经济上是不可行的。

（4）优缺点。

动态投资回收期的优点在于经济意义明确、直观、计算较简便；考虑了资金的时间价值，较静态投资回收期更优。

动态投资回收期的缺点主要还是只考虑了投资回收之前的效果，未反映回收之后的情况，无法准确衡量项目在整个计算期内的经济效果。

（5）适用性。

在实际应用中，由于动态投资回收期与其他动态指标相近，利用动态投资回收期指标对项目经济效果进行评价与利用净现值以及内部收益率进行评价的结论总是一致的。因此，在我国“投资项目可行性研究指南”中未将动态投资回收期作为评价指标。

静态投资回收期尽管未考虑资金的时间价值，但由于长期以来，决策层比较熟悉该指标，因此，仍然要求计算静态投资回收期。

【例 3.3】 某投资项目预计现金流量见表 3.4，基准收益率 $i_c=10\%$，试计算其动态投资回收期。

表 3.4　某投资项目预计现金流量

年　份	1	2	3	4	5	6
净现金流量/万元	−420	−300	−150	250	500	750

解： 由已知资料可以计算得出累计净现金流量现值见表 3.5。

表 3.5　累计净现金流量现值

年　份	1	2	3	4	5	6
净现金流量/万元	−420	−300	−150	250	500	750
折现系数	0.909 1	0.826 4	0.751 3	0.683 0	0.620 9	0.564 5
净现金流量现值/万元	−381.82	−247.93	−112.70	170.75	310.46	423.36
累计净现金流量现值/万元	−381.82	−629.75	−742.45	−571.70	−261.24	162.12

由上表可见，累计净现金流量现值首次出现正值的年份为第 6 年，代入公式（3.13）计算得该项目的动态投资回收期为：

$$P_t' = 6 - 1 + \frac{261.24}{423.36} = 5.62\text{ 年}$$

3.3.2　价值性指标与评价方法

1. 净现值（NPV）

（1）定义及计算。

净现值（Net Present Value）是指按设定的折现率（一般采用基准收益率 i_c）计算的项目计算期内净现金流量的现值之和。其计算公式为：

$$NPV = \sum_{t=1}^{n}(CI - CO)_t(1 + i_c)^{-t} = \sum_{t=1}^{n}(CI - CO)_t(P/F, i_c, t) \tag{3.14}$$

式中：CI ——现金流入量；

CO ——现金流出量；

$(CI-CO)_t$——第 t 年年末的净现金流量；

i_c——设定的折现率（同基准收益率）；

n ——项目计算期。

（2）评价准则。

净现值（NPV）是表征项目盈利能力的绝对指标。

若 $NPV \geqslant 0$，说明项目能够满足基准收益率要求的盈利水平，在经济上可行；

若 $NPV < 0$，说明项目不能满足基准收益率要求的盈利水平，在经济上不可行。

（3）优缺点。

净现值（NPV）是一个重要的动态评价指标，在项目经济评价中有着广泛运用。

其优点在于考虑了资金的时间价值，而且考虑了项目在整个计算期内的经济状况；直接用货币额表示项目投资的收益大小，经济意义明确、判断直观。

其缺点在于：一是必须首先确定一个基准收益率，而基准收益率的确定往往比较困难；二是不能反映项目投资中单位投资的使用效率，不能直接说明在项目运营期各年的经营成果；另外，如果用于项目的相对效果评价，必须对各项目方案构造一个相同的分析期限才能进行比选。

（4）净现值函数（NPV 与 i 的关系）。

净现值函数就是净现值 NPV 随折现率 i 变化的函数关系。对具有常规现金流量（即在计算期内，先有投入而后才有收益，项目净现金流量序列的符号只改变一次的现金流量）的项目，其净现值的大小与折现率的高低有直接的关系。

我们把具有常规现金流量的项目称为常规投资项目。常规投资项目的净现值函数（*NPV* 与 i 的关系）曲线一般如图 3.1 所示。

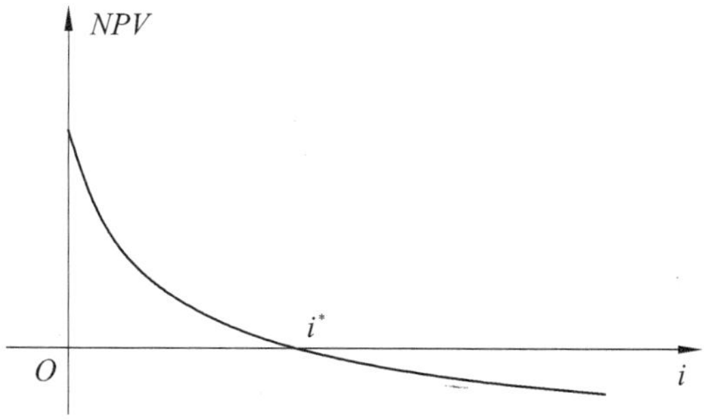

图 3.1　净现值函数曲线

从图 3.1 可知：常规投资项目的净现值 *NPV* 随折现率 i 的增大而减小，故当基准折现率 i_c 越大，净现值就越小，甚至为零或负值，因而可被接受的方案也就越少；净现值随折现率的增大可从正值变为负值，因此，必然会有当 i 为某一数值 i^*时使得净现值 $NPV=0$。i^*是净现值评价准则的一个分水岭，是项目可行与不可行的临界值。

由此可见，基准收益率的确定对项目经济效果评价结论有直接影响，定得过高或过低，都可能导致项目投资决策失误。

2. 净年值（*NAV*）

（1）定义及计算。

净年值（Net Annual Value）是指按设定的折现率（一般采用基准收益率 i_c）将项目计算期内净现金流量等值计算得到的等额年值。其计算公式为：

$$NAV=\left[\sum_{t=1}^{n}(CI-CO)_t(1+i_c)^{-t}\right](A/P,i_c,n)=NPV(A/P,i_c,n) \tag{3.15}$$

式中：CI——现金流入量；

CO——现金流出量；

$(CI-CO)_t$——第 t 年年末的净现金流量；

i_c——设定的折现率（同基准收益率）；

n——项目计算期；

$(A/P,\ i_c,\ n)$——资金回收系数。

（2）评价准则。

净年值（*NAV*）也是表征项目盈利能力的绝对指标。

若 $NAV \geqslant 0$，说明项目能够满足基准收益率要求的盈利水平，在经济上可行；

若 $NAV<0$，说明项目不能满足基准收益率要求的盈利水平，在经济上不可行。

（3）适用性。

净年值（*NAV*）与净现值（*NPV*）都是在给定基准收益率的基础上进行计算的评价指标，

其评价准则也基本一致，而且二者对同一项目的评价结论总是一致的。

因此，一般在项目绝对经济效果评价时，很少用净年值指标。但是在进行项目相对效果评价时，如果寿命期不同，则净年值就显示出其优越性了（详见第 4 章）。

📖特别地，当不考虑项目的收益，仅计算项目的投入时，相应的现值和年值分别称为费用现值（PC）和费用年值（AC）。其计算式分别为：

$$PC=\sum_{t=1}^{n}(CO)_t(1+i_c)^{-t}=\sum_{t=1}^{n}(CO)_t(P/F,i_c,t) \qquad (3.16)$$

$$AC=\left[\sum_{t=1}^{n}(CO)_t(1+i_c)^{-t}\right](A/P,i_c,n) \qquad (3.17)$$

【例 3.4】 已知某投资项目的各年现金流量如图 3.2 所示。设基准收益率为 10%，试求净现值、净年值，并判别此项目的可行性。

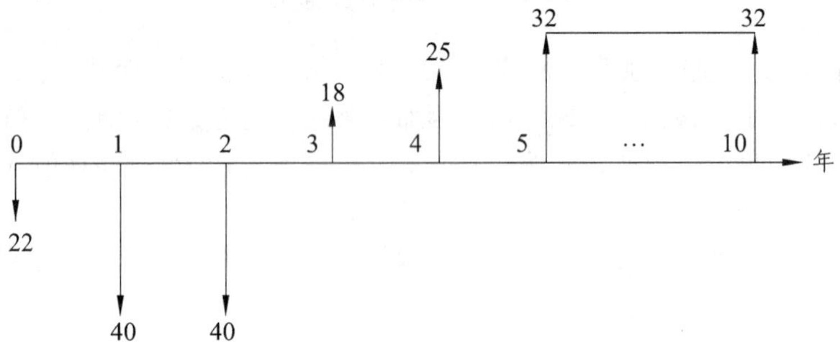

图 3.2 某项目现金流量图（万元）

解： $NPV=\sum_{t=1}^{n}(CI-CO)_t(1+i_c)^{-t}=\sum_{t=1}^{n}(CI-CO)_t(P/F,i_c,t)$

$= -22+(-40)\times(P/A,10\%,2)+18\times(P/F,10\%,3)+25\times(P/F,10\%,4)+$
$32\times(P/A,10\%,6)\times(P/F,10\%,4)$

$= -22+(-40)\times1.735\,5+18\times0.751\,3+25\times0.683\,0+32\times4.355\,3\times0.683\,0$

$=34.37$（万元）

由于 $NPV=34.37$ 万元 >0，故该项目经济上可行。

$$NAV=NPV(A/P,i_c,n)=34.37\times(A/P,10\%,10)=34.37\times0.162\,7=5.59\text{（万元）}$$

由于 $NAV=5.59$ 万元 >0，故该项目经济上可以接受。

3.3.3 比率性指标与评价方法

1. 净现值率（$NPVR$）

（1）定义及计算。

净现值率（Net Present Value Rate）是指按设定的折现率（一般采用基准收益率 i_c）计算的项目计算期内净现值与项目全部投资现值之比。

净现值率的经济意义是单位投资现值能够带来的净现值大小，是一个考察项目单位投资盈利能力的指标。净现值率是在净现值基础上发展起来的，作为净现值的一个辅助评价指标。

其计算公式为：

$$NPVR=\frac{NPV}{K_{\mathrm{p}}}=\frac{NPV}{\sum_{t=0}^{m}K_t(P/F,i_{\mathrm{c}},t)} \tag{3.18}$$

式中：K_{p}——项目投资现值；

K_{t}——项目第 t 年投资额；

i_{c}——设定的折现率（同基准收益率）；

m——项目建设期年数。

（2）评价准则。

净现值率（$NPVR$）是表征项目盈利能力的相对指标，表明资金的使用效率。净现值率越大，单位投资取得的净贡献就越大。

若 $NPVR\geqslant 0$，说明项目能够满足基准收益率要求的盈利水平，在经济上可以接受；

若 $NPVR<0$，说明项目不能满足基准收益率要求的盈利水平，在经济上不可接受。

（3）适用性。

净现值率（$NPVR$）一般作为净现值的辅助评价指标来使用。多用于资金受限时的项目相对效果评价，很少用于项目绝对经济效果评价。

【例 3.5】 已知资料如例 3.4，试求净现值率，并评价该项目的可行性。

解：项目投资现值为：

$$K_{\mathrm{p}}=\sum_{t=0}^{m}K_t(P/F,i_{\mathrm{c}},t)=22+40\times(P/A,10\%,2)=91.42\ （万元）$$

由例 3.4 知项目净现值为：

$$NPV=34.37\ （万元）$$

所以，净现值率 $NPVR=\frac{NPV}{K_{\mathrm{p}}}=\frac{34.37}{91.42}=0.376>0$，项目可行。

2. 内部收益率（IRR）

（1）定义。

内部收益率（Internal Rate of Return）是指能使项目计算期内净现金流量现值累计等于零的折现率。

其原理性表达式为：

$$\sum_{t=1}^{n}(CI-CO)_t(1+IRR)^{-t}=0 \tag{3.19}$$

式中：CI——现金流入量；

CO——现金流出量；

$(CI-CO)_t$——第 t 年年末的净现金流量；

n——项目计算期。

（2）评价准则。

从内部收益率的定义可知，图 3.1 中的 i^* 就是内部收益率（IRR）。因此，从图 3.1 很容易得到：

若 $IRR \geqslant i_c$（或 i_s），则认为项目在经济上可以接受；

若 $IRR < i_c$（或 i_s），则项目在经济上不可接受，应当予以拒绝。

式中，i_c 为项目财务评价时的基准收益率，i_s 为项目国民经济评价时的社会折现率。

通常，用于项目财务评价的内部收益率称为财务内部收益率，记为 $FIRR$（Financial Internal Rate of Return）；用于项目国民经济评价的内部收益率称为经济内部收益率，记为 $EIRR$（Economic Internal Rate of Return）。

（3）计算方法。

由于式（3.19）是一个关于内部收益率（IRR）的多项高次方程，不容易直接求解。一般来说，求解 IRR 有人工试算法和利用计算机编程求解两种方法。

利用计算机编程求解可以节省大量时间，在 Excel 中就有专门计算 IRR 的函数，因此求解 IRR 就变得十分容易了。下面只介绍人工试算法，人工试算示意图如图 3.3 所示。

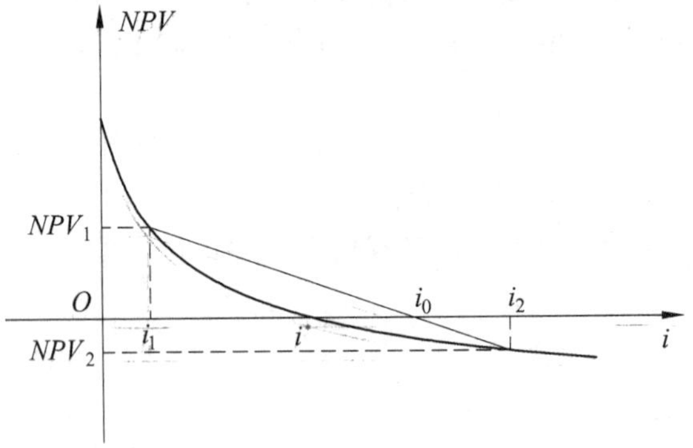

图 3.3　内部收益率试算示意图

显然，图 3.3 中的 i^* 就是内部收益率（IRR），但 i^* 不方便计算。当 i_1 与 i_2 之间的距离足够近时，内部收益率曲线可以近似地看成直线，我们用此直线与横坐标的交点处的折现率 i_0 近似代替 i^* 作为 IRR 的近似值，计算步骤如下：

① 先给出一个折现率 i_1，计算相应的 NPV_1，若 $NPV_1>0$，说明欲求的 $IRR>i_1$；若 $NPV_1<0$，则说明欲求的 $IRR<i_1$。

② 据此信息，反复试算，逐步逼近，最终可得到比较接近的两个折现率 i_1 和 i_2（$i_1<i_2$），使得 $NPV_1>0$；$NPV_2<0$。

③ 当两个折现率之差（i_2-i_1）不超过 2%（最大不超过 5%）时，可用线性插值的方法确定 IRR 的近似值。计算公式如下：

$$IRR \approx i_0 = i_1 + \frac{NPV_1}{NPV_1+|NPV_2|}\times(i_2-i_1) \tag{3.20}$$

（4）经济含义及适用性。

内部收益率的经济含义是项目对占用资金的恢复能力，是项目对初始投资的偿还能力或项目对贷款利率的最大承受能力。

内部收益率就是使项目未回收投资余额及其利息刚好在项目计算期期末完全收回的一种利率。因此，在项目计算期内，项目始终处于“偿付”未被收回的投资的状况。项目的“偿付”能力完全取决于项目内部，故有“内部收益率”的称谓。

内部收益率 *IRR* 的经济含义的另外一种表达：项目寿命期内尚未回收的投资的盈利率。其值越高，项目经济性越好。因此，内部收益率是考察项目盈利能力的主要动态评价指标。

但由于内部收益率不仅受项目初始投资规模的影响，而且受项目寿命期内各年净收益大小的影响，因而内部收益率不是初始投资在整个寿命期内的盈利率，也不是用于计算初始投资收益的，所以内部收益率指标不能作为项目相对经济效果评价的依据。

（5）优缺点。

内部收益率（*IRR*）是一个重要的动态评价指标，在项目绝对经济效果评价中有着广泛运用，通常被视为最主要的经济评价指标。

其优点在于考虑了资金的时间价值，而且考虑了项目在整个计算期内的经济状况；内部收益率是由项目自身的现金流量特征决定的，是内生的，所以在计算时不需要事先确定一个基准收益率。

其缺点在于：一是内部收益率指标计算烦琐，而且需要大量的与投资项目有关的数据；二是对非常规项目，其内部收益率往往不唯一，在某些情况下也可能不存在；另外，内部收益率指标也不适用于只有现金流入或现金流出的项目。

【例 3.6】 已知某项目净现金流量见表 3.6。当基准收益率 $i_c = 13\%$时，试用内部收益率指标判断该项目的经济可行性。

表 3.6　某项目净现金流量表

年　份	0	1	2	3	4	5
净现金流量/万元	−180	30	50	60	60	70

解：① 取 $i_1 = 11\%$，计算相应的 NPV_1。

$$\begin{aligned} NPV_1 &= -180 + 30\times(P/F,11\%,1) + 50\times(P/F,11\%,2) + 60\times(P/F,11\%,3) + \\ &\quad 60\times(P/F,11\%,4) + 70\times(P/F,11\%,5) \\ &= -180 + 30\times0.9009 + 50\times0.8116 + 60\times0.7312 + \\ &\quad 60\times0.6587 + 70\times0.5935 \\ &= 12.546\ (\text{万元}) > 0 \end{aligned}$$

② 取 $i_2 = 14\%$，计算相应的 NPV_2。

$$\begin{aligned} NPV_2 &= -180 + 30\times(P/F,14\%,1) + 50\times(P/F,14\%,2) + 60\times(P/F,14\%,3) + \\ &\quad 60\times(P/F,14\%,4) + 70\times(P/F,14\%,5) \\ &= -180 + 30\times0.8772 + 50\times0.7695 + 60\times0.6750 + \\ &\quad 60\times0.5921 + 70\times0.5194 \\ &= -2.825\ (\text{万元}) < 0 \end{aligned}$$

③ 用线性内插法求出内部收益率 *IRR*。

$$
\begin{aligned}
IRR &= i_1 + \frac{NPV_1}{NPV_1 + |NPV_2|} \times (i_2 - i_1) \\
&= 11\% + \frac{12.546}{12.546 + 2.825} \times (14\% - 11\%) \\
&= 13.45\%
\end{aligned}
$$

④ 评价。

由于 $IRR = 13.45\% > i_c = 13\%$，故该项目在经济效果上是可以接受的。

📖本题用 Excel 软件计算得到 $IRR = 13.42\%$，小于用人工试算法得出的结果，你知道为什么吗？

3.4 基准收益率的确定方法

基准收益率是建设项目经济效果评价的主要经济参数之一，是项目财务可行性和项目方案比选的主要判据。基准收益率的确定对项目经济效果评价结论有着直接的影响。

基准收益率也称基准折现率，是企业或行业或投资者以动态的观点所确定的、可接受的投资项目最低标准的收益水平。基准收益率在本质上体现了项目决策者对项目资金时间价值的判断和对项目风险程度的估计。

3.4.1 基准收益率的影响因素

基准收益率的确定一般以行业平均收益率为基础，同时综合考虑资金成本、投资风险、通货膨胀以及资金限制等影响因素。对于政府投资项目，进行经济评价时使用由国家组织测得并发布的行业基准收益率；对于非政府投资项目，可由投资者自行确定基准收益率的大小。

确定基准收益率时应当考虑以下因素：

1. 资金成本和机会成本

资金成本是为取得资金使用权所支付的费用，如借入资金的利息等。项目投资后所获得的利润额必须能够补偿资金成本，然后才有利可言。因此，基准收益率最低限度不得低于资金成本，否则就无利可图。

投资的机会成本是投资者将有限的资金用于除拟建项目以外的其他投资机会所能得到的最好收益。也就是说，由于资金有限，当把资金用于拟建项目后，将失去从其他投资机会中获得收益的机会。

显然，基准收益率应不低于单位资金成本和单位投资的机会成本，这样才能使资金得到最有效的利用。这一要求可表达为：

$$i_c \geqslant i_1 = \max\{\text{单位资金成本，单位投资机会成本}\} \tag{3.21}$$

当项目完全使用企业自有资金投资时，可参考行业基准收益率确定项目的基准收益率，这时将行业基准收益率视为资金的机会成本；当项目投资资金源于自有资金和贷款时，基准收益率应不低于行业基准收益率与贷款利率的加权平均值。

2. 投资风险

在整个项目计算期内，存在着发生不利于项目的环境变化的可能性，这种变化难以预料，投资者要冒一定风险做决策。所以，在确定基准收益率时，仅仅考虑资金成本和机会成本是不够的，还应考虑风险因素。通常，以一个适当的风险贴补率 i_2 来提高基准收益率 i_c，风险越大，风险贴补率越大。为了限制对风险大、盈利低的项目进行投资，可以采取提高基准收益率的办法来进行项目经济效果评价。

3. 通货膨胀

在通货膨胀影响下，各种设备、材料、房屋、土地的价格以及人工费都会上升。为了反映和评价拟建项目在未来的真实经济效果，在确定基准收益率时，应当考虑通货膨胀的影响。

通货膨胀的影响用通货膨胀率 i_3 来表示。一般每年的通货膨胀率是不同的，但为了简化计算便于操作，常取一段时间的平均通货膨胀率作为计算期内的固定通货膨胀率。

4. 资金限制

资金越紧张，越需要精打细算，以便使之利用得更加有效。为此，在资金短缺时，应通过提高基准收益率的办法进行项目经济效果评价。

总之，正确确定基准收益率的基础是资金成本和机会成本，而投资风险、通货膨胀和资金限制也是确定基准收益率时必须考虑的影响因素。

3.4.2　基准收益率的确定方法

基准收益率的测定可采用代数和法、资本资产定价模型法、加权平均资金成本法、典型项目模拟法、德尔菲专家调查法等方法，也可采用多种方法进行测算，以便相互验证，最终经协调后确定。

1. 代数和法

如果项目现金流量是按基年价格预测估算的，则应以年通货膨胀率 i_3 来修正基准收益率。这时，基准收益率可近似地用单位投资机会成本、风险贴补率、通货膨胀率的代数和表示，即

$$i_c=(1+i_1)(1+i_2)(1+i_3)-1\approx i_1+i_2+i_3 \tag{3.22}$$

如果项目现金流量是按当年不变价格预测估算的，则不应再以年通货膨胀率 i_3 来修正基准收益率。这时，基准收益率可近似地用单位投资机会成本、风险贴补率的代数和表示，即

$$i_c=(1+i_1)(1+i_2)-1\approx i_1+i_2 \tag{3.23}$$

当然，式（3.22）、（3.23）近似成立的条件是 i_1、i_2、i_3 都是较小的数。

2. 资本资产定价模型法（*CAPM*）

资本资产定价模型法是在市场经济环境下普遍采用的资金成本分析方法之一。其基本思路是：权益资本的收益由无风险投资收益和风险投资收益（风险溢价）两部分组成，不同行业有不同风险，所以风险溢价也不相同。其公式为：

$$k=K_f+\beta\times(K_m-K_f) \tag{3.24}$$

式中：k ——权益资金成本；

K_f——市场无风险收益率；

K_m——市场平均风险投资收益率；

β ——风险系数。

其中，风险系数是测算工作的重点和基础，是反映行业特点和风险的重要数值；无风险收益率一般可采用政府发行的相应期限的国债利率；市场平均风险投资收益率可根据国家有关财政和统计数据测定。

3. 加权平均资金成本法（*WACC*）

加权平均资金成本法是在投资决策中普遍使用的方法之一。通常，项目投资资金由权益资金和债务资金两部分构成，二者应具有合理比例。其公式为：

$$WACC = K_e \frac{E}{E+D} + K_d \frac{D}{E+D} \tag{3.25}$$

式中：$WACC$ ——加权平均资金成本；

K_e——权益资金成本；

K_d——债务资金成本；

E ——股东权益；

D ——企业负债。

其中，权益资金与负债的比例可采用行业统计平均值，或由投资者进行合理设定；债务资金成本为所得税后债务资金成本；权益资金成本可通过资本资产定价模型法确定。

4. 典型项目模拟法

典型项目模拟法是通过选取行业内一定数量有代表性的、已进入正常生产运营状态的建设项目，进行实际情况调查，对实际实施的项目进行数据收集分析，做必要的价格调整，按照项目评价方法计算基准收益率。

5. 德尔菲（*Delphi*）专家调查法

德尔菲（*Delphi*）专家调查法是测定基准收益率的重要方法，这种方法充分利用专家熟悉行业特点、行业发展变化规律、项目收益水平和具有丰富经验的优势，由一定数量的专家对项目收益率的取值进行分析判断，经过几轮调查逐渐集中专家的意见，形成结论性的取值结果。这一结论为基准收益率的取值提供重要参考。

以上诸方法在使用时，都要注意在测算分析的基础上进行必要的调整，经综合权衡以最终确定基准收益率，而不能是简单计算的结果。

思考题与习题

1. 什么是经济效果评价？其主要内容有哪些？
2. 什么是绝对效果评价？绝对效果评价主要解决什么问题？
3. 什么是静态评价方法、动态评价方法？

4. 静态投资回收期如何计算？其评价准则如何？有何优缺点？

5. 什么是基准收益率？如何确定基准收益率？

6. 某项目的现金流量见表 3.7，基准收益率为 8%，试计算静态投资回收期、动态投资回收期、净现值和内部收益率。

表 3.7　某项目净现金流量表

年　份	0	1	2	3	4	5
净现金流量/万元	−210	80	100	110	110	120

7. 投资某项目需要 10 万元，期末无残值，假如该项目每年能带来 2 万元的净收益。问假如寿命期为 8 年，则内部收益率为多少？若基准收益率为 13%，则寿命期至少为多少才值得投资？

8. 某项目建设期为 2 年，第一年年初投资 1 000 万元，第二年的年初投资 1 500 万元。第三年开始生产，生产能力为设计能力的 90%，第四年开始达到设计生产能力。正常年份每年销售收入 2 000 万元，经营成本为 1 200 万元，销售税金等支出为销售收入的 10%。试计算：（1）静态回收期；（2）若基准收益率为 8%，项目的动态回收期。

第 4 章　建设项目的相对效果评价

【本章导读】

方案比选和择优是项目评价的重要内容。建设项目的绝对效果评价解决了项目的“筛选”问题，即项目各自的取舍问题，但没有解决某一项目不同方案的优劣或不同项目的优先次序问题，即项目或方案的“比选”问题。建设项目的相对效果评价就是要解决“方案比选”这类问题。建设项目相对效果评价是在绝对效果评价的基础上进行的。

本章的主要内容包括项目（方案）间的关系、互斥型方案比选、独立型方案比选以及层混型方案比选等。

在实践中，往往会面临多个投资项目的选择问题，而且每个项目在生产规模、产品结构等方面又存在着多个不同的方案。如果这些方案技术上可行，就需要对其进行经济效果评价。第 3 章介绍的绝对效果评价解决了某一项目或方案本身的经济合理性问题，如果技术可行、经济合理的方案不止一个，就需要通过相对效果评价进行方案间的比较，从中选出最优方案。

4.1　方案类型

所谓方案类型是指一组备选方案（或项目）之间所具有的相互关系。在进行方案的相对经济效果评价之前，明确投资方案之间的相互关系非常重要。投资方案之间的关系不同，所采用的评价方法及评价指标也会有所不同。一般来说，按照经济关系的不同，项目多方案间的关系可以分为互斥型方案、独立型方案以及层混型方案三种类型。

4.1.1　互斥型方案

1. 概　念

互斥型方案是指各个方案之间存在着互不相容、互相排斥的关系，在进行比选时，在各个备选方案中只能选择一个，其余的必须放弃，即不能同时存在的方案。

例如，项目的选址就是典型的互斥方案选择问题，究竟选在甲地还是乙地，只能选择其一；在一个确定的地点可有建住宅、商场、厂房或停车场等方案，但这些方案中也只能选择其中一个实施，其他的方案都必须放弃，所以这些方案就构成了互斥型方案。

2. 分　类

按照不同的标准，对互斥型方案还可进行分类。

（1）按照服务寿命的长短，互斥型方案可分为：

① 相同服务寿命的方案，即各参与对比、评价方案的服务寿命都相同；

② 不同服务寿命的方案，即各参与对比、评价方案的服务寿命都不相同；

③ 无限长寿命的方案，即参与对比、评价方案可视为无限长寿命的工程，如大型水坝、运河工程等。

（2）按照规模大小，互斥型方案可分为：

① 相同规模的方案，即各参与对比、评价方案具有相同的产出或容量，在满足相同功能的数量方面具有一致性和可比性；

② 不同规模的方案，即各参与对比、评价方案具有不同的产出或容量，在满足相同功能的数量方面不具有一致性和可比性。

4.1.2　独立型方案

独立型方案是指各个方案的现金流量是独立的，即不具有相关性的方案。

独立型方案中，任一方案的选择或放弃，只与其自身的可行性有关，而与其他方案是否采用没有关系，也不影响对其他方案的选择。

例如，某企业准备采购一台混凝土搅拌机、一台起重机和一辆运输汽车，显然采购其中任一设备都不影响其他设备的采购，购买这些设备的方案就构成独立型方案。当然，如果有资源限制，最常见的就是资金限制的条件下，则只能在若干可采用的独立方案中选择一个或几个的组合，则这时就需要将方案互斥化。如上述购买设备的例子中，如果企业资金有限，只够买其中一种设备，这时就不是独立型方案，而是互斥型方案了；如果企业资金够买两种设备，则这时就存在只买其中一种设备或某两种的组合等共 6 种方案，这 6 个方案也构成了互斥型方案，需要用互斥型方案的比选方法进行相对效果评价。

显然，单一方案是独立型方案的特例。

4.1.3　层混型方案

层混型方案是指方案群中有两个层次，高层次是一组独立型方案，低层次由构成每个独立型方案的若干个互斥型方案组成。层混型方案关系如图 4.1 所示。

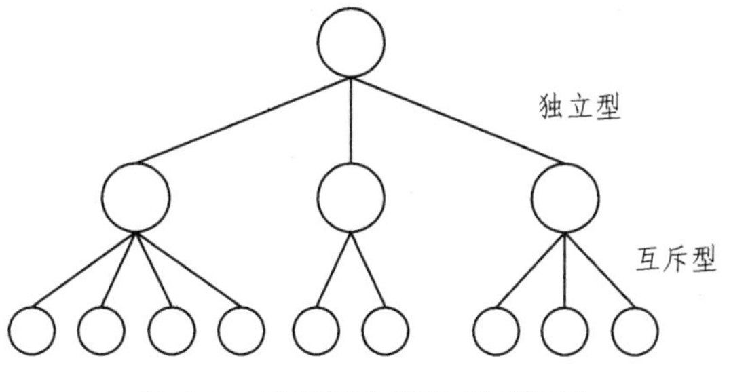

图 4.1　层混型方案关系示意图

例如，某企业拟分别进行扩建厂房 A、新建一个分厂 B 和某车间设备更新 C 共三个独立项目。为扩建厂房，可以采用 A_1、A_2、A_3 三个互斥型方案，新建分厂可选择在 B_1、B_2、B_3、

B_4四个地点建设，设备更新的方案也存在着 C_1、C_2 两个互斥型方案，则从该企业角度就有了所谓的层混型方案。

在实践中，一般基础工程技术人员遇到的问题多属于互斥型方案的选择，高层管理人员面对的多是独立型或层混型方案的选择问题。不论面对何种类型的方案，经济效果评价的目的都是如何最有效地使用有限的资金以获得最大的经济效益。重要的是我们要根据不同的方案类型正确地选择、使用恰当的评价方法。

4.2 互斥型方案的比选

互斥型方案的比选是最常见也是最主要的一种比选类型。由于互斥型方案的互斥性，所以在若干方案中只能选择其中一个方案。为使选出的这一方案是备选方案中经济性最优的方案，需要进行方案间的相对经济效果评价。但一定要注意，某方案相对最优并不一定可靠，因为或许备选方案都不可行，所以千万不要出现“在矮子中选高个”的情况。这就需要在相对经济效果评价之前，考察各个方案本身的经济合理性，也就是进行绝对经济效果评价。经过绝对经济效果评价和相对经济效果评价之后得出的方案才是既可行又最优的方案。第 3 章我们已经学习了绝对经济效果评价方法，现在主要介绍相对经济效果评价方法。

互斥型方案比选的特点就是要进行方案的比较，因此方案间必须具有可比性。可比性包括费用和效益的计算范围、计算口径、计算时间的可比。在具备可比性的基础上，才能采用适当的方法进行互斥型方案的比选。

为了遵循可比性原则，下面分方案计算期相同、计算期不同和无限寿命三种情况讨论互斥方案的相对经济效果评价。

4.2.1 计算期相同的互斥方案比选

对于计算期相同的互斥方案，通常将方案的计算期设为共同的分析期，这样方案间在时间上就具有了可比性。

1. 净现值法

净现值法就是通过计算各备选方案的净现值并进行比较，以净现值大的方案为优的比选方法。在用净现值法时，对各方案要采用相同的折现率。

净现值法的计算步骤如下：

① 计算各方案的净现值 NPV，剔除 $NPV<0$ 的方案（这一步实际上就是在进行方案的绝对经济效果评价，评价方案自身的经济合理性，以淘汰达不到起码满意水平的方案）；

② 比较余下方案的净现值 NPV；

③ 选择 NPV 最大的方案为最优方案。

2. 净年值法

净年值法就是通过计算各备选方案的净年值并进行比较，以净年值大的方案为优的比选方法。在用净年值法时，对各方案要采用相同的折现率。

净年值法的计算步骤如下：

① 计算各方案的净年值 NAV，剔除 $NAV<0$ 的方案（这一步实际上就是在进行方案的绝对经济效果评价，评价方案自身的经济合理性，以淘汰达不到起码满意水平的方案）；

② 比较余下方案的净年值 NAV；

③ 选择 NAV 最大的方案为最优方案。

【例 4.1】 已知某项目有 A、B、C 三个互斥方案，其计算期内各年的净现金流量见表 4.1。若折现率 $i_c=10\%$，试用净现值法和净年值法确定最佳方案。

表 4.1　互斥方案 A、B、C 的净现金流量　　万元

方案＼年末	0	1～8
A	−500	100
B	−600	120
C	−700	130

解：（1）净现值法。

各方案净现值计算结果如下：

$$NPV_A=-500+100\times(P/A,\ 10\%,\ 8)=-500+100\times5.3349=33.49\text{（万元）}>0$$
$$NPV_B=-600+120\times(P/A,\ 10\%,\ 8)=-600+120\times5.3349=40.19\text{（万元）}>0$$
$$NPV_C=-700+130\times(P/A,\ 10\%,\ 8)=-700+130\times5.3349=-6.46\text{（万元）}<0$$

由于 $NPV_C=-6.46$ 万元 <0，C 方案不具有经济合理性，应被淘汰。余下的 A、B 两方案自身都具有经济合理性，但由于 $NPV_B=40.19$ 万元 $>NPV_A=33.49$ 万元，所以方案 B 是最佳方案。

（2）净年值法。

$$NAV_A=NPV_A(A/P,\ 10\%,\ 8)=33.49\times0.1874=6.276\text{（万元）}>0$$
$$NAV_B=NPV_B(A/P,\ 10\%,\ 8)=40.19\times0.1874=7.532\text{（万元）}>0$$
$$NAV_C=NPV_C(A/P,\ 10\%,\ 8)=-6.46\times0.1874=-1.211\text{（万元）}<0$$

由于 $NAV_C=-1.211$ 万元 <0，C 方案不具有经济合理性，应被淘汰。余下的 A、B 两方案自身都具有经济合理性，但由于 $NAV_B=7.532$ 万元 $>NAV_A=6.276$ 万元，所以方案 B 是最佳方案。

事实上，净现值法和净年值法总是等效的，因为净年值是由净现值乘以一个常数得到的。

📖 简单来说，用净现值法或净年值法进行方案选优的方法是：

$$\begin{cases}NPV_i\geqslant0\text{ 且 }\max(NPV_i)\text{ 所对应的方案为最优方案}\\NAV_i\geqslant0\text{ 且 }\max(NAV_i)\text{ 所对应的方案为最优方案}\end{cases}$$

3. 费用现值法

对于仅有或仅需要计算费用现金流量的互斥方案，这时不需或无法计算净现值或净年值，就可以通过计算费用现值或费用年值进行比选，从中选出最优方案。

例如，在铁路运输和公路运输之间、在混凝土结构的房屋和钢结构的房屋之间进行选择，无论选用哪种方案，其效益总是相同的，这时仅需要或只能考虑比较各方案的费用大小，费用最小的方案就是最佳方案。

费用现值法就是通过计算各备选方案的费用现值并进行比较，以费用现值小的方案为优的比选方法。

费用现值法的计算步骤如下：

① 计算各方案的费用现值 PC；

② 比较各方案的费用现值 PC；

③ 选择费用现值 PC 最小的方案为最优方案。

4. 费用年值法

费用年值法就是通过计算各备选方案的费用年值并进行比较，以费用年值小的方案为优的比选方法。

费用年值法的计算步骤如下：

① 计算各方案的费用年值 AC；

② 比较各方案的费用年值 AC；

③ 选择费用年值 AC 最小的方案为最优方案。

【例 4.2】 已知某项目有 A、B、C 三个互斥方案，三个方案的效益都相同，其计算期均为 8 年，其初始投资和年经营费用见表 4.2。若折现率 $i_c = 10\%$，试用费用现值法和费用年值法确定最佳方案。

表 4.2 互斥方案 A、B、C 的费用 万元

方案 \ 费用	初始投资	年经营费用
A	3 000	246
B	3 500	165
C	3 700	88

解：（1）费用现值法。

各方案费用现值计算结果如下：

$$PC_A = 3\,000 + 246 \times (P/A,\ 10\%,\ 8) = 3\,000 + 246 \times 5.334\,9 = 4\,312.39\text{（万元）}$$

$$PC_B = 3\,500 + 165 \times (P/A,\ 10\%,\ 8) = 3\,500 + 165 \times 5.334\,9 = 4\,380.26\text{（万元）}$$

$$PC_C = 3\,700 + 88 \times (P/A,\ 10\%,\ 8) = 3\,700 + 88 \times 5.334\,9 = 4\,169.47\text{（万元）}$$

由于 $PC_C = 4\,169.47$ 万元 $< PC_A = 4\,312.39$ 万元 $< PC_B = 4\,380.26$ 万元，所以方案 C 是最佳方案。

（2）费用年值法。

$$AC_A = PC_A(A/P,\ 10\%,\ 8) = 4\,312.39 \times 0.187\,4 = 808.14\text{（万元）}$$

$$AC_B = PC_B(A/P,\ 10\%,\ 8) = 4\,380.26 \times 0.187\,4 = 820.86\text{（万元）}$$

$$AC_C = PC_C(A/P,\ 10\%,\ 8) = 4\,169.47 \times 0.187\,4 = 781.36\text{（万元）}$$

由于 $AC_C=781.36$ 万元 $<AC_A=808.14$ 万元 $<AC_B=820.86$ 万元，所以方案 C 是最佳方案。

当然，费用现值法和费用年值法也总是等效的，因为费用年值是由费用现值乘以一个常数得到的。

5. 差额投资内部收益率法

由于内部收益率不是项目初始投资的收益率，而且内部收益率受现金流量分布的影响很大，净现值相同但现金流量分布不同的两个现金流量，其内部收益率是不同的。故若直接按照内部收益率的大小来选择方案不一定能选出净现值最大的方案。

【例 4.3】　现有两个互斥方案 A、B，其净现金流量见表 4.3，设基准收益率 $i_c=10\%$，试用净现值和内部收益率来进行方案比选。

表 4.3　互斥方案 A、B 的净现金流量　　万元

方案	净现金流量				
	0	1	2	3	4
A	−7 000	1 000	2 000	6 000	4 000
B	−4 000	1 000	1 000	3 000	3 000

解：（1）计算净现值。

$$NPV_A=-7\,000+1\,000\times(P/F,\ 10\%,\ 1)+2\,000\times(P/F,\ 10\%,\ 2)+6\,000\times(P/F,\ 10\%,\ 3)+4\,000\times(P/F,\ 10\%,\ 4)=2\,801.7\text{（万元）}$$

$$NPV_B=-4\,000+1\,000\times(P/F,\ 10\%,\ 1)+1\,000\times(P/F,\ 10\%,\ 2)+3\,000\times(P/F,\ 10\%,\ 3)+3\,000\times(P/F,\ 10\%,\ 4)=2\,038.4\text{（万元）}$$

（2）计算内部收益率。

用第 3 章介绍的人工试算法可以算出：$IRR_A=23.67\%$；$IRR_B=27.29\%$。

可见：方案 A 的净现值大，但内部收益率小；方案 B 的净现值小，但内部收益率大，如图 4.2 所示。

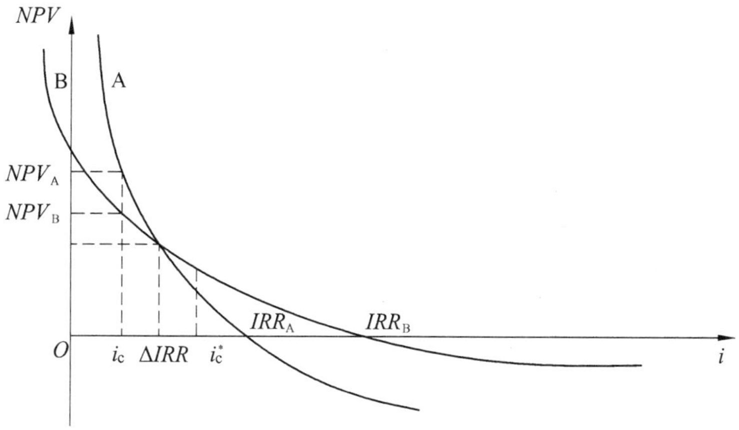

图 4.2　差额投资内部收益率示意图

如果以内部收益率为评价准则，则方案 B 优于方案 A；若以净现值为评价准则，则方案 A 优于方案 B。这就出现矛盾了，究竟按照哪个指标作评价准则得出的结论才是正确的呢？由于净现值最大准则符合收益最大化的决策准则，所以根据净现值做出的结论是正确的。即我们用内部收益率进行评价，应与净现值最大化原则相一致才是正确的。因此我们不能直接用内部收益率作为评价准则进行互斥方案的评价，而需要用差额投资内部收益率进行评价。

差额投资内部收益率（ΔIRR）是指两个互斥方案的差额投资净现值等于零时的折现率或两个方案净现值相等时的折现率。

差额投资内部收益率用备选方案差额现金流按下式计算：

$$\sum_{t=1}^{n}\left[(CI-CO)_{\text{大}}-(CI-CO)_{\text{小}}\right](1+\Delta IRR)^{-t}=0 \tag{4.1}$$

式中：$(CI-CO)_{\text{大}}$——投资大的方案的现金流量；

$(CI-CO)_{\text{小}}$——投资小的方案的现金流量；

ΔIRR——差额投资内部收益率。

显然，求解差额投资内部收益率的问题仍旧是一个高次方程，也只能通过人工试算法或利用计算机编程计算。

差额投资内部收益率法的计算步骤如下：

（1）将方案按投资额由小到大排序；

（2）计算各方案的 IRR（或 NPV 或 NAV），淘汰 $IRR<i_c$（或 $NPV<0$ 或 $NAV<0$）的达不到起码满意水平的方案；

（3）按照初始投资额由小到大依次计算第二步余下方案中相邻两个方案的差额投资内部收益率ΔIRR。若$\Delta IRR>i_c$，则说明初始投资大的方案优于投资小的方案，保留投资额大的方案；反之，则保留投资额小的方案。直到最后一个被保留的方案即为最优方案。

对例题 4.3，现用差额投资内部收益率法进行评价：

由于 $IRR_A=23.67\%>i_c=10\%$，$IRR_B=27.29\%>i_c=10\%$，所以 A、B 方案都是可行方案，都达到起码满意水平；再计算两方案的差额投资内部收益率$\Delta IRR=18.80\%>i_c=10\%$，所以投资大的方案 A 为最优方案。这与净现值法的评价结论是一致的。

4.2.2 计算期不同的互斥方案比选

对于计算期不同的互斥方案，由于其计算期不同，其比较基础不同，无法直接进行比较。因此对计算期不同的互斥方案，需要对各备选方案的计算期和计算公式进行适当的处理，使各方案在相同的条件下进行比较。

要满足时间可比条件而可以进行的处理方法很多，常用的有年值法、最小公倍数法和研究期法等。

1. 年值法（净年值法和费用年值法）

在对计算期不同的互斥方案进行比选时，年值法是最为简便的方法，当参与比选的方案数目众多时，更是如此。

年值法一般是指净年值法，当仅需或只能计算费用时，可用费用年值法。

用年值法进行计算期不同的互斥方案比选，实际上隐含着这样一种假定：各备选方案在其寿命期结束后均可按原方案重复实施或以与原方案经济效益水平相同的方案接续。因为一个方案无论重复实施多少次，其年值是不变的，所以年值法实际上假定了各方案可以无限多次重复实施。在这一假定下，年值法以“年”为时间单位比较各方案的经济效果，从而使计算期不同的互斥方案具有可比性。

净年值法就是通过计算各备选方案的净年值并进行比较，以净年值 $NAV \geq 0$ 且净年值最大的方案为最优方案的比选方法。

费用年值法就是通过计算各备选方案的费用年值并进行比较，以费用年值 AC 最小的方案为最优方案的比选方法。

2. 最小公倍数法（方案重复法）

最小公倍数法又称方案重复法，是以各备选方案计算期的最小公倍数作为各方案的共同计算期，假定各方案均在这样一个共同的计算期内重复进行，对各方案在计算期内各年的净现金流量进行重复计算，直至与共同的计算期相等。在此基础上计算各方案的净现值，以净现值最大的方案为优。

最小公倍数法有效地解决了计算期不同的方案间的可比性问题。但其依赖的方案可重复实施的假定不是在任何情况下都成立的，比如对不可再生资源开发型项目，方案可重复实施的假定就不成立，这时就不适合用最小公倍数法确定共同的计算期；还有，如果最小公倍数很大，这种假定也就不符合实际，也不适合用最小公倍数法了。

当然，通过最小公倍数法确定共同的计算期后，具体的评价指标也可选用差额投资内部收益率，只不过差额投资内部收益率计算较净现值复杂得多，所以一般采用净现值指标进行评价。如果仅需或只能计算费用时，也可用费用现值指标进行评价。

3. 研究期法（最小计算期法）

针对最小公倍数法的不足，对计算期不同的互斥方案可通过研究期法确定共同的计算期。

研究期法是对寿命期不同的互斥方案根据对市场前景的预测，直接选取一个适当的分析期作为共同的计算期，通过比较各方案在该计算期内的净现值来对方案进行比选，以净现值 $NPV \geq 0$ 且净现值最大的方案为最优方案的方法。研究期的确定一般以互斥方案中最短的计算期为共同的计算期，所以研究期法又称为最小计算期法。

研究期法除了可用净现值指标进行评价以外，如果仅需或只能计算费用时，也可用费用现值指标进行评价。

📖用研究期法进行计算时，对计算期长的方案，先计算其在其本身计算期内的净年值，然后再按照净年值计算该方案在共同计算期内的净现值。

【例 4.4】 某项目有两个方案：方案 A，初始投资 300 万元，年净收益 130 万元，计算期为 3 年；方案 B，初始投资 100 万元，年净收益 50 万元，计算期为 6 年。已知基准折现率为 10%，试分别用最小公倍数法、研究期法和年值法比较两方案。

解：（1）最小公倍数法。

两个方案计算期的最小公倍数为 6 年，所以，方案 A 进行 2 次，方案 B 进行 1 次。其现金流量图分别如图 4.3 和图 4.4 所示。

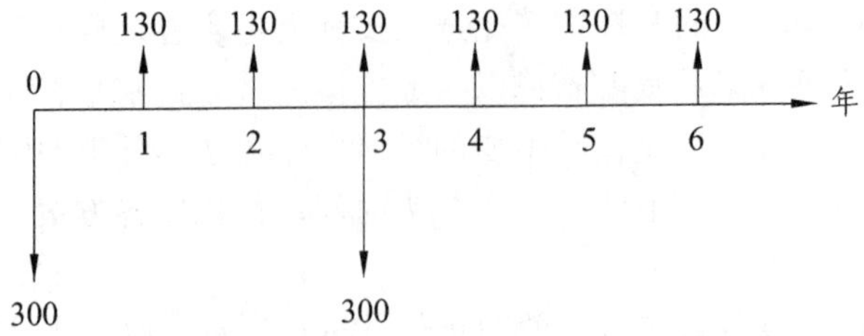

图 4.3　A 方案现金流量图（万元）

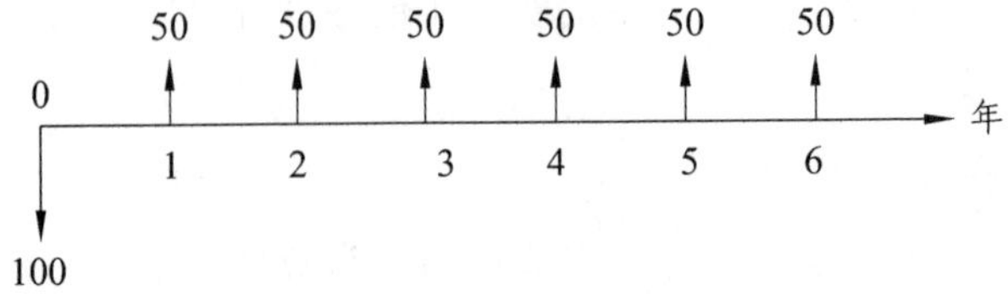

图 4.4　B 方案现金流量图（万元）

计算各方案的净现值：

$$NPV_A = -300 - 300 \times (P/F,\ 10\%,\ 3) + 130 \times (P/A,\ 10\%,\ 6)$$
$$= 40.8\text{（万元）} > 0$$
$$NPV_B = -100 + 50 \times (P/A,\ 10\%,\ 6) = 117.8\text{（万元）} > 0$$

由于 $NPV_B > NPV_A$，所以方案 B 为最优方案。

（2）研究期法。

取两方案中较短的计算期为共同的计算期，即计算期取为 3 年。分别计算两方案的净现值：

$$NPV_A = -300 + 130 \times (P/A,\ 10\%,\ 3) = -300 + 130 \times 2.486\,9 = 23.30\text{（万元）} > 0$$
$$NPV_B = [-100 + 50 \times (P/A,\ 10\%,\ 6)] \times (A/P,\ 10\%,\ 6) \times (P/A,\ 10\%,\ 3)$$
$$= 117.8 \times 0.229\,6 \times 2.486\,9 = 67.26\text{（万元）} > 0$$

由于 $NPV_B > NPV_A$，所以方案 B 为最优方案。

（3）年值法。

年值法不需统一各方案的计算期。又由于需要考虑效益情况，所以选用净年值指标进行评价计算。

分别计算两方案的净年值：

$$NAV_A = -300 \times (A/P,\ 10\%,\ 3) + 130 = 9.37\ \text{万元} > 0$$
$$NAV_B = -100 \times (A/P,\ 10\%,\ 6) + 50 = 27.04\ \text{万元} > 0$$

由于 $NAV_B > NAV_A$，所以 B 方案优于 A 方案。

由此可见，在三种方法都适用的情况下，三种方法的评价结论是一致的，但年值法最简便，研究期法最不易理解。

4.2.3　无限寿命的互斥方案比选

有一些公用事业项目，如铁路、桥梁、大坝、运河等，可通过反复维修更新使其寿命延长至很长的期限，甚至可以将其视为永久项目，其现金流量大致呈周期性变化。还有一些互斥方案在用最小公倍数法确定共同的计算期时，最小公倍数非常大，这时也可视为寿命期无限长的情况。具有这种计算期的互斥方案比选问题即为无限寿命的互斥方案比选问题。

无限寿命的方案其净现值为：

$$NPV = \lim_{n\to\infty}\left[NAV\left(P/A,i_c,n\right)\right] = \lim_{n\to\infty}\left[NAV\frac{(1+i_c)^n-1}{i_c(1+i_c)^n}\right] = \frac{NAV}{i_c} \tag{4.2}$$

无限寿命的方案其费用现值为：

$$PC = \lim_{n\to\infty}\left[AC(P/A,i_c,n)\right] = \lim_{n\to\infty}\left[AC\frac{(1+i_c)^n-1}{i_c(1+i_c)^n}\right] = \frac{AC}{i_c} \tag{4.3}$$

在对无限寿命的互斥方案进行比选时，应视情况分别采用净现值或费用现值进行评价，遵循净现值最大或费用现值最小的原则进行比选。

【例 4.5】　试对例 4.4 中两方案按无限寿命的互斥方案进行比选。

解：例 4.4 已计算出两方案的净年值：

$$NAV_A = -300\times(A/P,\ 10\%,\ 3)+130 = 9.37\ （万元）$$
$$NAV_B = -100\times(A/P,\ 10\%,\ 6)+50 = 27.04\ （万元）$$

则按照无限寿命的互斥方案计算净现值为：

$$NPV_A = \frac{NAV_A}{i_c} = \frac{9.37}{10\%} = 93.7\ （万元）$$
$$NPV_B = \frac{NAV_B}{i_c} = \frac{27.04}{10\%} = 270.4\ （万元）$$

由于 $NPV_B > NPV_A$，所以方案 B 为最优方案。

4.3　独立型方案的比选

独立型方案中，各个方案的现金流量是独立的。独立型方案的比选有两种情况：一是没有资金限制；二是有资金限制。下面介绍这两种情况下的独立方案比选问题。

4.3.1　没有资金限制的独立方案比选

若没有资金限制，只要方案本身具有经济合理性，就可以选择实施该方案，与是否选择别的方案没有关系。也就是说，这时只需要对各方案进行绝对经济效果评价即可作出选择，无需进行相对经济效果评价。利用第 3 章的知识，分别计算各方案的净现值或内部收益率等指标，只要满足净现值 $NPV\geqslant 0$ 或内部收益率 $IRR\geqslant i_c$，方案就可行。

4.3.2 有资金限制的独立方案比选

在有资金限制的情况下，不可能采用所有通过了绝对经济效果评价的经济合理的方案，只能选择其中部分方案来实施，这就面临着如何合理分配资金的问题。这时独立方案也就不“独立”了，而是具有了某种相关性，从而形成了所谓的资金限制条件下的优化组合问题。几个独立方案组合之间就变成了互斥关系。

有资金限制的独立方案比选方法具体有以下两种：

1. 互斥组合法

在上一节已经解决了互斥方案的比选问题，如果能够利用某种方法把各独立方案组合成一些互斥的组合方案，就可以利用互斥方案的比选方法选择相对较优的组合方案。也就是说，有资金限制的独立方案比选通过方案组合转化为互斥方案的比选。其基本步骤是：

（1）分别对各独立方案进行绝对经济效果评价，剔除达不到起码满意水平的方案；

（2）对通过了绝对经济效果评价的方案，列出不超过资金限额的所有组合方案，这些组合方案就构成互斥型方案；

（3）将各组合方案按照投资额大小排序，按照互斥方案的比选方法选择最优的方案组合。

互斥组合法的优点是能够保证获得最佳组合方案，缺点是当方案数目较多时，组合方案数多（因为每个方案均有选择与否两个选择，故 n 个独立方案可以构成 2^n 个互斥型组合方案），计算显得烦琐，但借助于计算机手段可以解决大量的计算工作。

【例 4.6】 有三个独立方案 A、B、C，寿命期均为 8 年，各方案的初始投资分别为 3 000 万元、5 000 万元、7 000 万元。经计算得到各方案的净现值分别为 200.94 万元、68.16 万元、1 002.35 万元。若资金限额为 11 000 万元，试选择最优方案组合。

解： 首先列出所有可能的独立方案组合，共有 $2^3 = 8$ 个，其中包括不选择任何方案，方案组合见表 4.4。

表 4.4 独立方案组合情况

组合方案序号	组合方案	初始投资/万元	净现值/万元
1	0	0	0
2	A	3 000	200.94
3	B	5 000	68.16
4	C	7 000	1 002.35
5	A + B	8 000	269.10
6	A + C	10 000	1 203.29
7	B + C	12 000	—
8	A + B + C	15 000	—

由于资金限额为 11 000 万元，第 7、8 种组合方案超过限额被排除。由表 4.4 可知，第 6 种方案净现值最大，为最优组合方案，所以最优方案是 A + C 方案。

2. 净现值率排序法

净现值率的大小说明单位投资所获超额净效益的大小。应用净现值率排序法评价方案时，将净现值率大于或等于零的各备选方案按净现值率由大到小排序，并以此顺序选择方案，直到所选方案组合的投资总额最大限度地接近或等于资金限额为止。

【例 4.7】 试用净现值率排序法对例 4.6 进行最优方案组合选择。

解：计算净现值率并排序，结果见表 4.5。

表 4.5　净现值率排序表

方案	初始投资/万元	*NPV*/万元	*NPVR*	*NPVR* 排序
A	3 000	200.94	0.067	2
B	5 000	68.16	0.014	3
C	7 000	1 002.35	0.143	1

根据上表逐一选择，直到接近或达到资金限额。

最佳组合方案：C + A；

最佳组合方案投资额：7 000 + 3 000 = 10 000 万元；

最佳组合方案净现值：1 002.35 + 200.94 = 1 203.29 万元。

🕮用净现值率排序法不能保证获得最佳组合方案，但能有效提高比选效率。

4.4 层混型方案的比选

层混型方案包括一组独立方案，每个独立方案下又有几个互斥方案。层混型方案的比选是实际工作中经常遇到的一类问题，比选方法比较复杂。层混型方案比选与独立型方案比选一样，也分为没有资金限制和有资金限制两种情况。

4.4.1 没有资金限制的层混型方案比选

若层混型方案比选没有资金限制，则先按照互斥方案比选方法选择各独立方案下的最优互斥方案，然后将选出的互斥方案加以组合即可。

4.4.2 有资金限制的层混型方案比选

在有资金限制的情况下，层混型方案的比选方法比较复杂，一般使用层混型方案的互斥组合法。

其基本步骤是：

（1）将独立方案下的各互斥方案按净现值指标进行优选排序，并剔除达不到起码满意水平的方案；

（2）对各独立方案，找出在资金限额条件下的较优互斥组合；

（3）按照互斥方案比选方法从较优互斥组合中确定最佳组合方案。

其中，较优互斥组合是指至少保证某一互斥关系中的相对最优方案得以入选的互斥组合。

如果方案数目不多，也可直接列出全部互斥组合，显然较优互斥组合数较全部互斥组合数要少。如果有 m 个独立方案，第 i 个独立方案下有 n_i 个互斥方案，则该层混型方案可以组合成的全部互斥组合数为（包括不选择任何方案）：

$$N=\prod_{i=1}^{m}(n_i+1)=(n_1+1)(n_2+1)\cdots(n_m+1) \tag{4.4}$$

【例 4.8】 某企业有 A、B、C 三个独立方案，A 方案包括 A_1、A_2、A_3 三个互斥方案，B 方案包括 B_1、B_2、B_3、B_4 四个互斥方案，C 方案包括 C_1、C_2、C_3 三个互斥方案。各方案基本情况见表 4.6，各方案的寿命均为 8 年。若企业的投资资金限额为 400 万元，试选择最佳方案组合。

表 4.6　各方案基本情况

独立方案	互斥方案	初始投资/万元	净现值/万元
A	A_1	100	79.5
	A_2	200	114.1
	A_3	300	103.8
B	B_1	100	−10.3
	B_2	200	46.8
	B_3	300	36.3
	B_4	400	26.3
C	C_1	200	181.4
	C_2	300	193.6
	C_3	400	273.1

解：（1）将独立方案下的各互斥方案按净现值指标进行优选排序，并剔除达不到起码满意水平的方案。

A 方案优选次序为 A_2、A_3、A_1。

B 方案优选次序为 B_2、B_3、B_4；剔除 B_1 方案。

C 方案优选次序为 C_3、C_2、C_1。

（2）对各独立方案，找出在资金限额条件下的较优互斥组合。

本题资金限额为 400 万元，则满足资金限制的较优互斥组合方案有四个：（A_2，B_2，0）、（0，0，C_3）、（A_2，0，C_1）、（0，B_2，C_1）。（其中，组内的“0”表示不选择互斥方案的任何一个方案）

（3）按照互斥方案比选方法从较优互斥组合中确定最佳组合方案。

计算各较优组合的净现值：

$$NPV_{A_2+B_2+0}=114.1+46.8=160.9\text{（万元）}$$

$$NPV_{0+0+C_3}=273.1\text{（万元）}$$

$$NPV_{A_2+0+C_1}=114.1+181.4=295.5 \text{（万元）}$$

$$NPV_{0+B_2+C_1}=46.8+181.4=228.2 \text{（万元）}$$

根据净现值最大准则，应选组合（A_2，0，C_1），即选择 A_2 方案和 C_1 方案的组合。

思考题与习题

1. 什么是相对效果评价？相对效果评价主要解决什么问题？
2. 什么是方案类型？方案类型有哪些？
3. 什么是互斥型方案、独立型方案以及层混型方案？
4. 能否直接利用内部收益率指标进行互斥方案的比选？为什么？
5. 什么是差额投资内部收益率？如何运用差额投资内部收益率进行互斥方案比选？
6. 有资金限制的独立方案比选方法有哪些？
7. 如何进行有资金限制的层混型方案比选？
8. 现有 A、B 两个方案，方案 A：期初投资 1 900 万元，每年营业收入为 3 200 万元，年经营成本为 500 万元；方案 B：期初投资 2 500 万元，每年营业收入为 4 800 万元，年经营成本 650 万元。两方案寿命期均为 5 年，设基准收益率为 10%，试用净现值法、净年值法、差额投资内部收益率法进行方案比选。
9. 现有 A、B 两个方案，方案 A：期初投资 1 900 万元，每年营业收入为 3 200 万元，年经营成本为 500 万元，寿命期 8 年；方案 B：期初投资 2 500 万元，每年营业收入为 4 800 万元，年经营成本 650 万元，寿命期 6 年。设基准收益率为 10%，试进行方案比选。

第5章 建设项目财务评价

【本章导读】

建设项目经济评价包括财务评价和国民经济评价。财务评价是从微观的、项目的角度评价项目的经济可行性。市场经济条件下，一般都是依据项目财务评价结论取舍项目。

本章的主要内容包括财务评价基本概念、财务评价的价格体系、财务评价中效益和费用的估算以及项目财务盈利能力、偿债能力和财务生存能力分析等。

5.1 财务评价概述

5.1.1 财务评价及其作用

1. 财务评价的概念

财务评价又称财务分析，是指在国家现行会计制度、税收法规和市场价格体系下，预测项目的财务效益与费用，编制财务报表，计算财务分析指标，分析项目的盈利能力、清偿能力和财务生存能力，评价项目的财务可行性。通过财务评价，可以明确项目对财务主体的价值以及对投资者的贡献，也可以为投资决策、融资决策以及银行审批贷款提供科学依据。

2. 财务评价的作用

（1）财务评价是工程项目决策分析与评价中的重要组成部分。财务评价是工程项目前评价、中评价、后评价中必不可少的重要内容。在对投资项目的前评价——项目决策分析与评价的各个阶段中，财务评价是机会研究报告、项目建议书、初步可行性研究报告、可行性研究报告的重要组成部分。

（2）财务评价是项目发起人、投资人、债权人、审批部门重要的决策依据。在项目决策过程中，尤其是经营性项目，财务评价结论是重要的决策依据。总之，财务评价是项目发起人推进决策、投资人投资决策、债权人贷款决策、审批人审批决策、各级核准部门核准决策时的依据。

（3）财务评价在项目或方案比选中起着重要作用。项目决策分析与评价的核心是方案比选，财务评价的结果还可以反馈到方案设计中，优化方案设计，使方案更为合理。

（4）财务评价中的财务盈利能力和生存能力分析对项目取舍有着至关重要的作用。财务评价中的财务盈利能力分析对经营性项目财务考察是必不可少的；财务生存能力分析对项目，特别是对非经营性项目的财务可持续性考察起着重要作用。

5.1.2　财务评价的内容、步骤与原则

1. 财务评价的内容

（1）在明确项目评价范围的基础上，根据项目性质和融资方式选取适当的方法。

（2）选取必要的基础数据进行财务效益与费用的估算，包括营业收入、成本费用估算和相关税金估算等，同时编制相关辅助报表，为财务评价做准备。

（3）进行财务评价，即编制财务评价报表和计算财务评价指标，包括盈利能力分析、偿债能力分析和财务生存能力分析。对非经营性项目，主要进行财务生存能力分析。

（4）财务评价后还应进行不确定性分析，包括盈亏平衡分析和敏感性分析。

2. 财务评价的步骤

财务评价主要是利用有关基础数据，通过财务评价报表，计算财务指标，进行财务分析和评价。财务评价的一般步骤如下：

（1）财务评价前的准备。

① 熟悉拟建项目的基本情况，收集整理有关基础数据资料；

② 编制部分财务评价辅助报表。财务评价辅助报表主要包括建设投资估算表，流动资金估算表，营业收入、营业税金及附加和增值税估算表，总成本费用估算表等。

（2）融资前分析。

财务评价可以分为融资前分析和融资后分析，分别满足投资决策和融资决策的需要。一般宜先进行融资前分析，在融资前分析结论满足要求的前提下，初步设定融资方案，再进行融资后分析。在项目建议书阶段，可只进行融资前分析。

融资前分析属于项目决策中的投资决策，是不考虑债务融资条件下的财务评价，重点在于考察项目的净现金流量的价值是否大于其投资成本，由于未考虑资金来源，融资前分析只进行盈利能力分析。融资前分析的基本步骤如下：

① 编制项目投资现金流量表，计算项目投资内部收益率、净现值和项目投资回收期等指标；

② 如果分析结果表明项目效益符合要求，再考虑融资方案，继续进行融资后分析；

③ 如果分析结果不能满足要求，可通过修改方案设计完善项目方案，必要时甚至可据此做出放弃项目的建议。

（3）融资后分析。

融资后分析属于项目决策中的融资决策，是以设定的融资方案为基础进行的财务评价，重点在于考察项目资金筹措方案能否满足要求。融资后分析包括盈利能力分析、清偿能力分析和财务生存能力分析。融资后分析的基本步骤如下：

① 在融资前分析结论满足要求的前提下，初步设定融资方案；

② 在已有财务评价报表的基础上，编制项目总投资使用计划与资金筹措表和建设期利息估算表；

③ 编制项目资本金现金流量表，计算项目资本金财务内部收益率指标，考察项目资本金可获得的收益水平；

④ 编制投资各方现金流量表，计算投资各方的财务内部收益率指标，考察投资各方可获得的收益水平。

财务评价的步骤以及各部分的关系（包括财务评价与投资估算和融资方案的关系）如图5.1所示。

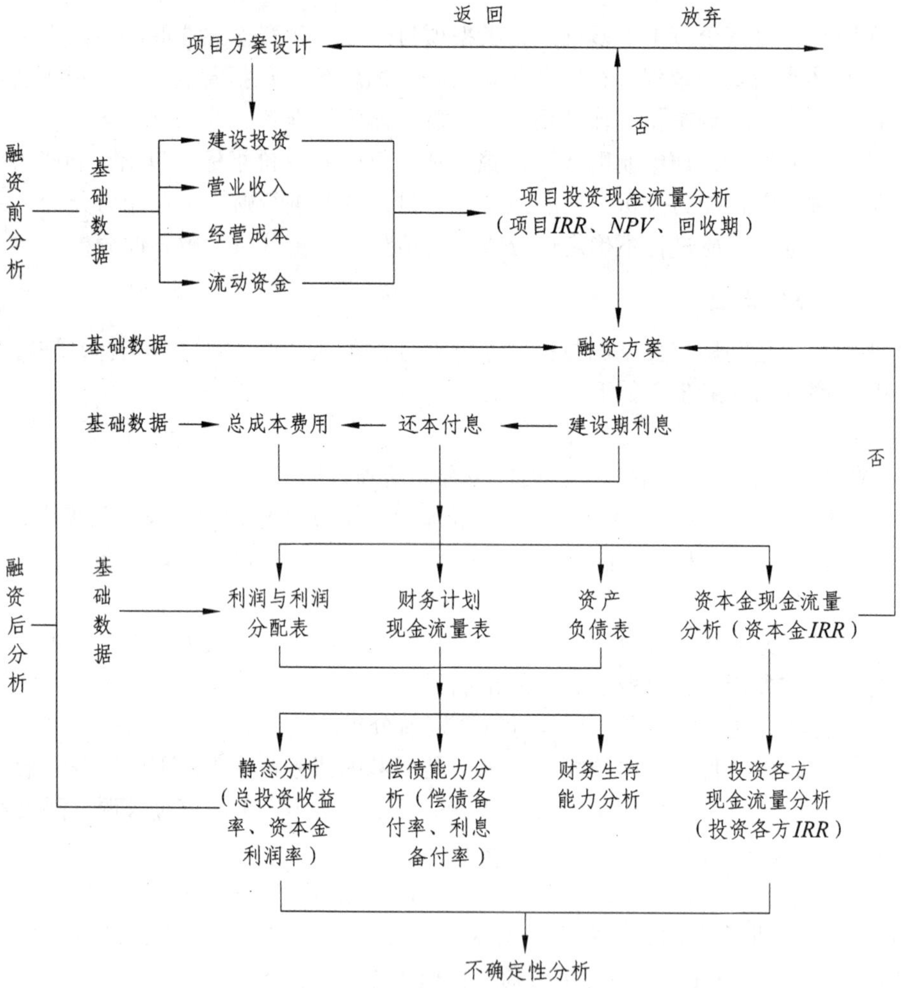

图 5.1　财务评价的内容和步骤

3. 财务评价的基本原则

财务评价应遵循以下基本原则：

（1）费用与效益计算口径的一致性原则。将效益和费用的估算限定在同一范围内，避免效益被高估或低估，从而得到投入的真实回报。

（2）费用与效益识别的有无对比原则。分析增量效益和费用，排除其他原因产生的效益，体现投资净效益。

（3）动态分析与静态分析相结合，以动态分析为主的原则。根据资金时间价值原理，考虑整个计算期内各年的效益和费用，采用现金流量分析的方法，计算内部收益率和净现值等评价指标。

（4）基础数据确定的稳妥原则。财务评价结果的准确性取决于基础数据的可靠性，应避免人为乐观估计所带来的风险，提供可靠的评价结果。

5.1.3 财务评价报表

1. 现金流量表

现金流量表反映项目计算期内各年的现金收支，用以计算各项动态和静态评价指标，进行项目财务盈利能力分析。现金流量表分为：

（1）项目投资现金流量表。该表适用于新设法人项目与既有法人项目的增量和“有项目”的现金流量分析。对于新设法人项目，该表不分投资资金来源，以全部投资作为计算基础，用于计算项目投入全部资金的财务内部收益率、财务净现值及项目投资回收期等评价指标，考察项目全部投资的盈利能力，为各个投资方案（不论其资金来源及利息多少）进行比较建立共同基础。

（2）项目资本金现金流量表。该表从项目法人（或投资者整体）的角度出发，以项目资本金作为计算基础，把借款还本付息作为现金流出，用于计算项目资本金财务内部收益率。

（3）投资各方财务现金流量表。该表分别从各个投资者的角度出发，以投资者的出资额作为计算的基础，用于计算投资各方财务内部收益率。

2. 利润和利润分配表

该表反映项目计算期内各年的营业收入、总成本费用、利润总额、所得税及税后利润的分配情况；用于计算总投资收益率、项目资本金净利润率等指标。

3. 财务计划现金流量表（资金来源与运用表）

该表反映项目计算期内各年投资、融资及经营活动的资金流入和流出，用于安排资金使用计划，计算累计盈余资金，分析项目的财务生存能力。

4. 资产负债表

该表用于综合反映项目计算期内各年年末资产、负债和所有者权益的增减变化及对应关系，计算资产负债率。

5. 借款还本付息计划表

该表反映项目计算期内各年借款的使用、还本付息以及偿债资金来源，计算借款偿还期或者偿债备付率、利息备付率等指标。

财务评价报表与评价指标的对应关系见表 5.1。

表 5.1 财务评价报表与评价指标的关系

评价内容	基本报表	静态指标	动态指标
盈利能力分析	项目现金流量表	静态投资回收期	项目财务内部收益率 财务净现值 动态投资回收期
	资本金现金流量表	—	资本金财务内部收益率
	投资各方现金流量表	—	投资各方财务内部收益率
	利润和利润分配表	投资利润率 投资利税率 资本金利润率	—

续表 5.1

评价内容	基本报表	静态指标	动态指标
清偿能力分析	资产负债表 利润与利润分配表 借款还本付息计划表	借款偿还期 偿债备付率 利息备付率 资产负债率 流动比率	—
财务生存能力分析	财务计划现金流量表	累计盈余资金	—

5.2 财务评价的价格体系

5.2.1 财务评价涉及的各种价格体系

1. 影响价格变动的因素

影响价格变动的因素很多，可以归纳为两类：一是相对价格变动因素；二是绝对价格变动因素。

相对价格是指商品间的价格比例关系。导致商品相对价格变动的因素很复杂，如供应量的变化、价格政策的变化、劳动生产率变化等引起商品间价格比例的改变；消费水平变化、消费习惯改变、可代替产品出现等引起供求关系发生变化，从而使供求均衡价格发生变化。

绝对价格是指用货币单位表示的商品价格水平。绝对价格变动一般体现为物价总水平的变化，即因货币贬值（通货膨胀）引起的所有商品价格的普遍上涨或货币升值（通货紧缩）引起的所有商品价格的普遍下降。

2. 财务评价涉及的价格体系

财务评价涉及的价格体系有固定价格体系、实价体系和时价体系三种，同时涉及三种价格，即基价、实价和时价。

（1）基价（Base Year Price）：以基年价格水平表示，不考虑其后价格变动的价格，也称固定价格。如果采用基价，项目建设期内各年价格是相同的。一般选评价工作进行的年份为基年，也有选择预计开始建设年份的。基价是确定项目涉及的各种货物预测价格的基础，也是估算建设投资的基础。

（2）时价（Current Price）：任何时候的当时市场价格。时价包含了相对价格变动和绝对价格变动的影响，以当时的价格水平表示。以基价为基础，按照预计的各种货物的不同价格上涨率（也称时价上涨率）分别计算出它们在计算期内任何一年的时价。时价计算公式为：

$$P_{cn} = P_b \times (1 + c_1) \times (1 + c_2) \times \cdots \times (1 + c_n)$$

式中：P_{cn}——时价；

P_b——基价；

c_i——各年时价上涨率（$i = 1, 2, 3, \cdots, n$）。

（3）实价（Real Price）：以基年价格水平表示的，只反映相对价格水平变动因素影响的价格。可以由时价中扣除物价总水平变动的影响来求得实价。假设第 i 年的实价上涨率为 r_i，时价上涨率为 c_i，物价总水平上涨率（通货膨胀率）为 f_i，则有：

$$\text{第 } i \text{ 年的实价} = \text{第 } i \text{ 年的时价} / (1 + f_i)$$

$$r_i = [(1 + c_i)/(1 + f_i)] - 1$$

注意：（1）只有当时价上涨率大于通货膨胀率时，该货物的实价上涨率才会大于 0。

（2）如果货物间的相对价格保持不变，即实价上涨率为零，那么实价值就等于基价值。同时意味着各种货物的时价上涨率相同，也即各种货物的时价上涨率等于物价总水平上涨率。

5.2.2　财务评价的取价原则

1. 财务评价应采用预测价格

预测价格应是在选定的基年价格基础上测算，一般选择评价当年为基年。至于采用上述何种价格体系，要视具体情况决定。

2. 现金流量分析原则上应采用实价体系

采用实价计算净现值和内部收益率进行现金流量分析是国际上比较通行的做法。这样做便于投资者考察投资的实际盈利能力，因为实价排除了通货膨胀因素的影响，消除了因通货膨胀（物价总水平上涨）带来的“浮肿利润”，能够相对真实地反映投资的盈利能力。如果采用含通货膨胀因素的时价进行盈利能力分析，特别是当对产出物采用的时价上涨率等于或大于对投入物采用的时价上涨率时，就有可能使未来收益大大增加，因此形成“浮肿利润”，夸大项目的盈利能力。

3. 偿债能力分析和财务生存能力分析原则上应采用时价体系

用时价进行财务预测，编制利润和利润分配表、财务计划现金流量表及资产负债表，有利于描述项目计算期内各年当时的财务状况，能相对合理地进行偿债能力分析和财务生存能力分析，这也是国际上比较通行的做法。

为了满足实际投资的需要，在投资估算中应同时包含两类价格变动因素引起投资增长的部分，一般通过计算涨价预备费来体现。同样，在融资计划中也应考虑这部分费用，在投入运营后的还款计划中自然包括该部分费用的偿还。因此，只有采用既包括了相对价格变化，又包含了通货膨胀因素影响在内的时价价值表示的投资费用、融资数额进行计算，才能真实反映项目的偿债能力和财务生存能力。

4. 对财务评价采用价格体系的简化

在实践中，并不要求对所有项目或在所有情况下都必须全部采用上述价格体系进行财务评价，多数情况下可以根据具体情况适当简化。

《建设项目经济评价方法与参数（第三版）》和《投资项目可行性研究指南》都提出了各自的简化处理办法，虽然表述不尽相同，但实际上两者对财务评价采用价格体系的简化处理基本上是一致的，可以归纳为以下几点：

（1）一般在建设期间既要考虑通货膨胀因素，又要考虑相对价格变化，包括对投资费用的估算和对经营期投入产出价格的预测。

（2）项目经营期内，盈利能力分析和偿债能力分析可以采用同一套价格，即预测的运营期价格。

（3）项目经营期内，可根据项目及其产出的具体情况，选用固定价格（项目经营期内各年价格不变）或考虑相对价格变化的变动价格（项目经营期内各年价格不同，或某些年份价格不同）。

（4）当有要求或通货膨胀严重时，项目偿债能力分析和财务生存能力分析要采用时价价格体系。

5. 财务评价采用价格是否应该包含增值税的处理

（1）增值税的征收实行价税分离，在发生销售产品或提供劳务时，单独开具增值税专用发票。

（2）会计制度规定，企业财务报表中的成本费用和业务收入都是以不含增值税的价格表示的。对于在财务评价的价格中采用含税价格还是不含税价格，历年多有争论。

（3）财务评价所用的价格可以是含增值税的价格，也可以是不含增值税的价格，但需要予以说明。采用价格是否含有增值税一般不会对项目效益的计算产生影响。

增值税的计算：

$$\begin{aligned}
\text{销项税额} &= \text{含税收入}/(1+\text{增值税率})\times\text{增值税率}\\
&= \text{不含税收入}\times\text{增值税率}
\end{aligned}$$

$$\begin{aligned}
\text{进项税额} &= \text{外购原材料、燃料动力含税成本}/(1+\text{增值税率})\times\text{增值税率}\\
&= \text{外购原材料、燃料动力不含税成本}\times\text{增值税率}
\end{aligned}$$

$$\text{增值税} = \text{销项税额} - \text{进项税额}$$

5.3 财务效益与费用的估算

财务效益与费用的估算是财务评价的重要基础，估算的准确性与可靠性直接影响财务评价结论。

项目计算期是指对项目进行经济评价应延续的年限，是财务评价的重要参数，包括建设期和运营期。

1. 建设期

财务评价中的建设期是指从项目资金正式投入到项目建成投产所需要的时间。

项目进度计划中的建设工期是指项目主体工程正式破土动工到项目建成投产所需要的时间。

对于既有项目法人融资项目，建设期与建设工期一般差异不大，但新建项目法人项目需先进行注册企业，届时就需要投资者投入资金，其后项目再开工建设，因而两者的起点会有差异，所以建设期有可能大于工期。

2. 运营期

财务评价中的运营期应根据多种因素综合确定，包括行业特点、主要设备的经济寿命期等；对于中外合资项目还要考虑合资双方商定的合资年限。运营期包括投产期和达产期两个阶段。投产期是指项目投入生产，但生产能力尚未完全达到设计能力的过渡阶段。达产期是指项目生产运营达到设计预期水平后的时间。

5.3.1 财务效益与费用估算范围和步骤

1. 财务效益

（1）对于市场化运作的经营性项目，财务效益主要是指所获取的营业收入。

（2）对于以为社会提供公共产品或服务或以保护环境等为目标的非经营性项目，应将补贴作为项目的财务收益。

（3）对于为社会提供公共产品或服务，且运营维护采用经营方式的项目，财务效益包括营业收入和补贴收入。

2. 项目费用

项目费用主要包括项目投资、成本费用和税金等。

3. 估算步骤

财务效益和费用估算步骤与财务评价的步骤同步，分融资前分析和融资后分析两阶段，如图 5.2 所示。

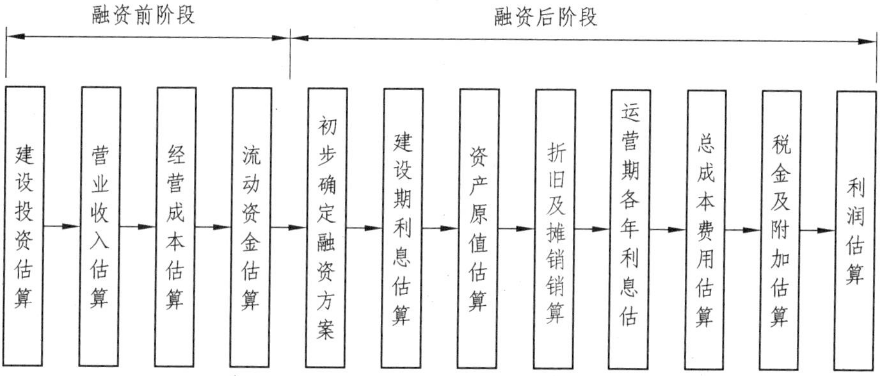

图 5.2 财务效益和费用估算步骤示意图

5.3.2 工程项目投资估算

1. 工程项目投资构成

项目评价中总投资是指项目建设和投入运营所需要的全部投资，由建设投资、建设期利息和流动资金之和构成。

（1）建设投资指在项目筹建与建设期间所花费的全部建设费用。

（2）建设期利息是债务资金在建设期间发生并应计入固定资产原值的利息，包括借款（或债券）利息及手续费、承诺费、管理费等。

（3）流动资金是项目运营期内长期占用并周转使用的营运资金。

其中建设投资是项目总投资中的重要组成部分，是财务评价中的重要基础数据，项目总投资的构成如图 5.3 所示。

2. 建设投资简单估算法

（1）单位生产能力估算法。

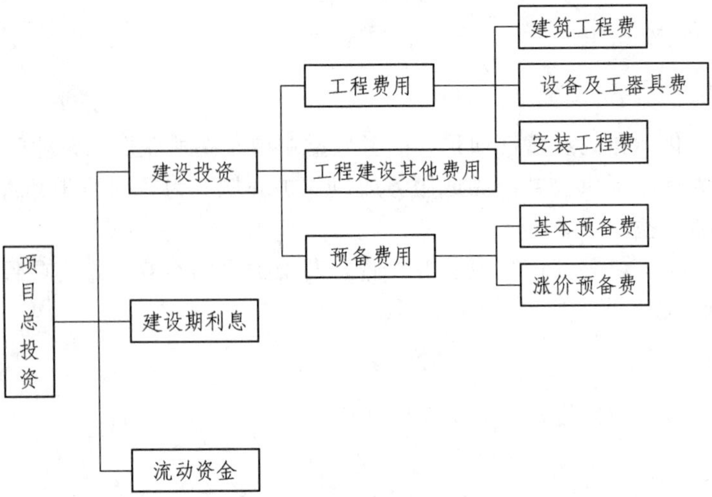

图 5.3　项目总投资构成图

该方法根据已建成的、性质类似的建设项目的单位生产能力投资来估算拟建项目的投资额，其计算公式为：

$$C_2 = \frac{C_1}{Q_1} \times Q_2 \times f$$

式中：C_1——已建类似项目的投资额；

C_2——拟建项目投资额；

Q_1——已建类似项目的生产能力；

Q_2——拟建项目的生产能力；

f——不同时期、不同地点的定额、单价、费用变更等的综合调整系数。

单位生产能力估算法估算误差较大，可达 ± 30%。此法只能是粗略地快速估算。

（2）生产能力指数法。

该方法根据已建成的、性质类似的建设项目的生产能力和投资额与拟建项目的生产能力来估算拟建项目的投资额，其计算公式为：

$$C_2 = C_1 \times \left(\frac{Q_2}{Q_1}\right)^n \times f$$

式中：n——生产能力指数。

其他符号含义同前。

上式表明，造价与规模（或容量）呈非线性关系，运用这种方法估算项目投资的一个重要条件是要有合理的生产能力指数。

① 若已建类似项目的规模和拟建项目的规模相差不大，生产规模比值为 0.5 ~ 2，则指数 n 的取值近似为 1；

② 若已建类似项目的规模和拟建项目的规模相差不大于 50 倍，且拟建项目规模的扩大仅靠增大设备的功能和效率来达到时，则 n 取值为 0.6 ~ 0.7；

③ 若已建类似项目的规模和拟建项目的规模相差不大于 50 倍，且拟建项目规模的扩大

靠增加相同规格设备的数量达到时，则 n 取值为 0.8 ~ 0.9。

采用生产能力指数法计算简单、速度快；但要求类似工程的资料可靠，条件基本相同，否则误差就会增大。

【例 5.1】 已知建设年产 30 万吨乙烯装置的投资额为 60 000 万元，现有一年产 70 万吨乙烯的装置，工程条件与上述装置类似，试估算该装置的投资额（生产能力指数 $n = 0.6$，$f = 1.2$）。

解：根据公式则有：$C_2 = C_1 \times \left(\dfrac{Q_2}{Q_1}\right)^n \times f = 60\,000 \times (70/30)^{0.6} \times 1.2 = 119\,707$（万元）

（3）资金周转率法。

这是一种用资金周转率来推测投资额的简便方法，其公式如下：

$$C = \frac{Q \times p}{T}$$

式中：C ——拟建项目建设投资；

Q ——产品年产量；

p ——产品单价；

T ——资金周转率 = 年销售总额/建设投资。

这种方法比较简便，计算速度快，但精确度较低。

（4）比例估算法。

比例估算法又分为两种：

① 以拟建项目的全部设备费为基数进行估算。

此种估算方法根据已建成的同类项目的建筑安装费和其他工程费用等占设备价值的百分比，求出相应的建筑安装费及其他工程费等，再加上拟建项目的其他有关费用，其总和即为项目或装置的投资。计算公式为：

$$C = E \times (1 + f_1 \times P_1 + f_2 \times P_2) + I$$

式中：C ——拟建项目的投资额；

E ——根据拟建项目当时当地价格计算的设备购置费（含运杂费）的总和；

P_1、P_2 ——已建项目中建筑工程费、安装工程费等占设备费用的百分比；

f_1、f_2 ——由于时间因素引起的定额、价格、费用标准等综合调整系数；

I ——拟建项目的其他费用。

【例 5.2】 某新建项目设备投资为 10 000 万元，根据已建同类项目统计情况，一般建筑工程占设备投资的 28.5%，安装工程占设备投资的 17.3%，该项目其他费用估计为 800 万元，试估算该项目的投资额（综合调整系数 $f = 1$）。

解：该项目的投资额为：

$$C = E \times (1 + f_1 \times P_1 + f_2 \times P_2) + I$$

$$= 10\,000 \times (1 + 28.5\% + 17.3\%) + 800 = 15\,380 \text{（万元）}$$

② 以拟建项目的最主要工艺设备费为基数进行估算。

此种方法根据同类型的已建项目的有关统计资料，计算出拟建项目的各专业工程（总图、土建、暖通、给排水、管道、电气及电信、自控及其他工程费用等）占工艺设备投资（包括运杂费和安装费）的百分比，据以求出各专业的投资，然后把各部分投资（包括工艺设备费）相加求和，再加上工程其他有关费用，即为项目的总投资。计算公式为：

$$C = E \times (1 + f_1 \times P_1' + f_2 \times P_2' + f_3 \times P_3' + \cdots) + I$$

式中：E——拟建项目根据当时当地价格计算的工艺设备投资；

P_1'、P_2'、P_3'——已建项目各专业工程费用占工艺设备费用的百分比。

（5）系数估算法。

① 朗格系数法。

这种方法是以设备费为基数，乘以适当系数来推算项目的建设费用。其计算公式为：

$$C = E(1 + \sum K_i)K_c$$

式中：C——建设投资；

E——设备购置费；

K_i——管线、仪表、建筑物等项费用的估算系数；

K_c——管理费、合同费、应急费等项费用的总估算系数。

建设投资与设备购置费之比为朗格系数 K_L，即

$$K_L = (1 + \sum K_i)K_c$$

② 设备及厂房系数法。

该方法是在拟建项目工艺设备投资和厂房土建投资估算的基础上，其他专业工程参照类似项目的统计资料，与设备关系较大的按设备投资系数计算，与厂房土建关系较大的则按厂房土建投资系数计算，两类投资加起来，再加上拟建项目的其他有关费用，即为拟建项目的建设投资。

（6）单元指标估算法。

① 民用项目：建设投资额 = 建筑规模 × 单元指标 × 物价浮动指数。

② 工业项目：建设投资额 = 生产能力 × 单元指标 × 物价浮动指数。

其中单元指标指每个估算单位的建设投资额。例如，饭店单位客房投资指标、医院每个床位投资指标、钢铁厂每吨钢投资指标、民用建筑单位面积或单位体积投资指标等。

在使用单元指标估算法时，应注意以下几点：

① 指标是否包括管理费、试车费以及工程的其他各项费用。

② 产量小、规模小的工程，指标可适当调增；反之，可适当调减。

③ 当拟建项目的结构、建筑与指标局部不相符时，应对指标进行适当的修正。

3. 建设投资分类估算法

建设投资分类估算法是对构成建设投资的各类投资，即工程费用（含建筑工程费、设备购置费和安装工程费）、工程建设其他费用和预备费用（含基本预备费和涨价预备费）等分类进行估算。估算步骤为：① 估算单项工程建筑工程费，设备及工器具购置费和安装工程费；② 合计单项工程费，估算工程建设其他费；③ 估算基本预备费和涨价预备费；④ 求得建设投资总额。

（1）建筑工程费用估算。

① 估算内容。

建筑工程费是指建造永久性建筑物和构筑物所需的费用，主要包括以下内容：

a. 各类房屋建筑工程和列入房屋建筑工程预算的供水、供暖、卫生、通风、煤气及设备费用及其装设、油饰工程的费用，列入建筑工程预算的各种管道、电力、电信和电缆导线敷设工程的费用；

b. 设备基础、支柱、工作台、烟囱、水塔、水池等建筑工程以及各种窑炉的砌筑工程和金属结构工程的费用；

c. 为施工而进行的场地平整，原有建筑物和障碍物的拆除以及施工临时用水、电、气、路和完工后场地清理、绿化、美化的费用；

d. 矿井开凿，井巷延伸、露天矿剥离，石油、天然气井，修建铁路、公路、桥梁、水库、堤坝、灌溉、防洪等工程费用。

② 估算方法。

a. 单位建筑工程投资估算法：以单位建筑工程量投资×建筑工程总量（简单）；

b. 单位实物工程量投资估算法：以单位实物工程量投资×实物工程总量（简单）；

c. 概算指标投资估算法（需要较为详细的工程资料，工作量大）。

（2）安装工程费的估算。

① 估算内容。

a. 生产、动力、起重、运输、传动、医疗和实验等各种需要安装设备的安装费；

b. 工艺、供热、供电、给排水、通风空调、净化及除尘、自控、电讯等管道、管线、电缆等的材料费和安装费；

c. 设备和管道的绝缘、防腐、保温、油漆等工程费用；

d. 单体试运转和联动无负荷试运转费用等。

② 估算方法。

安装工程费通常按行业有关安装工程定额、取费标准和指标估算投资。具体计算可按安装费率、每吨设备安装费或者每单位安装实物工程量的费用估算，即

$$安装工程费 = 设备原价 \times 安装费率$$

$$安装工程费 = 设备吨位 \times 每吨安装费指标$$

$$安装工程费 = 安装工程实物量 \times 每单位安装工程实物量费用指标$$

（3）设备及工器具购置费估算。

设备及工器具购置费包括国内设备购置费、进口设备购置费和工器具及生产家具购置费，如图 5.4 所示。

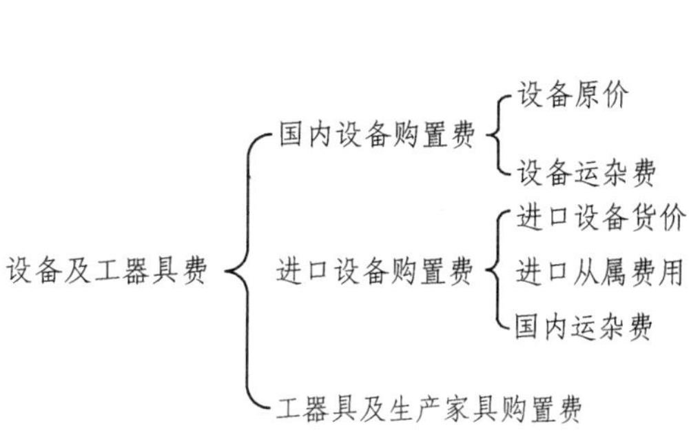

图 5.4　设备及工器具购置费构成图

① 国内设备购置费。

国内设备购置费是指为投资项目购置或自制的达到固定资产标准的各种国产设备、工具、器具的购置费用。

$$设备购置费 = 设备原价 + 设备运杂费$$

a. 国产标准设备原价。

国产标准设备原价一般指的是设备制造厂的交货价，即出厂价。设备的出厂价分两种情况：一是带有备件的出厂价；二是不带备件的出厂价。在计算设备原价时，应按带备件的出厂价计算。如设备由设备成套公司供应，则应以订货合同价为设备原价。

b. 国产非标准设备原价。

非标准设备原价有多种计价方法，如成本计算法、系列设备插入估价法、分部组合估价法、定额估价法等。无论采用哪种方法都应该使非标准设备计价接近实际出厂价，并且计算方法要简便。按成本计算估价法，非标准设备的原价由以下各项组成：

材料费、加工费（包括生产工人工资和工资附加费、燃料动力费、设备折旧费、车间经费等）、辅助材料费、专用工具费、废品损失费、外购配套件费、包装费、利润、税金（主要指增值税）、非标准设备设计费。

因此，单台非标准设备原价 = {[（材料费 + 加工费 + 辅助材料费）×（1 + 专用工具费率）×（1 + 废品损失费率）+ 外购配套件费] ×（1 + 包装费率）– 外购配套件费} ×（1 + 利润率）+ 增值税 + 非标准设备设计费 + 外购配套件费。

c. 设备运杂费。

设备运杂费通常由运输费、装卸费、包装费、供销部门手续费、采购及仓库保管费等构成。一般按设备原价乘以设备运杂费费率计算。

② 进口设备购置费估算。

进口设备购置费由进口设备货价、进口从属费用、国内运杂费组成。

a. 进口设备货价。

进口设备货价按交货地点和方式的不同，分为离岸价（FOB）和到岸价（CIF），一般多为离岸价。离岸价（FOB）是指出口货物运抵出口国口岸交货的价格；到岸价（CIF）是指进口货物运抵进口国口岸交货的价格，包括进口货物的离岸价、国外运费和国外运输保险费。

b. 进口从属费用。

- 国外运费 = 离岸价(FOB)×运费率或国外运费 = 单位运价×运量。
- 国外运输保险费 = [离岸价(FOB) + 国外运费]×国外保险费率/(1 – 国外保险费率)。
- 进口关税 = 进口设备到岸价(CIF)×人民币外汇牌价×进口关税税率。
- 进口环节消费税 = [进口设备到岸价(CIF)×人民币外汇牌价 + 进口关税] × 消费税率/(1 – 消费税率)。
- 增值税 = [进口设备到岸价(CIF)×人民币外汇牌价 + 关税 + 消费税]×增值税率。
- 外贸手续费 = 进口设备到岸价(CIF)×人民币外汇牌价×外贸手续费率。
- 银行手续费 = 进口设备货价(FOB)×人民币外汇牌价×银行财务费率。
- 海关监管手续费 = 进口设备到岸价(CIF) × 海关监管手续费率。

c. 国内运杂费。

国内运杂费通常由运费、运输保险费、装卸费、包装费、仓库保管费等费用组成。

国内运杂费 = 设备原价×国内运杂费费率

【例 5.3】 某拟建项目计划从国外引进某型号数控机床若干台，每台机床质量为 74 t，FOB 价为 6.5 万美元，人民币外汇价为 1 美元 = 7.9 元人民币。数控机床运费率为 0.95 美元/t，运输保险费率按 0.266%计算，进口关税税率为 10%，增值税率为 17%，银行财务费率为 0.5%，外贸手续费率为 1.5%，国内设备运杂费率 2%，请对设备进行估价。

解：（1）货价为：6.5 × 7.9 = 513 500 元。

（2）进口设备从属费用有：

国外运费：0.95 × 74 × 7.9 = 555（元）

运输保险费：(513 500 + 555) × 0.266%/(1 − 0.266%) = 1 371（元）

关税：(513 500 + 555 + 1371) × 10% = 51 542（元）

增值税：(513 500 + 555 + 1371 + 51542) × 17% = 96 384（元）

银行财务费用：513 500 × 0.5% = 2 568（元）

外贸手续费：(513 500 + 555 + 1371) × 1.5% = 7 731（元）

合计：160 151（元）

（3）国内运杂费为：(513 500 + 160 151) × 2% = 13 473 元。

（4）设备总价为：513 500 + 160 151 + 13 473 = 687 124 元。

③ 工器具及生产家具购置费估算。

工器具及生产家具购置费是指新建或扩建项目初步设计规定的，保证初期正常生产必须购置的没有达到固定资产标准的设备、仪器、工卡模具、器具、生产家具和备品备件等的购置费用。一般以设备购置费为计算基数，按照部门或行业规定的工具、器具及生产家具费率计算。

（4）工程建设其他费用估算。

工程建设其他费用是指建设投资中除建筑工程费、设备工器具购置费以及安装工程费以外为保证工程建设顺利完成和交付使用后能够正常发挥效用而发生的各项费用。按其内容大体可分为三类：第一类是建设用地费用；第二类是与项目建设有关的费用；第三类是与项目运营有关的其他费用。工程建设其他费用按各项费用科目的费率或者取费标准估算。

① 建设用地费用。

建设项目要取得其所需土地，必须支付土地征用及迁移补偿费或土地使用权出让（转让）金或者租用土地使用权的费用。

② 与项目建设有关的费用。

与项目建设有关的费用主要由建设管理费（包括建设单位管理费、工程建设监理费、工程质量监督费）、可行性研究费、研究试验费、勘察设计费、环境影响评价费、职业安全卫生健康评价费、场地准备及临时设施费、引进技术和进口设备其他费用（包括出国人员费用、国外工程技术人员来华费用、技术引进费、分期或延期付款利息、担保费以及进口设备检验鉴定费）、工程保险费、市政公用设施建设及绿化补偿费等组成。

③ 与项目运营有关的其他费用。

与项目运营有关的其他费用主要由专利及专有技术使用费、联合试运转费、生产准备费、办公及生活家具购置费等组成。

（5）预备费用。

预备费用包括基本预备费和涨价预备费两部分。

① 基本预备费。

基本预备费是指在初步设计和概算中难以预料的费用。基本预备费的具体内容包括：

a. 进行技术设计、施工图设计和施工过程中，在批准的初步设计范围内所增加的工程费用；

b. 由于一般自然灾害所造成的损失和预防自然灾害所采取的措施费用；

c. 工程竣工验收时，为鉴定工程质量，必须开挖和修复的隐蔽工程的费用。

基本预备费的计算方法一般按工程费用（包括建筑工程费、安装工程费、设备及工器具购置费）与工程建设其他费用之和为计算基数，乘以基本预备费率进行计算。基本预备费率的取值应执行国家及相关部门的有关规定。

② 涨价预备费。

涨价预备费是指从估算时到项目建成期间内因物价上涨以及利率、汇率等变化而引起的投资费用增加数额。

涨价预备费的测算方法一般根据国家规定的投资综合价格指数，按估算年份价格水平的投资额为基数，采用复利方法计算。计算公式为：

$$PF=\sum_{t=1}^{n}I_t[(1+f)^t-1]$$

式中：PF——涨价预备费；

n——建设期年数；

t——年份；

I_t——建设期中第 t 年的投资计划额，包括工程费用、工程建设其他费用及基本预备费；

f——年投资价格上涨指数。

在涨价预备费的评估中，有条件的项目可以区分各类工程费用或区别不同年份，采用单项价格指数加权预测的方法估算项目的涨价预备费。国外设备、材料进口费用的平均价格指数和涨价预备费用一般应与国内投资分开计算。

【例 5.4】 某建设项目在建设期的投资计划额为 35 000 万元，按项目实施进度计划，建设期为 3 年，投资分年使用比例第一年为 25%，第二年为 55%，第三年为 20%，建设期内预计年平均价格上涨率为 5%，求建设项目建设期内各年的涨价预备费和总的涨价预备费。

解：第一年的涨价预备费为：

$$PF_1=I_1[(1+f)^1-1]=35\ 000\times25\%\times[(1+0.05)^1-1]=437.50\text{（万元）}$$

第二年的涨价预备费为：

$$PF_2=I_2[(1+f)^2-1]=35\ 000\times55\%\times[(1+0.05)^2-1]=1\ 973.13\text{（万元）}$$

第三年的涨价预备费为：

$$PF_3=I_3[(1+f)^3-1]=35\ 000\times20\%\times[(1+0.05)^3-1]=1\ 103.38\text{（万元）}$$

总涨价预备费为 $PF=PF_1+PF_2+PF_3=3\ 514.01$（万元）

4. 建设期利息估算

建设期利息是指项目借款在建设期内发生并计入固定资产的利息，包括借款利息及手续费、承诺费、管理费等项财务费用。

（1）建设期利息估算的前提条件。

进行建设期利息估算必须完成以下工作：

① 建设投资估算及其分年投资计划；

② 确定项目资本金数额及其分年投入计划；

③ 确定项目债务资金的筹措方式及债务资金成本。

（2）建设期利息的估算方法。

建设期利息估算按实际利率计息。

① 借款额在建设期各年年初发生，建设期利息的计算公式为：

$$Q=\sum_{t=1}^{n}[(P_{t-1}+A_t)\times i]$$

式中：Q——建设期利息；

P_{t-1}——建设期第 $t-1$ 年年末借款本息累计；

A_t——建设期第 t 年借款额；

i——借款年利率；

t——年份。

② 借款额在建设期各年年内均衡发生，建设期利息的计算公式：

$$Q=\sum_{t=1}^{n}[(P_{t-1}+A_t/2)\times i]$$

式中各项符号意义同前。

5. 流动资金估算

流动资金是指项目运营期内长期占用并周转使用的营运资金，不包括临时性需要的资金。流动资金估算的基础主要是营业收入和经营成本。

流动资金估算通常有扩大指标估算法和分项详细估算法。

（1）扩大指标估算法。

扩大指标估算法是一种简化的流动资金估算方法，一般可参照同类企业流动资金占销售收入、经营成本的比例，或者单位产量占用流动资金的数额估算。虽然扩大指标估算法简便易行，但准确度不高，一般适用于项目建议书阶段的流动资金估算。

流动资金 = 年营业收入×营业收入资金率

或　　流动资金 = 年经营成本×经营成本资金率

或　　流动资金 = 年产量×单位产量占用流动资金额

（2）分项详细估算法。

分项详细估算法是对构成流动资金的各项流动资产和流动负债逐项并分年进行估算。

流动资金 = 流动资产 − 流动负债

流动资产 = 应收账款 + 存货 + 预付账款 + 现金

流动负债 = 应付账款 + 预收账款

流动资金本年增加额 = 本年流动资金 − 上年流动资金

流动资金估算的具体步骤：首先计算存货、现金、应收账款和应付账款等各分项的年周转次数；然后再分项估算占用资金额。

各项流动资产和流动负债最低周转天数的确定要根据项目的实际情况，并考虑一定的保险系数。

年周转次数 = 360 天/最低周转天数

① 存货估算。

存货 = 外购原材料 + 外购燃料 + 其他材料 + 在产品 + 产成品

外购原材料 = 年外购原材料费用/外购原材料年周转次数

外购燃料 = 年外购燃料费用/外购燃料年周转次数

其他材料 = 年外购其他材料费用/外购其他材料年周转次数

在产品 = (年外购原材料、燃料、动力费 + 年工资及福利费 + 年修理费 + 年其他制造费用)/在产品年周转次数

产成品 = (年经营成本 − 年其他营业费用)/产成品年周转次数

② 应收账款估算。

应收账款 = 年经营成本/应收账款周转次数

③ 现金估算。

现金 = (年工资及福利费 + 年其他费用)/现金年周转次数

年其他费用 = 制造费用 + 管理费用 + 营业费用 − (以上三项费用中所含的工资及福利费、折旧费、摊销费、修理费)

或　年其他费用 = 其他制造费用 + 其他管理费用 + 其他营业费用 + 技术转让费 + 研究与开发费 + 土地使用税

④ 预付账款估算。

预付账款 = 预付的各类原材料、燃料或服务年费用/预付账款年周转次数

⑤ 流动负债估算。

应付账款 = (年外购原材料、燃料、动力和其他材料费用)/应付账款年周转次数

预收账款 = 预收的营业收入年金额/预收账款年周转次数

5.3.3 营业收入、税金及利润估算

1. 营业收入

营业收入是指销售产品或者提供服务所得的收入，是项目财务效益的主体。营业收入是财务评价的重要数据，其估算的准确性极大地影响着项目财务效益的估计。

在项目财务评价中，营业收入的估算基于一项重要假定：当年的产品当年全部销售，简言之，产量等于销量。

年营业收入 = 年销售量×产品单价

营业收入估算有如下具体要求：

（1）合理确定运营负荷。

计算营业收入，首先要正确估计各年运营负荷（或称生产能力利用率和开工率）。运营负荷的高低与项目复杂程度、产品生命周期、技术成熟程度、市场开发程度、原材料供应、配套条件、管理要素等都有关系；运营负荷的确定一般有两种方式：一是经验假定法，即根据以往项目的经验，结合该项目的实际情况，粗估各年的运营负荷，以设计能力的百分数表示；二是营销计划法，通过制订详细的分年计划，确定各种产出物各年的生产量。一般提倡采用第二种方法。

（2）合理确定产品或服务的价格。

确定产品或服务的价格应遵循稳妥原则。

（3）多种产品分别估算或合理折算。

（4）编制营业收入估算表。

2. 补贴收入

项目运营期内得到的各种财政性补贴可作为财务效益，记作补贴收入。包括依据国家规定的补助定额等计算的定额补贴和属于国家财政扶持领域的其他形式补助。

3. 税金估算

财务评价中应说明税种、征税方式、计税依据、税率等。如有减免税优惠，应说明依据及减免方式。财务评价（含建设投资）涉及的主要税种和计税时涉及的费用效益科目见表 5.2。

表 5.2 财务评价涉及税种

税种名称	建设投资	总成本费用	营业税金及附加	增值税	利润分配
进口关税	√	√			
增值税	√	√		√	
消费税	√		√		
营业税			√		
资源税		自用√	销售√		
土地增值税			√		
耕地占用税	√				
企业所得税					√
城市维护建设税			√		
教育费附加			√		
车船税	√	√			
房产税		√			
印花税	√	√			

在会计处理上，营业税、资源税、消费税、土地增值税、城市维护建设税和教育费附加包含在“营业税金及附加”中。

（1）增值税。

增值税是对销售货物或者提供加工、修理修配劳务以及进口货物的单位和个人就其实现的增值额征收的一个税种。

增值税是一种价外税，在财务评价中，增值税可以不包括在营业税金及附加中，也可以包含在营业税金及附加中。

增值税的征收范围包括货物、应税劳务和进口货物。目前我国增值税税率分 3 档：基本税率 17%、低税率 13%和零税率。大多数的货物或劳务都适合 17%的税率；只有国家为了扶持其发展的才采用 13%的低税率或零税率。增值税的公式为：

$$增值税 = 销项税额 - 进项税额$$

$$销项税额 = 含税收入/(1 + 增值税率) \times 增值税率 = 不含税收入 \times 增值税率$$

$$进项税额 = 外购原材料、燃料动力含税成本/(1 + 增值税率) \times 增值税率 = 外购原材料、燃料动力不含税成本 \times 增值税率$$

（2）营业税。

营业税是对我国境内提供应税劳务、转让无形资产和销售不动产等业务的单位和个人的营业收入征收的一种税。营业税的计税依据是提供劳务的营业额，或转让无形资产和不动产的销售额，它是纳税人向对方收取的全部价款和在价款之外取得的一切费用，包括手续费、服务费和基金等。营业税是价内税，包含在营业收入之中。

营业税包括交通运输业、建筑业、金融保险业、邮电通信业、文化体育业、娱乐业、服务业、转让无形资产和销售不动产等 9 个税目。不同行业采用的税率不同，交通运输业、建筑业、邮电通信业和文化体育业的税率为 3%；金融保险业、服务业、转让无形资产和销售不动产的税率为 5%；娱乐业的税率为 5% ~ 20%。营业税的计算公式为：

$$应纳营业税额 = 营业额 \times 适用的营业税税率$$

（3）消费税。

消费税是对一些特定消费品和消费行为征收的一种税。在中华人民共和国境内生产、委托加工和进口某些消费品的单位和个人为消费税的纳税义务人。征收消费税的消费品主要有烟、酒及酒精、化妆品、贵重首饰及珠宝玉石、鞭炮、焰火、成品油、汽车轮胎、摩托车、小汽车、高尔夫球及球具、高档手表、游艇、木制一次性筷子、实木地板等 14 种商品。消费税的税率为 3% ~ 45%，有的实行比例税率，有的实行定额税率。与增值税不同，消费税是一种价内税，并且与增值税交叉征收，即对应消费品既要征收增值税，又要征收消费税。

（4）土地增值税。

土地增值税是对有偿转让国有土地使用权及地上建筑物和其他附着物产权、取得增值性收入的单位和个人征收的一种税。我国于 1994 年 1 月 1 日起开始征收土地增值税。它同时具有增值税和资源税的双重特点，是一种以特定的增值额为征收依据的土地资源税类。凡是转让国有土地使用权及地上建筑物和其他附着物产权、取得增值性收入的单位和个人都是纳税人。土地增值税的税率为 30% ~ 60%，采用四级超额累进税率：第一级税率适用于增值额超过扣除项目金额的 50%部分，税率为 30%；第二级税率适用于增值额超过扣除项目金额的 50%部分，但未超过扣除项目金额的 100%部分，税率为 40%；第三级税率适用于增值额超过扣除项目金额的 100%部分，但未超过扣除项目金额的 200%部分，税率为 50%；第四级税率适用于增值额超过扣除项目金额的 200%部分，税率为 60%。

土地增值税采用扣除法和评估法计算增值额。其中，转让房地产的增值额是纳税人转让房地产的收入减除税法规定的扣除项目金额后的余额。

（5）资源税。

资源税是指国家为了调节资源级差收入，对因开发和利用自然资源而征收的一种税。它体现了国家要求资源开发者对国有资源的有偿使用。与增值税、消费税和营业税一样，我国于 1994 年 1 月 1 日起开始实施征收资源税。资源税的纳税人是在中华人民共和国境内开采我国资源税暂行条例规定的矿产品或者生产盐的单位和个人。资源税只对特定资源征税，应当征收资源税的共有 7 类资源：原油、天然气、煤炭、其他非金属矿原矿、黑色矿原矿、有色金属矿原矿和盐。

资源税实行差别税率，即不同的资源其税率不同。资源税税率按重量或体积计算，如原油的税率为 8 元/吨 ~ 30 元/吨，天然气的税率为 2 元/立方米 ~ 15 元/立方米。

无论是自用或捐赠的资源，还是用于销售的资源，只要开采就必须按规定纳税。资源税的税额计算公式为：

$$应纳资源税税额 = 销售（或自用、捐赠）资源数量 \times 单位税额$$

（6）企业所得税。

所得税是指以单位或个人在一定时期内的纯所得为征收对象的一类税，主要是在国民收入形成后，对生产经营者的利润和个人的纯收入发挥调节作用。它包括企业所得税和个人所得税。

在工程经济分析中，常用的是企业所得税。企业所得税是指对中华人民共和国境内的企业（不包括个人独资企业和合伙企业）和其他取得收入的组织（统称企业），就其来源于中国境内外的生产经营所得和其他所得而征收的一种税。企业所得税的税率一般为 25%。所得税额的计算公式为：

$$应纳所得税额 = 应纳税所得额 \times 适用税率$$

（7）城市维护建设税及教育费附加。

城市维护建设税是对从事工商经营，缴纳增值税、消费税、营业税的单位和个人征收的一种税。我国于 1985 年 1 月 1 日开始实施征收该税种。城市维护建设税是一种附加税，其税率根据城镇规模设计。纳税人所在地在市区的，税率为 7%；纳税人所在地在县城、镇的，税率为 5%；纳税人所在地不在市区、县城或镇的，税率为 1%。城市维护建设税以纳税人实际缴纳的消费税、增值税、营业税税额为计税依据，分别与产品税、增值税、营业税同时缴纳。其计算公式为：

$$应纳城市维护建设税额 = (实际缴纳的增值税 + 消费税 + 营业税) \times 适用税率$$

教育费附加是投资项目建设中必须缴纳的费用。教育费附加也是以纳税人实际缴纳的增值税、消费税、营业税为计征依据而征收的一种专项附加费。征收的目的是为了多渠道筹集教育经费，改善中小学办学条件。

根据国家的相关规定，教育费附加是以各单位和个人实际缴纳的增值税、消费税和营业税的税额为计征依据，分别与增值税、消费税、营业税同时缴纳。其计算公式为：

$$教育费附加 = (实际缴纳的增值税 + 消费税 + 营业税) \times 3\%$$

教育费附加具有专款专用的性质。

4. 利润估算

利润是企业在一定期间生产经营活动的最终成果，是收入与费用配比相抵后的余额。企业利润既是国家财政收入的基本来源，也是企业扩大再生产的重要资金来源。利润指标能够综合反映出企业的管理水平和经营水平。企业利润有利润总额和净利润两种。如果收入大于费用，企业的净利润为正，说明企业盈利；如果收入小于费用，企业的净利润为负，说明企业亏损。企业的利润总额包括营业利润、投资净收益、补贴收入以及营业外收支净额。用公式表述为：

营业利润(销售利润) = 营业收入 − 总成本费用 − 营业税金及附加

利润总额(实现利润) = 营业利润 + 投资净收益 + 营业外收支净额 + 补贴收入

净利润(税后利润) = 利润总额 − 所得税

所得税 = (年利润总额 − 弥补以前年度亏损) × 所得税税率

营业利润是指营业收入扣除成本、费用和各种流转税及附加税费后的数额。投资净收益是指投资收益扣除投资损失后的数额。营业外收支净额为营业外收入减去营业外支出后的数额。

营业收入、总成本、税金和利润的关系见图 5.5。

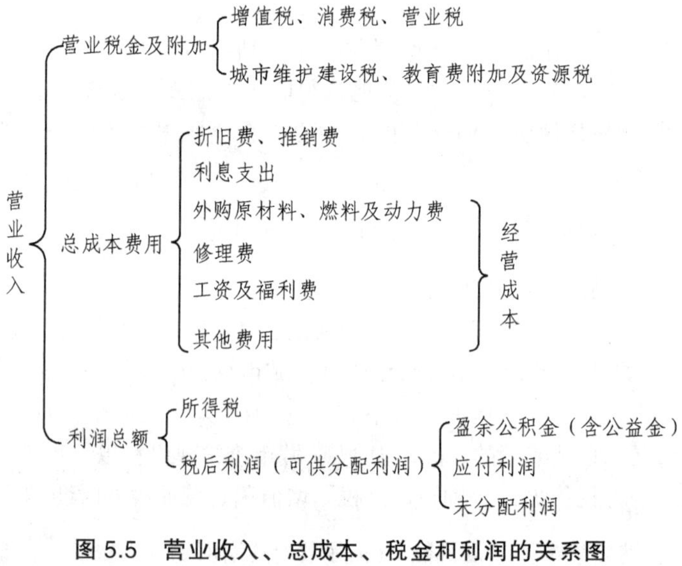

图 5.5 营业收入、总成本、税金和利润的关系图

5.3.4 成本与费用估算

1. 成本与费用的概念

成本和费用（Cost and Expense）是两个不同的概念。成本是指企业为生产产品、提供劳务而发生的各种耗费，它是一种现金流出，是为了达到某个生产经营目的而预先流出的资金。费用是指企业为销售商品、提供劳务等日常活动所发生的经济利益的流出。

2. 成本与费用的分类

（1）按计算范围分：单位产品成本和总成本费用。

（2）按成本与产量的关系分：固定成本和可变成本。

固定成本是指不随产品产量变化的各项成本费用。固定成本主要包括：工资（计件工资除外）、折旧费、无形资产摊销费、管理费和其他费用、长期借款利息、流动资金借款利息和短期借款利息等。

可变成本是指随产品产量增减而成正比例变化的各项费用。可变成本主要包括：外购原材料、燃料动力消耗、包装费和计件工资等。

（3）按会计核算要求有生产成本（也称制造成本）。

（4）按财务评价的特定要求有经营成本。

3. 成本与费用的估算要求

（1）成本与费用的估算原则上应遵循国家现行《企业会计准则》和（或）《企业会计制度》规定的成本与费用的核算方法，同时应遵循有关税法中准予在所得税前列支科目的规定。当两者矛盾时，一般应按从税的原则处理；

（2）结合运营负荷，分年确定各种投入的数量，注意成本费用与收入的计算口径对应一致；

（3）合理确定各项投入的价格，并注意与产出价格体系的一致性；

（4）各项费用划分清楚，防止重复计算或低估漏算；

（5）根据项目具体情况增减其构成项目或改变名称，以反映行业特点。

4. 总成本费用估算

（1）总成本费用构成与计算式。

总成本费用是指一定时期（工程项目评价中一般指 1 年）为生产和销售产品或提供服务而发生的全部费用。财务评价中通常由以下两种公式表示：

① 生产成本加期间费用法。

$$总成本费用 = 生产成本 + 期间费用$$

生产成本也称制造成本，是指企业在生产过程中的直接支出（实际消耗的直接材料、工资和其他支出）以及制造费用（为生产产品和提供劳务发生的各项间接费用），即

$$\begin{aligned}生产成本 = &直接材料费 + 直接燃料和动力费 + 直接工资 + \\ &其他直接支出 + 制造费用\end{aligned}$$

期间费用是指本期发生的、不能直接或间接归入某种产品成本的、直接计入损益的各项费用，包括管理费用、营业费用和财务费用。

$$期间费用 = 管理费用 + 营业费用 + 财务费用$$

工程项目评价中一般只考虑财务费用中的利息支出，所以上式也可改写为：

$$期间费用 = 管理费用 + 营业费用 + 利息支出$$

② 生产要素估算法。

生产要素估算法是从估算各种生产要素的费用入手汇总得到项目总成本费用，而不管其具体应归结到哪个产品上。

总成本费用 = 外购原材料、燃料及动力费 + 工资 + 折旧费 +
摊销费 + 修理费 + 财务费用(利息支出) + 其他费用

（2）总成本费用各分项的估算要点（以生产要素估算法为例）。

① 外购原材料和燃料动力费。

外购原材料费包括直接材料费中预计消耗的原材料、辅助材料、备品配件、外购半成品、包装物以及其他直接材料费；制造费、管理费以及销售费用中机物料消耗、低值易耗品费用及其运输费用等归并在本科目内，可统称为其他材料费。其计算公式为：

外购材料费 = 主要外购材料消耗定额×单价 + 辅料及其他材料费

外购燃料及动力费包括直接材料费中预计消耗的外购燃料及动力费、销售费用中的外购水电费等。

外购燃料及动力费 = 主要外购燃料及动力消耗量 × 单价 +
其他外购燃料及动力费

上式中，主要外购燃料及动力消耗量是指按拟订方案提出的消耗量占总消耗量比例较大的外购燃料及动力的消耗量。其他外购燃料及动力费是指消耗量占总消耗量比例较小的外购燃料及动力费用，其计算方法可根据项目的实际情况，采用占主要外购燃料动力费的百分比进行估算。

单价中包括外购燃料动力的售价、运费及其他费用，还应注明是否含增值税的进项税。

② 工资估算。

工资包括直接工资及其他直接支出（指福利费），制造费、管理费以及销售费用中管理人员和销售人员的工资及福利费。直接工资包括企业以各种形式支付给职工的基本工资、浮动工资、各类补贴、津贴、奖金等。

工资 = 职工总人数 × 人均年工资指标(含福利费)

上式中，职工总人数是指按拟订方案提出的生产人员、生产管理人员、工厂总部管理人员及销售人员总人数。人均年工资指标（含福利费）有时也可考虑一定比率的年增长率。

职工福利费主要用于职工的医药费（包括企业参加职工医疗保险交纳的医疗保险费）、医护人员的工资、医务经费、职工因公伤赴外地就医路费、职工生活困难补助、职工浴室、理发室、幼儿园、托儿所人员的工资，以及按照国家规定开支的其他职工福利支出。现行规定一般为工资总额的 14%。

③ 固定资产原值和折旧费估算。

固定资产指同时具有下列特征的有形资产：a. 为生产产品、提供劳务、出租或经营管理而持有的；b. 使用寿命超过一个会计年度。

固定资产原值是指项目投产时按规定由投资形成固定资产的部分，包括工程费用（设备购置费、建筑工程费、安装工程费）、工程建设其他费用、预备费、建设期利息。

固定资产在使用过程中要经受两种磨损，即有形磨损和无形磨损。有形磨损是由于生产因素或自然因素（外界因素和意外灾害等）引起的。无形磨损也称经济磨损，是非使用和非自然因素引起的固定资产价值的损失，比如技术进步会使生产同种设备的成本降低从而使原设备价值降低，或者由于科学技术进步出现新技术、新设备，从而引起原来低效率的、技术落后的旧设备贬值或报废等。

固定资产的价值损失通常是通过提取折旧的方法来补偿的，即在项目使用寿命期内，将固定资产价值以折旧的形式列入产品成本中，逐年摊销。折旧的大小反映了固定资产价值逐次摊入产品成本的多少和固定资产回收的快慢，但这不能代表企业实际的支出。所以，折旧只是一种会计手段，是便于会计上计算所得税和利润额的。折旧方法有两大类：一种是直线折旧法：年限平均法、工作量法；另一种是快速折旧法：双倍余额递减法、年数总和法。

a. 年限平均法：固定资产折旧方法一般采用年限平均法（也称直线折旧法）。年限平均法的固定资产折旧率和年折旧额计算公式如下：

$$年折旧率 = (1 - 预计净残值率)/折旧年限 \times 100\%$$

$$年折旧额 = 固定资产原值 \times 年折旧率$$

b. 工作量法：工作量法又称作业量法，是以固定资产的使用状况为依据计算折旧的方法。企业专业车队的客货运汽车，某些大型设备可采用工作量法。

- 按照行驶里程计算折旧：

$$单位里程折旧额 = 原值 \times (1 - 预计净残值率)/总行驶里程$$

$$年折旧额 = 单位里程折旧额 \times 年行驶里程$$

- 按照工作小时计算折旧：

$$每工作小时折旧额 = 原值 \times (1 - 预计净残值率)/总工作小时$$

$$年折旧额 = 每工作小时折旧额 \times 年工作小时$$

c. 双倍余额递减法：该方法是以年限平均法折旧率两倍的折旧率计算每年折旧额的方法，其计算公式如下：

$$年折旧率 = 2/折旧年限 \times 100\%$$

$$每年折旧额 = 年初固定资产净值 \times 年折旧率$$

在采用该方法时，应注意两点：一是计提折旧固定资产价值包含残值，亦即每年计提的折旧额是用平均年限法两倍的折旧率去乘该资产的年初账面净值；二是采用该法时，只要仍使用该资产，则其账面净值就不可能完全冲销。因此，在资产使用的后期，如果发现某一年用该法计算的折旧额少于平均年限法计算的折旧额时，就可以改用平均年限法计提折旧。为了操作简便起见，新财务制度规定实行双倍余额递减法的固定资产，应在固定资产折旧到期前两年内，将固定资产账面净值扣除预计净残值后的净额平均摊销，即：

$$最后两年每年的折旧额 = (固定资产净值 - 净残值)/2$$

d. 年数总和法：采用年数总和法是根据固定资产原值减去净残值后的余额，按照逐年递减的分数（即年折旧率，也称折旧递减系数）计算折旧的方法。每年的折旧率为一变化的分数，分子为每年尚可使用的年限，分母为固定资产折旧年限逐年相加的总和，其计算公式如下：

$$年折旧率 = (折旧年限 - 已使用年数)/[折旧年限 \times (折旧年限 + 1)/2] \times 100\%$$

$$年折旧额 = (固定资产原值 - 预计净残值) \times 年折旧率$$

各种计提折旧方法的特点：

- 按年限平均法计算的各年折旧率和年折旧额都相同；
- 按双倍余额递减法计算的各年折旧率虽相同，但计算基数逐渐变小，故年折旧额逐年变小；
- 按年数总和法计算，各年折旧率逐渐变小，故年折旧额也逐年变小。

【例 5.5】 设固定资产原值为 10 000 万元，综合折旧年限为 5 年。净残值率为 5%，试分别按年限平均法、双倍余额递减法和年数总和法计算折旧。

解：（1）按年限平均法：

$$年折旧率 = (1 - 5\%)/5 \times 100\% = 19\%$$

$$各年折旧额 = 10\,000 \times 19\% = 1\,900（万元）$$

（2）按双倍余额递减法：

$$年折旧率 = 2/5 \times 100\% = 40\%$$

$$第 1 年折旧额 = 10\,000 \times 40\% = 4\,000（万元）$$

$$第 2 年折旧额 = (10\,000 - 4\,000) \times 40\% = 2\,400（万元）$$

$$第 3 年折旧额 = (10\,000 - 4\,000 - 2\,400) \times 40\% = 1\,440（万元）$$

$$第 4、5 年各年的折旧额 = [(10\,000 - 4\,000 - 2\,400 - 1\,440) - 10\,000 \times 5\%]/2 = 830（万元）$$

（3）按年数总和法：

$$第 1 年折旧率 = (5 - 0)/[5 \times (5 + 1)/2] \times 100\% = 33.33\%$$

$$年折旧额 = (10\,000 - 10\,000 \times 5\%) \times 33.33\% = 3\,166.35（万元）$$

$$第 2 年折旧率 = (5 - 1)/[5 \times (5 + 1)/2] \times 100\% = 26.67\%$$

$$年折旧额 = (10\,000 - 10\,000 \times 5\%) \times 26.67\% = 2\,533.65（万元）$$

$$第 3 年折旧率 = (5 - 2)/[5 \times (5 + 1)/2] \times 100\% = 20\%$$

$$年折旧额 = (10\,000 - 10\,000 \times 5\%) \times 20\% = 1\,900（万元）$$

$$第 4 年折旧率 = (5 - 3)/[5 \times (5 + 1)/2] \times 100\% = 13.33\%$$

$$年折旧额 = (10\,000 - 10\,000 \times 5\%) \times 13.33\% = 1\,266.35（万元）$$

$$第 5 年折旧率 = (5 - 4)/[5 \times (5 + 1)/2] \times 100\% = 6.67\%$$

$$年折旧额 = (10\,000 - 10\,000 \times 5\%) \times 6.67\% = 633.65（万元）$$

④ 修理费估算。

固定资产修理费是为恢复固定资产原有生产能力、保持原有使用效能，对固定资产进行修理或更换零部件而发生的费用，它包括制造费用、管理费用和销售费用中的修理费。根据修理范围的大小和修理间隔时间的长短可以分为大修理费和中小修理费。固定资产修理费一般按固定资产原值（扣减建设期利息）的一定百分比计提，计提比例可根据经验数据、行业规定或参考各类企业的实际数据加以确定。

⑤ 摊销费估算。

摊销费指无形资产和递延资产在一定期限内分期摊销的费用。

无形资产指企业拥有或者控制的没有实物形态的可辨认非货币性资产，包括专利权、非专利技术、商标权、著作权、土地使用权、特许权。

其他资产原称递延资产，是指除流动资产、长期投资、固定资产、无形资产以外的其他资产，如长期待摊费用。

无形资产和其他资产的摊销均按年限平均法，不计残值。

⑥ 其他费用估算。

其他费用是指在制造费用、管理费用、营业费用中扣除工资及福利费、折旧费、修理费、摊销费后的费用。其他费用包括其他制造费用、其他管理费用和其他营业费用三项。

a. 其他制造费用：按固定资产原值（扣减建设期利息）的一定百分数计算或按人员定额计算；

b. 其他管理费用：按人员定额计算或取工资及福利费总额的倍数估算；

c. 其他营业费用：按营业收入的百分数估算。

d. 不能抵扣的进项税额：计入总成本费用的其他费用或单独列项。

⑦ 利息支出（运营期）。

利息支出的估算包括长期借款利息（即建设投资借款在投产后需支付的利息）、用于流动资金的借款利息和短期借款利息三部分。建设投资借款的利息计算方式与建设投资借款的还本付息方式密切相关。

a. 长期借款利息。

长期借款利息是指未支付的建设期借款本息累计应在生产期支付的利息，其计算方式有以下几种：

- 等额利息法：每期等额付息，期末还本。

$$I_t = L_a \cdot i \ \ (t = 1 \sim n), \quad CP_t = \begin{cases} 0 & (t = 1 \sim n-1) \\ L_a & (t = n) \end{cases}$$

式中：I_t——第 t 期付息额；

CP_t——第 t 期还本额；

n——贷款期限；

i——贷款利率；

L_a——贷款总额。

- 等额本金法：每期等额还本并付相应利息。

$$CP_t = \frac{L_a}{n}, \ I_t = \left[L_a - \frac{L_a}{n}(t-1) \right] \cdot i \ \ (t = 1 \sim n)$$

- 等额摊还法：每期等额偿还本利。

$$I_t + CP_t = L_a(A/P, i, n) \ \ (t = 1 \sim n)$$

- 一次性偿付法：期末一次偿还本利。

$$I_t + CP_t = \begin{cases} 0 & (t = 1 \sim n-1) \\ L_a(F/P, i, n) & (t = n) \end{cases}$$

- 量入偿付法（气球法）：任意偿还本利，到期末全部还清。在以上建设投资借款的还本付息方式中，最常用的是量入偿付法。对于量入偿付法，建设投资借款在生产期发生的利息计算公式为：

每年支付利息 = 年初本金累计额 × 年利率

为简化计算，还款当年按年末偿还，全年计息。

b. 流动资金的借款利息。

流动资金借款往往按年终偿还，下年初再借的方式处理，并按一年期利率计息。所以流动资金的借款利息一般按当年年初流动资金借款额乘以相应的借款年利率计算。

c. 短期借款利息：所采用利率一般为一年期利率。

⑧ 经营成本。

经营成本涉及产品生产及销售、企业管理过程中的物料、人力和能源的投入费用，反映企业的生产和管理水平。经营成本是财务评价中所采用的一个特定的概念，作为运营期内的主要现金流出。经营成本的构成可用下式表示：

$$经营成本=外购原材料费+外购燃料及动力费+工资及福利费+修理费+其他费用$$

经营成本与总成本费用的关系如下：

$$经营成本=总成本费用-折旧费-摊销费-利息支出$$

计算经营成本要从总成本中扣除折旧费、摊销费和利息支出，主要有以下两个原因：

一是现金流量表反映项目在计算期内逐年发生的现金流入和流出。与常规会计方法不同，现金收支何时发生就何时计算，不作分摊。由于投资已按其发生的时间作为一次性支出被计入现金流出，所以不能再以折旧费和摊销费的方式计为现金流出，否则会发生重复计算。因此，作为经常性支出的经营成本中不包括折旧费和摊销费。

二是因为全部投资现金流量表以全部投资作为计算基础，不分投资资金来源，利息支出不作为现金流出，而项目资本金现金流量表中已将利息支出单列，因此经营成本中也不包括利息支出。

⑨ 固定成本与可变成本。

根据成本费用与产量的关系可以将总成本费用分解为固定成本和可变成本。固定成本是指不随产品产量变化的各项成本费用；可变成本是指随产品产量增减而成正比例变化的各项成本费用。

固定成本主要包括工资（计件工资除外）、折旧费、摊销费、修理费和其他费用等。长期借款利息应视为固定成本，流动资金借款和短期借款利息为简化计算一般也作为固定成本。

可变成本主要包括外购原材料、燃料及动力费和计件工资等。

总成本费用中的有些成本属于半可变（或半固定）成本，必要时可进一步分解为固定成本和可变成本，项目财务评价时可作简化处理。

5.4 财务盈利能力分析

财务盈利能力分析是项目财务评价的重要组成部分，包括现金流量分析（动态分析）和静态分析；从是否在融资方案的基础上进行分析的角度区分，财务盈利能力分析又可分为融资前分析和融资后分析。

财务盈利能力分析主要是考察项目投资的盈利水平。财务盈利能力分析主要包括现金流量的分析、利润与利润分配表的分析以及财务盈利能力指标计算与分析。盈利能力指标的计算主要是依据现金流量表、利润与利润分配表来进行。财务评价的盈利能力分析是通过一系列财务评价指标反映的。这些指标可以根据财务报表计算，并将其与财务评价参数比较，以判断项目的财务可行性。要计算的指标有财务内部收益率、财务净现值、投资回收期、总投资收益率、项目资本金净利润率等。其中财务内部收益率、财务净现值和投资回收期是必须计算的主要指标，其他指标可根据项目特点和实际需要计算。

5.4.1　现金流量分析（动态分析）

现金流量分析（动态分析）是考虑资金时间价值，在项目计算期内，用效益费用数据作为现金流量，编制现金流量表，计算相关指标，考察项目盈利能力。现金流量分析分为三个层次：第一层次是项目投资现金流量分析；第二层次是项目资本金现金流量分析；第三层次是投资各方现金流量分析。

1. 项目投资现金流量分析（融资前分析）

（1）含义。

项目投资现金流量分析是针对项目基本方案进行的现金流量分析，它是在不考虑债务融资条件下进行的融资前分析，是从项目投资总获利能力的角度，考察项目方案设计的合理性。因此可以排除融资方案的影响。根据需要，可以从所得税前和（或）所得税后两个角度考虑，分别计算所得税前和（或）所得税后分析指标。

（2）项目投资现金流量识别与报表编制。

进行现金流量分析，首先要正确识别和选用现金流量，包括现金流入和现金流出。现金流入包括营业收入（必要时还可包括补贴收入），在计算期的最后一年还包括回收固定资产余值及回收流动资金；现金流出包括建设投资、流动资金、经营成本、营业税金及附加，格式见表 5.3。

表 5.3　项目投资现金流量表

序号	项　目	合计	计　算　期					
			1	2	3	4	…	n
1	现金流入							
1.1	营业收入							
1.2	补贴收入							
1.3	回收固定资产余值							
1.4	回收流动资金							
2	现金流出							
2.1	建设投资							
2.2	流动资金							
2.3	经营成本							
2.4	营业税金及附加							
2.5	维持运营投资							
3	所得税前净现金流量（1－2）							
4	累计所得税前净现金流量							
5	调整所得税							
6	所得税后净现金流量（3－5）							
7	累计所得税后净现金流量							

计算指标：
项目投资财务内部收益率（%）（所得税前）
项目投资财务内部收益率（%）（所得税后）
项目投资财务净现值（所得税前）（i_c＝%）
项目投资财务净现值（所得税后）（i_c＝%）
项目投资回收期（年）（所得税前）
项目投资回收期（年）（所得税后）

所得税后分析还要将所得税作为现金流出。由于是融资前分析，该所得税与融资方案无关，其数值应区别其他财务报表中的所得税。该所得税应根据不受利息因素影响的息税前利润（*EBIT*）乘以所得税税率，称为调整所得税，也可称为融资前所得税。

（3）项目投资现金流量分析的指标。

依据项目投资现金流量表可以计算项目投资财务内部收益率（*FIRR*）、项目投资财务净现值（*FNPV*），这两项指标是主要指标。借助该表还可以计算项目投资回收期。

① 项目财务净现值（*FNPV*）是指在项目计算期内，各年净现金流量按设定的折现率 i_c 计算的现值之和，即：

$$FNPV=\sum_{t=1}^{n}(CI-CO)_t(1+i_c)^{-t}$$

式中：CI——现金流入；

CO——现金流出；

$(CI-CO)_t$——第 t 年的净现金流量；

n——计算期年数；

i_c——设定的折现率。

项目财务净现值是考察项目盈利能力的绝对指标，它反映项目在满足按设定折现率要求的盈利之外所能获得的超额盈利的现值。假如项目财务净现值等于或大于零，表明项目的盈利能力达到或超过了设定折现率所要求的盈利水平。

② 项目财务内部收益率（*FIRR*）是指能使项目在整个计算期内各年净现金流量现值累计等于零时的折现率，即

$$\sum_{t=1}^{n}(CI-CO)_t(1+FIRR)^{-t}=0$$

式中：$FIRR$——欲求项目投资财务内部收益率。

当 $FIRR \geqslant i_c$（设定的基准收益率）时，即认为项目的盈利性能够满足要求。

（4）所得税前分析和所得税后分析的作用。

按所得税前的净现金流量计算的相关指标是投资盈利能力的完整体现，用以考察由项目方案设计本身所决定的财务盈利能力，它不受融资方案和所得税政策变化的影响，仅仅体现项目方案本身的合理性。所得税前指标可以作为初步投资决策的主要指标，所得税前指标还特别适用于建设方案设计中的方案比选。政府投资项目和政府关注项目必须进行所得税前分析。

所得税后分析也是一种融资前分析，只是在现金流出中增加了调整所得税，所得税后分析是所得税前分析的延伸，由于所得税作为现金流出，可用于在融资的条件下判断项目投资对企业的贡献，是企业投资项目财务评价中的重要指标。

2. 项目资本金现金流量分析（融资后分析）

（1）含义和作用。

项目资本金现金流量分析是融资后分析。项目资本金盈利能力指标是投资者用以作出最终决策的最重要的指标，也是比较和取舍融资方案的重要依据。

净现金流量采用的是项目（企业）在缴税和还本付息之后的企业净收益，即投资者的权

益性收益（含投资者应分得的利润），以此来计算资本金内部收益率，反映了从投资者角度考察项目盈利能力的要求。

（2）项目资本金现金流量识别与报表编制。

项目资本金现金流量分析需要编制项目资本金现金流量表，现金流入包括营业收入（必要时还可包括补贴收入），在计算期的最后一年还包括回收固定资产余值及回收流动资金；现金流出包括建设投资和流动资金中的项目资本金（权益资金）、经营成本、营业税金及附加、还本付息和所得税。该所得税应等同于利润和利润分配表等财务报表中的所得税，而区别项目投资现金流量表中的调整所得税，格式见表 5.4。

表 5.4　项目资本金现金流量表

序号	项　目	合计	计　算　期					
			1	2	3	4	…	*n*
1	现金流入							
1.1	营业收入							
1.2	补贴收入							
1.3	回收固定资产余值							
1.4	回收流动资金							
2	现金流出							
2.1	项目资本金							
2.2	借款本金偿还							
2.3	借款利息支付							
2.4	经营成本							
2.5	营业税金及附加							
2.6	所得税							
2.7	维持运营投资							
3	净现金流量（1－2）							
计算指标： 资本金财务内部收益率（%）								

（3）项目资本金现金流量分析指标。

一般只要求计算项目资本金内部收益率，其表达式和计算方法与项目投资财务内部收益率相同，只是所依据的表格和净现金流量的内涵不同，判断的基准参数不同。

（4）判别基准。

该基准为项目投资者整体对投资获利的最低期望值，即最低可接受收益率，当资本金内部收益率大于或等于该最低收益率时，项目可行。最低可接受收益率的确定主要取决于当时的资本收益水平及投资者对权益资金收益的要求，它与资金机会成本和投资者对风险的态度有关。

3. 投资各方现金流量分析

某些项目，为了考察投资各方的具体收益，还需要编制从投资各方角度出发的现金流量表，计算相应的财务内部收益率指标，格式见表 5.5。

表 5.5　投资各方现金流量表

序号	项　目	合计	计　算　期					
			1	2	3	4	…	n
1	现金流入							
1.1	实分利润							
1.2	资产处置收益分配							
1.3	租赁费收入							
1.4	技术转让或使用收入							
1.5	其他现金流入							
2	现金流出							
2.1	实缴资本							
2.2	租赁资产支出							
2.3	其他现金流出							
3	净现金流量（1−2）							
计算指标： 投资各方财务内部收益率（%）								

投资各方现金流量表中的现金流入和现金流出科目需根据项目具体情况和投资各方因项目发生的收入和支出情况选择填列。依据该表计算的投资各方财务内部收益率指标，其表达式和计算方法与项目投资财务内部收益率相同，只是所依据的表格和净现金流量的内涵不同，判断的基准参数不同。

4. 现金流量分析基准参数

（1）现金流量分析基准参数的含义。

现金流量分析指标的判别基准称为基准参数，最重要的基准参数是财务基准收益率或最低可接受收益率，它用于判别财务内部收益率是否满足要求，同时也是计算财务净现值的折现率。

（2）现金流量分析基准参数的选取。

① 基准参数的确定要与指标的内涵相对应。应该明确是对谁而言，不同的人，或者从不同角度去考虑，对投资收益会有不同的最低期望值。因此，在谈到最低可接受收益率时，应有针对性。也就是说，项目财务评价中不应该总是用同一个最低可接受收益率作为各种财务内部收益率的判别基准。

② 基准参数的确定要与所采用价格体系相协调。如果计算期内考虑通货膨胀，并采用时价计算财务内部收益率，则确定判别基准时也应考虑通货膨胀因素，反之亦然。含不含通货膨胀因素的财务内部收益率及其基准参数之间关系近似为：

$$i_c' \cong i_c + f$$

$$IRR' \cong IRR + f$$

式中：i_c——不含通货膨胀因素的财务内部收益率判别基准；

i_c'——含通货膨胀因素的内部收益率判别基准；

IRR——不含通货膨胀因素的财务内部收益率；

IRR'——含通货膨胀因素的财务内部收益率；

f——通货膨胀率。

③ 基准参数的确定要考虑资金成本。投资获益要大于资金成本，通常把资金成本作为基

准参数的确定基础，或称第一参考值。

④ 基准参数的确定要考虑机会成本。投资获益要大于资金机会成本，也把资金机会成本作为基准参数的确定基础。

⑤ 项目投资财务内部收益率的基准参数，可采用国家、行业或专业公司统一发布执行的财务基准收益率或由评价者自行设定。选择项目投资财务内部收益率的基准参数时要注意所得税前和所得税后指标的不同。

⑥ 项目投资财务内部收益率的判别基准应为项目资本金所有者整体的最低可接受收益率。其数值大小主要取决于资金成本、资本收益水平、风险以及项目资本金所有者对权益资金收益的要求，还与投资者对风险的态度有关。通常可采用相关公式计算，也可参照同类项目（企业）的净资产收益率确定。

⑦ 投资各方财务内部收益率的判别基准应为投资各方对投资收益水平的最低期望值，也可称为最低可接受收益率。它只能由各投资者自行确定。因为不同投资者的决策理念、资本实力和风险承受能力有很大差异。出于某些原因，投资者可能会对不同项目有不同的收益水平要求。

5. 利润与利润分配表

利润与利润分配表是反映项目计算期内各年营业收入、总成本费用、利润总额以及所得税后利润的分配情况，用于计算总投资收益率、资本金净利润率等指标，格式见表 5.6。

表 5.6　利润与利润分配表

序号	项　目	合计	计　算　期					
			1	2	3	4	…	n
1	营业收入							
2	营业税金及附加							
3	总成本费用							
4	补贴收入							
5	利润总额（1－2－3＋4）							
6	弥补以前年度亏损							
7	应纳税所得额（5－6）							
8	所得税							
9	净利润（5－8）							
10	期初未分配利润							
11	可供分配利润（9＋10）							
12	提取法定盈余公积金、公益金							
13	可供投资者分配利润（11－12）							
14	应付优先股股利							
15	提取任意盈余公积金							
16	应付普通股股利（13－14－15）							
17	各投资方利润分配							
	其中：××方							
	××方							
18	未分配利润（13－14－15－17）							
19	息税前利润（利润总额＋利息支出）							
20	息税折旧摊销前利润(息税前利润＋折旧＋摊销)							

5.4.2 现金流量分析（静态分析）

1. 静态分析的指标

（1）项目投资回收期（P_t）。

即以项目的净收益回收项目投资所需要的时间，一般以年为单位，并从项目建设开始年算起，若从项目投产开始时算起的，应予以特别注明。其表达式为：

$$\sum_{t=1}^{P_t}(CI-CO)_t=0$$

P_t = 累计净现金流量开始出现正值的年份数 − 1 +（上年累计净现金流量的绝对值/当年净现金流量）

当 $P_t \leqslant P_c$（基准投资回收期）时，项目投资回收期满足要求。投资回收期越短表明项目的盈利能力和抗风险能力越好。

（2）总投资收益率。

总投资收益率表示总投资的盈利水平，是指项目达到设计能力后正常年份的年息税前利润（$EBIT$）或运营期内年平均息税前利润与项目总投资的比率。其计算式为：

总投资收益率 = (年息税前利润/项目总投资) × 100%

其中　　息税前利润 = 利润总额 + 支付的全部利息

或　　息税前利润 = 营业收入 − 营业税金及附加 − 经营成本 − 折旧和摊销

总投资收益率高于同行业的收益率参考值，表明用总投资收益率表示的盈利能力满足要求。

（3）项目资本金净利润率。

项目资本金净利润率表示项目资本金的盈利水平，是指项目达到设计能力后正常年份的年净利润或运营期内年平均净利润与项目资本金的比率。其计算式为：

项目资本金净利润率 = (年净利润/项目资本金) × 100%

净利润 = 息税前利润 − 利息 − 所得税

资本金净利润率应该是投资者最关心的一个指标，因为它反映了自己的出资所带来的净利润。项目资本金净利润率大于或等于同行业净利润率参考值的，表明用项目资本金净利润率表示的盈利能力满足要求。

2. 静态分析依据的报表

静态分析指标计算所依据的报表主要是项目总投资使用计划与资金筹措表和利润与利润分配表。

【例 5.6】 某制造业新建项目建设投资为 850 万元（发生在第 1 年末），全部形成固定资产。项目建设期为 1 年，运营期为 5 年，投产第 1 年负荷 60%，其余年份均为 100%。

满负荷流动资金为 100 万元，投产第 1 年流动资金估算为 70 万元。计划期末将全部流动资金回收。

生产运营期满负荷运营时，销售收入 650 万元，经营成本 250 万元，其中原材料和燃料动力 200 万元，以上均以不含税价格表示。

投入和产出的增值税税率均为 17%，营业税金及附加按增值税的 10%计算，企业所得税率为 25%。

折旧年限 5 年，不计残值，按年限平均法折旧。

设定所得税前财务基准收益率为 12%，所得税后财务基准收益率为 10%。

问题：（1）识别并计算各年的现金流量，编制项目投资现金流量表（融资前分析）。（现金流量按年末发生计）

（2）计算项目投资财务内部收益率和财务净现值（所得税前和所得税后），并由此评价项目的财务可行性。

解：（1）编制项目投资现金流量表。

① 第 1 年年末现金流量。

现金流入：0

现金流出：建设投资 850 万元

② 第 2 年年末现金流量。

现金流入：销售收入 $650\times60\%=390$（万元）

现金流出：

a. 流动资金：70 万元；

b. 经营成本：$200\times60\%+(250-200)=170$（万元）；

c. 增值税：$390\times17\%-200\times60\%\times17\%=45.9$（万元）；

d. 营业税金及附加：$45.9\times10\%=4.6$（万元）；

e. 调整所得税：先计算折旧，再计算出息税前利润。

年折旧额 $=850\times(1-0\%)/5=170$（万元）

息税前利润 = 营业收入 − 营业税金及附加 − 经营成本 − 折旧和摊销

$=390-170-170-4.6=45.4$（万元）

调整所得税 = 息税前利润 × 所得税率 $=45.4\times25\%=11.35$（万元）

③ 第 3 年年末现金流量。

现金流入：销售收入 650（万元）

现金流出：

a. 流动资金增加额：$100-70=30$（万元）；

b. 经营成本：250 万元；

c. 增值税：$650\times17\%-200\times17\%=76.5$（万元）；

d. 营业税金及附加：$76.5\times10\%=7.7$（万元）；

e. 调整所得税：

息税前利润 $=650-250-170-7.7=222.3$（万元）

调整所得税 $=222.3\times25\%=55.58$（万元）

④ 第 4、5 年年末现金流量：除流动资金增加额为 0 外，其余同第 3 年。

⑤ 第 6 年年末现金流量：

现金流入：

a. 销售收入同第 4 年；

b. 回收流动资金 100 万元；

c. 回收固定资产余值为 0（不计残值，同时折旧年限与运营期相同）。

现金流出：同第 4 年。

将所计算的各年现金流量汇总，编制项目投资现金流量表见表 5.7。

表 5.7 编制项目投资现金流量表 单位：万元

序号	项 目	1	2	3	4	5	6
1	现金流入		390	650	650	650	750
1.1	销售收入		390	650	650	650	650
1.2	回收固定资产余值						0
1.3	回收流动资金						100
2	现金流出	850	255.95	343.28	313.28	313.28	313.28
2.1	建设投资	850					
2.2	流动资金		70	30			
2.3	经营成本		170	250	250	250	250
2.4	营业税金及附加		4.6	7.7	7.7	7.7	7.7
2.5	调整所得税		11.35	55.58	55.58	55.58	55.58
3	所得税前净现金流量（1－2＋2.5）	－850	145.4	362.3	392.3	392.3	492.3
4	所得税后净现金流量（1－2）	－850	134.05	306.72	336.72	336.72	336.72

（2）依据项目投资现金流量表计算相关指标。

所得税前：

$$FNPV(i=12\%) = -850\times(1.12)^{-1}+145.4\times(1.12)^{-2}+362.3\times(1.12)^{-3}+392.3\times(1.12)^{-4}+392.3\times(1.12)^{-5}+492.3\times(1.12)^{-6} = 336.13\text{（万元）}$$

FIRR 计算：

经计算 $FNPV(i=25\%)=16.83$，$FNPV(i=27\%)=-15.40$，*FIRR* 必为 25%～27%，采用人工试算得：

$$FIRR = 25\% + 16.83/(16.83+15.40)\times(27\%-25\%) = 26.04\%$$

所得税前财务内部收益率大于设定的基准收益率 12%，所得税前财务净现值大于零，项目财务效益是可以接受的。

同理可得所得税后指标：

$$FNPV(i=10\%) = 217.39\text{（万元）}>0 \quad FIRR = 18.44\%>10\%$$

所得税后财务内部收益率大于设定的基准收益率 10%，所得税后财务净现值大于零，项目财务效益是可以接受的。

5.5 偿债能力分析和财务生存能力分析

偿债能力分析是通过编制相关报表，计算利息备付率、偿债备付率等比率指标，考察项目借款的偿还能力。财务生存能力分析是通过编制财务计划现金流量表，结合偿债能力分析，考察项目资金平衡和余缺等财务状况，判断其财务可持续性。

5.5.1 偿债能力分析

1. 相关报表编制

（1）借款还本付息计划表。

应根据与债权人商定的或预计可能的债务资金偿还条件和方式计算并编制借款还本付息计划表。借款还本付息计划表反映项目计算期内各年借款本金偿还和利息支付情况，用于计算偿债备付率和利息备付率等指标，格式见表 5.8。

表 5.8 借款还本付息计划表

序号	项 目	合计	计算期					
			1	2	3	4	…	n
1	借款 1							
1.1	期初借款余额							
1.2	当期还本付息							
	其中：还本							
	付息							
1.3	期末借款余额							
2	借款 2							
2.1	期初借款余额							
2.2	当期还本付息							
	其中：还本							
	付息							
2.3	期末借款余额							
3	债券							
3.1	期初债务余额							
3.2	当期还本付息							
	其中：还本							
	付息							
3.3	期末债务余额							
4	借款和债券合计							
4.1	期初余额							
4.2	当期还本付息							
	其中：还本							
	付息							
4.3	期末余额							
计算指标： 利息备付率（%） 偿债备付率（%）								

（2）资产负债表。

资产负债表是反映企业某一特定日期的财务状况。所谓财务状况是指一个项目的资产、负债、所有者权益及其相互关系。因此，资产负债表是根据资产、负债和所有者权益之间的相互关系，按照一定的分类标准和一定的顺序编制而成的。它表明项目在某一特定日期所拥有或控制的经济资源、所承担的现有义务和所有者对净资产的要求权，格式见表 5.9。

表 5.9 资产负债表

序号	项 目	计 算 期					
		1	2	3	4	…	*n*
1	资 产						
1.1	流动资产总额						
1.1.1	货币资金						
1.1.2	应收账款						
1.1.3	预付账款						
1.1.4	存 货						
1.1.5	其 他						
1.2	在建工程						
1.3	固定资产净值						
1.4	无形及其他资产净值						
2	负债及所有者权益（2.4＋2.5）						
2.1	流动负债总额						
2.1.1	短期借款						
2.1.2	应付账款						
2.1.3	预收账款						
2.1.4	其 他						
2.2	建设投资借款						
2.3	流动资金借款						
2.4	负债小计（2.1＋2.2＋2.3）						
2.5	所有者权益						
2.5.1	资本金						
2.5.2	资本公积						
2.5.3	累计盈余公积金						
2.5.4	累计未分配利润						
计算指标： 资产负债率（%） 流动比率（%） 速动比率（%）							

2. 计算指标

（1）利息备付率。

利息备付率是项目在借款偿还期内可用于支付利息的息税前利润（*EBIT*）与当期应付利息的比值，它通过付息资金来源的充裕性来反映项目偿还利息的能力。利息备付率应分年计算。

利息备付率 = 息税前利润/应付利息

息税前利润 = 利润总额 + 当年应付利息（计入总成本费用的全部利息）

利润总额 = 净利润（税后利润）+ 所得税

利息备付率至少应当大于 1，一般不应低于 2。利息备付率高，说明利息偿付的保证度高，偿债风险小；利息备付率低于 1，表示没有足够资金支付利息，偿债风险很大。

（2）偿债备付率。

偿债备付率是项目在借款偿还期内用于计算还本付息的资金与当年应还本付息金额的比值。

偿债备付率 =（息税折旧摊销前利润 – 所得税）/应还本付息额

息税折旧摊销前利润 = 息税前利润 + 折旧费 + 摊销费

= 利润总额 + 利息 + 折旧费 + 摊销费

还本付息额 = 还本金额 + 当年应付利息（计入总成本费用的全部利息）

利润总额 = 营业收入 – 营业税金及附加 – 总成本费用 + 补贴收入

净利润 = 利润总额 – 所得税

应纳税所得额 = 利润总额 – 弥补以前年度亏损

偿债备付率表示偿还债务本息的保证倍率，至少应大于 1，一般不应低于 1.3。偿债备付率也应分年计算。

此外，以下三个指标也是考察项目（企业）财务状况的依据。

（3）资产负债率。

资产负债率是指各期末负债总额同资产总额的比率，资产负债率是反映项目各年所面临的财务风险程度及偿债能力的指标。该指标是衡量项目财务风险的重要标志，它反映了项目的长期偿债能力、资本结构、利用外借资金的程度以及投资者的操纵能力。其公式为：

资产负债率 =（负债总额/资产总额）× 100%

（4）流动比率。

流动比率是流动资产总额与流动负债总额的比率。其公式为：

流动比率 =（流动资产总额/流动负债总额）× 100%

流动比率是用来衡量企业资金流动性的大小，考虑流动资产规模与流动负债规模之间的关系，判断企业短期债务到期前，流动资产可以转化为现金用于偿还流动负债能力的指标。该指标越高，说明偿还流动负债的能力越强；但该指标过高，又说明企业资金利用效率太低，对企业的运营也不利。国际公认的标准比率是 200%。但行业间流动比率会有很大差异，一般来说，若行业生产周期较长，流动比率就应相应提高；反之，就可以相对降低。

（5）速动比率。

速动比率是企业一定时期内的速动资产同流动负债的比率，其计算公式为：

速动比率 =（速动资产/流动负债）× 100%

其中：　　速动资产 = 流动资产 – 存货

速动比率指标是对流动比率指标的补充，它是在分子剔除了流动资产中变现能力较差的存货后，计算企业实际的短期债务偿还能力的指标，较流动比率更能反映企业的资产变现能力。该指标越高，说明偿还流动负债的能力越强。与流动比率一样，该指标过高，又说明企业资金利用效率太低，对企业的运营也不利。国际公认的标准比率为 100%，但同样，行业间该指标也有较大差异，实践中应结合行业特点分析判断。

5.5.2 财务生存能力分析

足够的净现金流量是项目能够持续生存的条件。财务生存能力分析就是在财务评价辅助报表和利润与利润分配表的基础上编制财务计划现金流量表，综合考察项目计算期内各年的投资活动、融资活动和经营活动所产生的各项现金流入和流出，计算净现金流量和累计盈余资金，分析项目是否有足够的净现金流量维持正常运营。因此，财务生存能力分析又称为资金平衡分析。

1. 财务计划现金流量表

财务计划现金流量表反映计算期内各年的投资活动、融资活动和生产运营活动所产生的资金流入和资金流出情况，考察资金平衡和余缺情况，用于计算累计盈余资金，分析项目的财务生存能力。财务计划现金流量表是分析项目财务生存能力的基本报表，格式见表 5.10。

表 5.10　财务计划现金流量表

序号	项　目	计算期					
		1	2	3	4	…	n
1	经营活动净现金流量（1.1 – 1.2）						
1.1	现金流入						
1.1.1	营业收入						
1.1.2	增值税销项税额						
1.1.3	补贴收入						
1.1.4	其他收入						
1.2	现金流出						
1.2.1	经营成本						
1.2.2	增值税进项税额						
1.2.3	营业税金及附加						
1.2.4	增值税						
1.2.5	所得税						
1.2.6	其他流出						

续表 5.10

序号	项　　目	计　算　期					
		1	2	3	4	…	n
2	投资活动净现金流量（2.1－2.2）						
2.1	现金流入						
2.2	现金流出						
2.2.1	建设投资						
2.2.2	维持运营投资						
2.2.3	流动资金						
2.2.4	其他流出						
3	筹资活动净现金流量（3.1－3.2）						
3.1	现金流入						
3.1.1	项目资本金投入						
3.1.2	建设投资借款						
3.1.3	流动资金借款						
3.1.4	债　券						
3.1.5	短期借款						
3.1.6	其他流入						
3.2	现金流出						
3.2.1	各种利息支出						
3.2.2	偿还债务本金						
3.2.3	应付利润（股利分配）						
3.2.4	其他流出						
4	净现金流量（1＋2＋3）						
5	累计盈余资金						

2. 财务生存能力分析的方法

通常因运营期前期的还本付息负担较重，故应特别注意运营期前期的财务生存能力分析。

财务可持续性应首先体现在有足够大的经营活动净现金流量，其次各年累计盈余资金不应出现负值。

因此，项目财务生存能力的具体判断标准为：

（1）拥有足够的经营净现金流量是财务可持续性的基本条件；

（2）各年累计盈余资金不出现负值是财务生存的必要条件。

5.6　改扩建项目财务评价

改扩建项目一般是在企业现有设施的基础上进行的，即原有企业为项目法人，对项目的策划、资金筹措、建设实施、生产经营、债务偿还和资产的保值增值全过程负责。

1. 改扩建项目概述

（1）改扩建项目的概念。

改扩建项目是指既有企业利用原有资产与资源，投资形成新的生产（服务）设施，扩大或完善原有生产（服务）系统的活动，包括改建、扩建、迁建、停产复建和技术改造等项目。

（2）特点。

① 项目是既有企业的有机组成部分，同时项目的活动与企业的活动在一定程度上是有区别的。

② 项目的融资主体是既有企业，项目的还款主体也是既有企业。

③ 项目一般要利用既有企业的部分或全部资产与资源，但不发生资产与资源的产权转移。

④ 建设期内既有企业生产（运营）与项目建设一般同时进行。

2. 改扩建项目财务评价方法

改扩建项目在完成财务费用效益识别和估算以后，要进行融资分析、盈利能力分析、项目层次的偿债能力分析、企业层次偿债能力分析以及生存能力分析。

改扩建项目财务评价一般采用“有无对比法”，即“有项目”的未来情况与“无项目”的未来情况进行对比，而不是项目前、后的情况对比，即“前后对比法”。通过比较“有项目”与“无项目”的净现金流，求出增量净现金流，并依此计算内部收益率，考查项目实施的效果。由于既有企业不实施改扩建项目的“无项目”数据是固有的且是非零的，在进行既有企业改扩建项目的盈利能力分析时，要将“有项目”的现金流量减去“无项目”的现金流量，得出“增量”现金流量，依“增量”现金流量判别项目的盈利能力。

（1）改扩建项目财务评价应明确界定项目的效益和费用范围。

① 对于“整体改扩建”项目，项目范围包括整个既有企业，除要使用既有企业的部分或全部原有资产、场地、设备，还要另外新投入一部分资金进行扩建或技术改造。企业的投资主体、融资主体、还债主体、经营主体是统一的，项目的范围就是企业的范围。“整体改扩建项目”不仅要识别和估算与项目直接有关的费用和效益，而且要识别和估算既有企业其余部分的费用和效益。

② 对于“局部改扩建”项目，项目范围只包括既有企业的一部分，只使用既有企业的一部分原有资产、资源、场地、设备，加上新投入的资金，形成改扩建项目；企业的投资主体、融资主体与还债主体仍然是一致的，但可能与经营主体分离。整个企业只有一部分包含在项日“范围内”，还有相当一部分在“企业内”但属于项目“范围外”。

（2）改扩建项目财务评价要使用的五种数据。

①“有项目”数据是指在实施项目的情况下，项目计算期内，在项目范围内可能发生的效益与费用流量。

②“无项目”数据是指在不实施项目的情况下，项目计算期内可能发生的效益与费用流量。

③“现状”数据是项目实施前的资产与资源、效益与费用数据，也可称基本值。

④“增量”数据是指“有项目”数据减去“无项目”数据的差额，即通过“有无对比”得到的数据。

⑤“新增”数据是项目实施过程中各时点“有项目”的流量与“现状”数据之差。新增

建设投资包括建设投资和流动资金，还包括原有资产的改良支出、拆除、运输和重新安装费用。新增投资是改扩建项目筹措资金的依据。

（3）改扩建项目财务评价应注意的几个问题：

① 计算期的可比性。计算期一般取为“有项目”情况下的计算期。

② 原有资产利用的问题。“有项目”时原有资产无论利用与否，均与新增投资一起计入投资费用。

③ 停产减产损失。不必单独处理停产减产损失。

④ 沉没成本处理。沉没成本不应当包括在增量费用之中。

⑤ 机会成本。机会成本应视为无项目时的现金流入。

思考题与习题

1. 财务评价的作用有哪些？
2. 请简述财务评价的报表及对应的评价指标。
3. 请简述财务评价涉及的价格体系及相互关系。
4. 工程项目投资估算主要有哪几种方法？
5. 流动资金估算应注意什么问题？
6. 改扩建项目财务评价的特点？
7. 某企业拟投资建设新项目的有关情况如下：

项目计算期：建设期为 2 年，生产期为 10 年。

投资估算和资金使用计划：工程费用（含建筑工程费、设备购置费及安装工程费）为 10 000 万元，工程建设其他费用为 1 900 万元，基本预备费费率为 8%，建设期内年平均物价上涨指数为 5%。建设投资各年计划比例：第 1 年为 55%，第 2 年为 45%，年内均匀投入。流动资金估算为 800 万元，分别在生产期第 1 年投入 60%，第 2 年投入 40%。

资金筹措方案：建设期各年资本金投入均占建设投资的 40%，其余为银行贷款。贷款宽限期 2 年（即建设期内不还本金），自投产后 5 年内采取等额还本方式还清全部贷款，贷款利息当年支付，贷款年利率为 6%。流动资金全部来源于项目资本金。

项目生产负荷：投产第 1 年为 60%，第 2 年达到设计生产能力。

项目收入和成本：达产年的营业收入为 13 000 万元；经营成本为 3 000 万元，其中固定成本为 1200 万元，其余为可变成本，可变成本与营业收入成正比例变动。

税种和税率：本项目需缴纳的营业税、城市维护建设税和教育费附加的综合税率为 3.41%。

（1）估算项目建设投资及建设期利息。

（2）需要筹措的项目资本金总额是多少？

（3）计算项目资本金现金流量表中计算期第 3 年的所得税前净现金流量。

第 6 章　建设项目国民经济评价

【本章导读】

对于关系公共利益、国家安全和市场不能有效配置资源的经济和社会发展项目，除应进行财务评价以外，还应进行国民经济评价。国民经济评价是从宏观的、国家经济整体利益角度评价项目的经济合理性。

本章的主要内容包括国民经济评价的概念、国民经济评价与财务评价的关系、国民经济评价中效益和费用的估算、国民经济评价参数以及费用效果分析等。

6.1　概　述

国民经济评价又称经济分析，它是对投资项目的经济合理性进行判定的过程，是项目经济评价的重要组成部分。对于不能由市场配置资源的项目需要进行国民经济评价，并以此作为决策的重要依据。本章的国民经济评价包括经济费用效益分析和经济费用效果分析。

6.1.1　国民经济评价的概念及作用

1. 国民经济评价的概念

国民经济评价是在合理配置资源的前提下，采用影子价格、影子工资、影子汇率、社会折现率等国民经济评价参数，从国家整体经济利益的角度计算项目对国民经济评价的贡献，分析项目的经济效率、效果和对社会的影响，评价项目在宏观经济上的合理性，从而为项目的投资决策提供依据的过程。国民经济评价和财务评价共同构成了完整的工程项目的经济评价体系。

2. 国民经济评价的作用

（1）正确反映项目对社会经济的净贡献，评价项目的经济合理性。

财务评价主要是从企业（财务主体）的角度考察项目的效益。由于企业的利益并不总是与国家和社会的利益完全一致，项目的财务盈利性至少在以下几个方面可能难以全面正确地反映项目的经济合理性：

① 国家给予项目补贴；

② 企业向国家缴税；

③ 某些货物市场价格可能扭曲；

④ 项目的外部效果。

因而需要从项目对社会资源增加所做贡献和项目引起社会资源耗费增加的角度，进行项目的国民经济评价，以便正确反映项目的经济效率和对社会效益的净贡献。

（2）为政府合理配置资源提供依据。

合理配置有限的资源（包括劳动力、土地、各种自然资源、资金等）是人类经济社会发展所面临的共同问题。在完全的市场经济状态下，可通过市场机制调节资源的流向，实现资源的优化配置。在非完全的市场经济中，需要政府在资源配置中发挥调节作用。但是由于市场本身的原因及政府不恰当的干预，可能导致市场资源配置的失灵。

项目的国民经济评价就是对项目的资源配置效率，即项目的经济效益（或效果）进行分析评价，它可为政府的资源配置决策提供依据，提高资源配置的有效性，具体体现在以下两方面：

① 对那些本身财务效益好，但国民经济效益差的项目进行调控。

政府在审批或核准项目的过程中，对那些本身财务效益好，但国民经济效益差的项目可以限制，使有限的社会资源得到更有效的利用。

② 对那些本身财务效益差，而国民经济效益好的项目予以鼓励。

政府对那些本身财务效益差，而国民经济效益好的项目，可以采取某些支持措施鼓励项目的建设，促进对社会资源的有效利用。

因此，应对项目的经济效益费用流量与财务现金流量存在的差别以及造成这些差别的原因进行分析，特别是对一些国计民生急需的项目，如果国民经济评价合理，而财务评价不可行，就可提出相应的财务政策方面的建议，调整项目的财务条件，使项目具有财务可持续性。

（3）政府审批或核准项目的重要依据。

在我国新的投资体制下，国家对项目的审批和核准重点放在项目的外部性、公共性方面，国民经济评价就是强调从资源配置效率的角度分析项目的外部效果，因此是政府审批或核准项目的重要依据。

（4）为市场化运作的基础设施项目提供财务方案的制订依据。

对部分或完全市场化运作的基础设施项目，可通过国民经济评价论证项目的经济价值，为制订财务方案提供依据。

（5）有助于实现企业利益与全社会利益的有机结合和平衡。

国家实行审批和核准项目，应当特别强调从社会经济的角度评价和考察，支持和发展对社会经济贡献大的产业项目，并特别注意限制和制止对社会经济贡献小甚至有负面影响的项目。正确运用国民经济评价方法，在项目决策中可以有效地察觉盲目建设、重复建设项目，有效地将企业利益与全社会利益有机地结合。

（6）比选和优化项目（方案）的重要依据。

为提高资源配置的有效性，方案比选应根据能反映资源真实经济价值的相关数据进行，这只能依赖于国民经济评价，因此国民经济评价在方案比选和优化中可发挥重要作用。

6.1.2　国民经济评价与财务评价的关系

对工程项目进行财务评价和国民经济评价所得到的结论是项目决策的主要依据。企业的财务评价注重的是项目的盈利能力和财务生存能力，而国民经济评价注重的是国家经济资源的合理配置以及项目对整个国民经济的影响。财务评价是国民经济评价的基础，国民经济评价则是财务评价的深化，二者相辅相成，互为参考和补充，既有区别，又有联系。

1. 区　别

（1）评价的角度和基本出发点不同。财务评价站在项目的层次，从项目的财务主体、投资者等角度去评价项目；国民经济评价站在国家的层次，从全社会的角度去评价项目。

（2）由于分析的角度不同，项目效益和费用的含义以及范围划分也不同。财务评价只根据项目直接发生的财务收支，计算项目的直接效益和费用；国民经济评价不仅考虑项目的直接效益和费用，还要考虑项目的间接效益和费用。从全社会的角度考虑，项目的有些收入和支出不能作为费用或效益，如企业向政府缴纳的大部分税金和政府给予企业的补贴、国内银行贷款利息等。

（3）两者使用的价格体系和参数不同。财务评价使用预测的财务收支价格和基准收益率；国民经济评价则使用影子价格和社会折现率。

（4）财务评价主要进行盈利能力分析、偿债能力分析、财务生存能力分析；而国民经济评价只有盈利能力分析，即经济效率分析。

2. 联　系

国民经济评价与财务评价的相同之处主要有：两者都使用效益与费用比较的理论方法；遵循效益和费用识别的有无对比原则；根据资金时间价值原理进行动态分析，计算内部收益率和净现值等指标。两者的联系很密切，在很多情况下，国民经济评价是利用财务评价已有的数据资料，在财务评价的基础上进行的。

6.1.3　国民经济评价的范围及方法

1. 国民经济评价的适用范围

（1）确定适用范围的原则。

① 市场自行调节的行业项目一般不必进行国民经济评价；

② 市场资源配置失灵的项目需要进行国民经济评价。

市场资源配置失灵的项目主要有以下几类项目：

a. 具有垄断特征的项目，如电力、电信、交通运输等行业的项目；

b. 产出具有公共产品特征的项目，即项目提供的产品或服务在同一时间内可以被共同消费，具有“消费的非排他性”（未花钱购买公共产品的人不能被排除在此产品或服务的消费之外）和“消费的非竞争性”（一人消费一种公共产品并不以牺牲其他人的消费为代价）；

c. 具有明显外部效果的项目；

d. 涉及国家控制的战略性资源开发项目；

e. 涉及国家经济安全的项目；

f. 受过度行政干预的项目。

（2）需要进行国民经济评价的项目类别。

① 政府预算内投资（包括国债资金）用于关系国家安全、国土开发和市场不能有效配置资源的公益性项目以及公共基础设施建设项目，保护和改善生态环境的项目，重大战略性资源开发项目；

② 政府各类专项建设基金投资用于交通运输、农林水利等基础设施、基础产业的建设项目；

③ 利用国际金融组织和外国政府贷款，需要政府主权信用担保的建设项目；

④ 法律、法规规定的其他政府性资金投资的建设项目；

⑤ 企业投资建设的涉及国家经济安全、影响环境资源、公共利益、可能出现垄断、涉及整体布局等公共性问题，需要政府核准的建设项目。

2. 国民经济评价的基本方法

（1）国民经济评价采用费用效益分析或费用效果分析方法，即效益（效果）与费用比较的理论方法；

（2）国民经济评价采取“有无对比”方法识别项目的效益和费用；

（3）国民经济评价采取影子价格估算各项效益和费用；

（4）国民经济评价遵循效益和费用的计算范围对应一致的基本原则；

（5）经济费用效益分析采用费用效益流量分析方法，采用内部收益率、净现值等经济盈利性指标进行定量的经济效益分析。

3. 国民经济评价的内容

① 国民经济效益（收入）与费用（支出）的识别与处理。

国民经济评价中的费用与效益和财务评价中的费用与效益相比，其划分范围是不同的。国民经济评价以工程项目耗费国家资源的多少和项目给国民经济带来的收益来界定项目的费用与效益，只要是项目在客观上引起的费用与效益，包括间接产生的费用与效益，无论最终是由谁来支付和获取，都要视为该项目的费用与效益，而不仅仅是考察项目账面上直接显现的收支。因此，在国民经济评价中，需要对这些直接或间接的费用与效益一一加以识别、归类和定量处理（或定性处理）。

② 选取和计算影子价格。

现行价格体系一般都存在着较严重的扭曲和失真现象，使用现行市场价格是无法进行国民经济评价的。只有采用通过对现行市场价格进行调整计算而获得的、能够反映资源真实经济价值和市场供求关系的影子价格，才能保证国民经济评价的科学性，这是因为与项目有关的各项基础数据都必须以影子价格为基础进行调整，才能正确地计算出项目的各项国民经济费用与效益。

③ 编制国民经济评价报表。

④ 计算国民经济评价指标进行方案比选。

根据所确定的各项国民经济费用与效益，结合社会折现率等相关经济参数，计算工程项目的国民经济评价指标，编制国民经济评价报表，进行方案比选，最终对工程项目是否具有经济合理性得出结论。

6.2 经济效益与费用分析

6.2.1 效益与费用识别的基本要求

经济效益与费用识别的基本要求主要有以下五点：

（1）对经济效益与费用进行全面识别。

凡是项目对社会经济所作的贡献均计为项目的经济效益，包括项目的直接效益和间接效益。凡是社会经济为项目所付出的代价（即社会资源的耗费，或称社会成本）均计为项目的经济费用，包括直接费用和间接费用。因此，国民经济评价应考虑关联效果，对项目涉及的所有社会成员的有关效益和费用进行全面识别。

（2）遵循有无对比的原则。

判别项目的经济效益和费用，要从有无对比的角度进行分析，将“有项目”（项目实施）与“无项目”（项目不实施）的情况加以对比，以确定某项效益或费用的存在。

（3）合理确定经济效益与费用识别的时间跨度。

经济效益与费用识别的时间跨度应足以包含项目所产生的全部重要效益和费用，不完全受财务评价计算期的限制。即不仅要分析项目的近期影响，还需要分析项目将带来的中期、远期影响。

（4）正确处理“转移支付”。

正确处理“转移支付”是经济效益与费用识别的关键。对社会成员之间发生的财务收入与支出，应从是否新增加社会资源和是否增加社会资源消耗的角度出发加以识别，将不新增加社会资源和不增加社会资源消耗的财务收入与支出视为社会成员之间的“转移支付”，在国民经济评价中不作为经济效益与费用。

（5）遵循以本国社会成员作为分析对象的原则。

经济效益与费用的识别应以本国社会成员作为分析对象。对本国之外的其他社会成员也产生影响的项目，应重点分析项目给本国社会成员带来的效益和费用，项目对国外社会成员所产生的效果应予单独陈述。

6.2.2 内部效果

内部效果是工程项目直接效益和直接费用的统称，也称直接效果。

1. 直接效益

项目直接效益是指由项目产出物产生的并在项目范围内计算的经济效益，一般表现为项目为社会生产提供的物质产品、科技文化成果和各类服务产生的效益，其具体内容有：

（1）项目产出物用于满足国内新增加的需求时，项目直接效益表现为新增需求的支付意愿；

（2）项目产出物用于替代其他厂商的产品或服务，使其他厂商减产或停产时，项目直接效益表现为资源的节省；

（3）项目的产出物导致进口减少或出口增加时，项目直接效益表现为外汇收入的增加或支出的减少；

以上所述的项目直接效益大多在财务评价中能够得到反映，尽管有时这些反映会有一定程度的价值失真。对于价值失真的直接效益在国民经济评价中应按影子价格重新计算。

（4）某些特殊的项目，其产生的效益有特殊性，不可能体现在财务评价的营业收入中。例如，交通运输项目产生的体现为时间节约的效果，教育项目、医疗卫生和卫生保健项目等产生的体现为对人力资本、生命延续或疾病预防等方面的影响效果，从国民经济评价角度都应该计入项目的直接经济效益。

2. 直接费用

项目直接费用是指项目使用投入物所产生并在项目范围内计算的经济费用，一般表现为投入项目的各种物料、人工、资金、技术以及自然资源带来的社会资源的消耗，其具体内容有：

（1）社会扩大生产规模用以满足项目对投入物的需求时，项目直接费用表现为增加耗用的社会资源价值；

（2）社会不能增加供给，导致其他人被迫放弃使用这些资源来满足项目的需要时，项目直接费用表现为社会因其他人被迫放弃使用这些资源而损失的效益；

（3）项目的投入物导致进口增加或出口减少时，项目直接费用表现为外汇支出的增加或收入的减少。

直接费用一般也在项目的财务评价中已经得到反映，尽管有时这些反映会有一定程度的价值失真。对于价值失真的直接费用也需要在国民经济评价中按影子价格重新计算。

3. 转移支付

项目的有些财务收入和支出是社会内部经济成员之间的“转移支付”，即接受方所获得的效益和付出方所发生的费用相等，并没有造成资源的实际增加或减少，不应计作经济效益或费用，如各种税金、补贴和国内银行利息。

在工程项目的国民经济评价中，对转移支付的识别和处理是关键内容之一。常见的转移支付有税金、利息、补贴和折旧等。

（1）税金。

在财务评价中，税金显然是工程项目的一种费用。但从国民经济整体来看，税金作为国家财政收入的主要来源，是国家进行国民收入二次分配的重要手段，交税只不过表明税金代表的那部分资源的使用权从纳税人那里转移到了国家手里。也就是说，税金只是一种转移支付，不能计为国民经济评价中的费用或效益。

（2）利息。

利息是利润的一种转化形式，是客户与银行之间的一种资金转移，从国民经济整体来看，并不会导致资源的增减，因此也不能计为国民经济评价中的费用或效益。

（3）补贴。

补贴是一种货币流动方向与税收相反的转移支付，包括价格补贴、出口补贴等。补贴虽然使工程项目的财务收益增加，但同时也使国家财政收入减少，实质上仍然是国民经济中不同实体之间的货币转移，整个国民经济并没有因此发生变化。因此，国家给予的各种形式的补贴都不能计为国民经济评价中的费用或效益。

（4）折旧。

折旧是会计意义上的生产费用要素，是从收益中提取的部分资金，与实际资源的耗用无关。因为在国民经济评价时已将固定资产投资所耗用的资源视为项目的投资费用，而折旧无非是投资形成的固定资产在再生产过程中价值转移的一种方式而已，所以不能将折旧计为国民经济评价中的费用或效益，否则就是重复计算。

6.2.3 外部效果

外部效果是工程项目间接效益和间接费用的统称，是由于项目的外部性所导致的项目对外部的影响，而项目本身并未因此实际获得收入或支付费用。

1. 概　念

间接效益又称外部效益，它是指项目对国民经济做出了贡献，而项目自身并未得益的那部分效益。比如果农栽种果树，客观上使养蜂者得益，这部分效益即为果农生产的间接效益。

间接费用又称外部费用，它是指国民经济为项目付出了代价，而项目自身却不必实际支付的那部分费用。比如一耗能巨大的工业项目投产，有可能导致当地其他项目用电紧张，其他项目因此而减少的效益即为该项目的间接费用。

2. 间接效益和间接费用的识别

项目的间接效益和间接费用的识别通常可以考察以下几个方面：

（1）环境及生态影响效果。

工程项目对自然环境和生态环境造成的污染和破坏，比如工业企业排放的“三废”对环境产生的污染，是项目的间接费用。这种间接费用要定量计算比较困难，一般可按同类企业所造成的损失或者按恢复环境质量所需的费用来近似估算，若难以定量计算则应作定性说明。此外，某些工程项目，比如环境治理项目，对环境产生的影响是正面的，在国民经济评价中也应估算其相应的间接效益。

（2）“上、下游”企业相邻效果。

相邻效果是指由于项目的实施而给上游企业（为该项目提供原材料和半成品的企业）和下游企业（使用该项目的产出物作为原材料和半成品的企业）带来的辐射效果。即项目的实施可能会使上游企业得到发展，增加新的生产能力或使其原有生产能力得到更充分的利用，也可能会使下游企业的生产成本下降或使其闲置的生产能力得到充分的利用。实践经验证明，对相邻效果不应估计过大，因为大多数情况下，项目对上、下游企业的相邻效果可以在项目投入物和产出物的影子价格中得到体现。只有在某些特殊情况下，间接影响难于在影子价格中反映时，才需要作为项目的外部效果计算。

（3）技术扩散效果。

建设一个具有先进技术的项目，由于人才流动、技术推广和扩散等原因使得整个社会都将受益。但这类间接效益通常难以识别和定量计算，因此在国民经济评价中一般只作定性说明。

（4）乘数效果。

乘数效果是指由于项目的实施而使与该项目相关的产业部门的闲置资源得到有效利用，进而产生一系列的连锁反应，带动某一行业、地区或全国的经济发展所带来的外部净效益。比如当国内钢材生产能力过剩时，国家可以投资修建铁路干线，从而就需要大量钢材，这就会使钢铁厂原来闲置的生产能力得到启用，使其成本下降，效益提高。同时由于钢铁厂的生产扩大，连带使得炼铁、炼焦以及采矿等部门原来剩余的生产能力得以利用，效益增加，由此产生一系列的连锁反应。在进行扶贫工作时，也可以优先选择乘数效果大的项目。一般情况下，乘数效果不能连续扩展计算，只需计算一次相关效果即可。

识别计算项目的外部效果不能重复计算，可以采用调整项目范围的办法来解决项目外部效果计算上的困难，项目的外部效果往往体现在对区域经济和宏观经济的影响上。

6.2.4　经济费用效益分析指标和报表

在经济费用效益分析中，当费用和效益流量识别和估算完毕后，应编制经济费用效益分析表，并计算评价指标，判断项目的经济合理性。

1. 经济费用效益分析指标

（1）经济净现值（$ENPV$）。

经济净现值就是按社会折现率将项目整个计算期内各年的经济净效益流量折算到项目建设期期初的现值代数和，它是经济费用效益分析的主要指标。其计算公式为：

$$ENPV = \sum_{t=1}^{n}(B-C)_t(1+i_s)^{-t}$$

式中：B——经济效益流量；

C——经济费用流量；

$(B-C)_t$——第 t 年的经济净效益流量；

n——计算期，以年计；

i_s——社会折现率。

在评价工程项目的国民经济贡献能力时，若经济净现值等于零，表示国家为拟建项目付出代价后，可以得到符合社会折现率的社会盈余；若经济净现值大于零，表示国家除得到符合社会折现率的社会盈余外，还可以得到以现值计算的超额社会盈余。在以上两种情况下，项目是可以接受的；反之，则应拒绝。

（2）经济内部收益率（$EIRR$）。

经济内部收益率是指能使项目在计算期内各年经济净效益流量的现值累计为零时的折现率，它是经济费用效益分析的辅助指标。其计算式为：

$$\sum_{t=1}^{n}(B-C)_t(1+EIRR)^{-t} = 0$$

在评价工程项目的国民经济贡献能力时，若经济内部收益率等于或大于社会折现率，表明项目对国民经济的净贡献达到或超过了要求的水平，此时项目是可以接受的；反之，则应拒绝。

项目经济盈利能力分析的两种口径：

（1）项目投资。

相应的指标有项目投资经济内部收益率（全部投资经济内部收益率）和项目投资经济净现值（全部投资经济净现值）。

（2）国内投资。

相应的指标有国内投资经济内部收益率和国内投资经济净现值。

前者不考虑项目资金的筹集方式，分析项目给社会经济带来的经济效益；后者则要考虑项目资金的筹集方式，考虑从国外借款或者以其他方式从国外获得资金时，项目资金对社会经济效率造成的影响。如果项目没有国外投资或借款，项目投资指标与国内投资指标一致。

2. 经济费用效益分析报表

（1）项目投资经济费用效益流量表。

表 6.1 反映了项目计算期内各年的按全部投资口径计算的国民经济各项效益与费用流量及净效益流量，它可用来计算项目经济内部收益率和经济净现值指标。

表 6.1 项目投资经济费用效益流量表

序号	项　目	计　算　期					
		1	2	3	4	…	n
1	效益流量						
1.1	项目直接效益						
1.2	资产余值回收						
1.3	项目间接效益						
2	费用流量						
2.1	建设投资						
2.2	流动资金						
2.3	经营费用						
2.4	项目间接费用						
3	净效益流量（1－2）						
计算指标： 项目投资经济净现值（i_s） 项目投资经济内部收益率（%）							

（2）国内投资经济费用效益流量表。

表 6.2 反映了项目建设期内各年的按国内投资口径计算的国民经济各项效益与费用流量及净效益流量，凡涉及国外借款的项目，就应该编制此报表，并可用来计算国内投资经济内部收益率和经济净现值指标。

3. 报表编制的两种方式

（1）直接进行效益和费用流量的识别和计算，并编制经济费用效益分析报表。

① 分析确定经济效益、费用的计算范围，包括直接效益、直接费用和间接效益、间接费用。

表 6.2　国内投资经济费用效益流量表

序号	项　目	计算期					
		1	2	3	4	…	n
1	效益流量						
1.1	项目直接效益						
1.2	资产余值回收						
1.3	项目间接效益						
2	费用流量						
2.1	建设投资中国内资金						
2.2	流动资金中国内资金						
2.3	经营费用						
2.4	流至国外的资金						
2.4.1	国外借款本金偿还						
2.4.2	国外借款利息偿还						
2.4.3	外方利润						
2.4.4	其　他						
2.5	项目间接费用						
3	净效益流量（1−2）						
计算指标： 国内投资经济净现值（i_s） 国内投资经济内部收益率（%）							

② 测算各项投入物和产出物的影子价格，对各项产出效益和投入费用进行估算。

③ 根据估算的效益和费用流量，编制项目投资经济效益费用流量表和国内投资经济效益费用流量表。

④ 对能够进行货币量化的外部效果尽可能货币量化，并纳入经济效益费用流量表的间接费用和间接效益；对难以进行货币量化的产出效果，应尽可能地采用其他量纲进行量化，难以量化的，进行定性描述。

（2）在财务评价的基础上调整编制国民经济评价报表。

① 调整内容。

效益和费用范围调整包括：

a. 剔除财务现金流量中属于转移支付的内容。

国家对项目的各种补贴，项目向国家支付的各种税金，国内借款利息（包括建设期利息和生产期利息）以及流动资金中的部分构成，在国民经济评价中都应当作为转移支付，不再作为项目的效益费用流量。

b. 剔除财务费用流量中的涨价预备费，国民经济评价效益和费用的估算遵循实际价值原则，不考虑通货膨胀因素。

c. 剔除流动资金中的现金、应收账款和应付账款等，这些并不实际消耗资源。

d. 识别项目的外部效果，分别纳入效益和费用流量。

效益和费用数值调整包括：

a. 鉴别投入物和产出物的财务价格是否能正确反映其经济价值。如果项目的全部或部分投入和产出没有正常的市场交易价格，那么应该采用适当的方法测算其影子价格，并重新计算相应的费用或效益流量。

b. 投入物和产出物中涉及外汇的，需用影子汇率代替财务评价采用的国家外汇牌价。

c. 对项目的外部效果尽可能货币量化计算。

② 具体调整方法。

调整直接效益流量、建设投资、建设期利息、经营费用、流动资金，成本费用中的其他科目一般可不进行调整；在以上各项调整的基础上编制项目经济费用效益流量表。

a. 调整直接效益流量。

项目的直接效益大多为营业收入。选择适当的方法确定产出物影子价格，用影子价格计算营业收入，编制营业收入调整估算表。（注意：出口产品用影子汇率计算外汇价值。）

某些类型项目的直接效益比较复杂，而且在财务效益中可能未得到反映，可视具体情况采用不同方式分别估算：

• 交通运输项目的直接效益体现为时间节约的效果，还可能有运输成本节约的效益、运输质量提高的效益等，应结合项目的具体情况计算。

• 教育项目、医疗卫生和卫生保健项目等的产出效果表现为对人力资本、生命延续或疾病预防等方面的影响，应结合项目的具体情况计算。

• 水利枢纽项目的直接效益体现为防洪效益、减淤效益和发电效益等，可按照行业规定和项目具体情况分别估算。

b. 调整建设投资。

将建设投资中涨价预备费作为转移支付从费用流量中剔除，建设投资中的劳动力按影子工资计算费用，土地费用按土地的影子价格调整，其他投入可根据情况决定是否调整。有进口用汇的应按影子汇率换算并剔除作为转移支付的进口关税和进口环节增值税。

c. 调整建设期利息。

国内借款的建设期利息不作为费用流量，来自国外的外汇贷款利息需按影子汇率换算，用于计算国外资金流量。

d. 调整经营费用。

对需要采用影子价格的投入物，用影子价格重新计算；对一般投资项目，人工工资可不予调整，即取影子工资换算系数为 1；人工工资用外币计算的，应按影子汇率调整；对经营费用中的除原材料和燃料动力费用之外的其余费用，通常可不予直接调整。但有时由于取费基数的变化引也会引起其经济数值与财务数值略有不同。

e. 调整流动资金。

若财务评价中流动资金是采用扩大指标法估算的，则国民经济评价中计算基数应调整为以影子价格计算的营业收入或经营费用再乘以相应的系数。

若财务评价中流动资金是按分项详细估算法估算的，则国民经济评价中要用影子价格重新分项估算，并将流动资产和流动负债中包括的现金、应收账款和应付账款等剔除。

6.3　国民经济评价参数

国民经济评价参数是指在工程项目国民经济评价中为计算费用和效益、衡量技术经济指标而使用的一些参数。国民经济评价参数有两类：一类是通用参数，如社会折现率、影子汇率、影子工资等，由专门的机构组织测算和发布；另一类是各种货物、服务、劳动力、土地、自然资源等影子价格，需要由项目评价人员自行测算。

国民经济评价参数包括计算、衡量项目的经济费用效益的各类计算参数和判定项目经济合理性的判据参数。

国家行政主管部门统一测定并发布的社会折现率和影子汇率换算系数等在各类建设项目的国民经济评价中必须采用，影子工资换算系数和土地影子价格等在各类建设项目的国民经济评价中可参考选用。

6.3.1　通用参数

1. 社会折现率

（1）社会折现率的含义。

社会折现率反映的是社会成员对社会费用效益价值的时间偏好，即对社会的现在价值与未来价值之间的权衡。社会折现率又代表着社会投资所要求的最低动态收益率。

社会折现率是国民经济评价的重要通用参数，既用做经济内部收益率的判别基准，也用做计算经济净现值的折现率。

（2）社会折现率的取值。

社会折现率根据影响社会经济发展的多种因素综合测定，由专门机构统一测算发布。它是对社会经济发展目标、发展战略、发展优先顺序、发展水平、宏观调控意图、社会成员的费用效益时间偏好、社会投资收益水平、资金供求状况、资金机会成本等因素进行综合分析的结果。我国目前的社会折现率一般取值为 8%。对于永久性工程或者受益期超长的项目，例如水利设施等大型基础设施和具有长远环境保护效益的建设项目，社会折现率可适当降低，但不应低于 6%。

（3）社会折现率对经济的影响。

① 社会折现率可用于间接调控投资规模。社会折现率的取值高低直接影响项目经济合理性判断的结果，因此可以作为国家建设投资总规模的间接调控参数，需要缩小投资规模时，就提高社会折现率；需要扩大投资规模时，可降低社会折现率。

② 社会折现率的取值高低会影响项目的选优和方案的比选。社会折现率较高，则较不利于初始投资大而后期费用节省或收益增大的方案或项目；而社会折现率较低时，情况正好相反。

2. 影子汇率

（1）影子汇率的含义。

影子汇率是指能正确反映外汇真实价值的汇率，即外汇的影子价格。

（2）影子汇率的计算。

在国民经济评价中，影子汇率通过影子汇率换算系数计算。影子汇率换算系数是影子汇率与国家外汇牌价的比值，由国家统一测定和发布。根据我国外汇收支、进出口结构、进出口环节税费及出口退税补贴等情况，目前我国的影子汇率换算系数取值为1.08。

影子汇率的取值对于项目决策有着重要的影响。对于那些主要产出物是可外贸货物的建设项目，由于产品的影子价格要以产品的口岸价为基础计算，因此外汇的影子价格高低直接影响项目收益的高低，进而影响对项目效益的判断。

影子汇率换算系数越高，外汇的影子价格越高，产品是可外贸货物的项目效益就越高，评价结论就会有利于出口方案。同时，外汇的影子价格较高会导致项目引进投入物的方案费用较高，因此评价结论会不利于引进方案。

3. 影子工资

（1）影子工资的含义。

影子工资是指建设项目使用劳动力、耗费劳动力资源而使社会付出的代价。

（2）影子工资的计算。

影子工资一般是通过影子工资换算系数计算。影子工资换算系数是影子工资与财务评价中劳动力的工资之比。

技术性工作的劳动力工资报酬一般由市场供求决定，影子工资换算系数一般取值为1，即影子工资可等同于财务评价中使用的工资。根据我国非技术劳动力就业状况，非技术劳动力的影子工资换算系数为0.25 ~ 0.8，具体可根据当地的非技术劳动力供求状况确定。非技术劳动力较为富余的地区可取较低值，不太富余的地区可取较高值，中间状况可取0.5。

6.3.2 影子价格的确定

影子价格是进行项目国民经济评价专用的计算价格，是能够真实反映项目投入物和产出物真实经济价值的计算价格。影子价格是以国民经济评价的定价原则来测定的，可以反映的信息包括项目的产出物和投入物的真实经济价值、市场供求关系、资源稀缺程度、资源合理配置的要求等。

影子价格的确定，首先要确定以下四大类别，然后再根据投入物和产出物对国民经济的影响分别处理：

（1）市场定价货物；

（2）非市场定价货物；

（3）政府调控价格货物；

（4）特殊投入物。

根据货物的可外贸性，将货物分为可外贸货物和非外贸货物；根据货物价格机制的不同，将货物分为市场定价货物和非市场定价货物。可外贸货物通常属于市场定价货物；非外贸货物既有市场定价货物也有非市场定价货物。

土地、劳动力和自然资源由于其特殊性，将他们归并为特殊投入物。

1. 市场定价货物的影子价格

（1）可外贸货物影子价格。

在实践中，可以只对项目投入物中直接进口的和产出物中直接出口的货物采取进出口价格测定影子价格，其他情况仍按国内市场价格定价。

直接出口产出物的影子价格（出厂价）= 离岸价（FOB）× 影子汇率 − 出口费用

直接进口投入物的影子价格（到厂价）= 到岸价（CIF）× 影子汇率 + 进口费用

式中：离岸价（FOB）——出口货物运抵我国出口口岸交货的价格；

到岸价（CIF）——进口货物运抵我国进口口岸交货的价格，包括货物进口的货价、运抵我国口岸之前所发生的境外运费或保险费；

进口或出口费用——货物在进出口环节在国内所发生的所有相关费用，包括运输费用、储运、装卸、运输保险等各种费用支出及物流环节的各种损失、损耗等。

（2）非外贸货物影子价格。

① 价格完全取决于市场且不直接进出口的项目投入物和产出物，按照非外贸货物定价，其国内市场价格为确定影子价格的基础，按下式计算：

产出物的影子价格（出厂价）= 市场价格 − 国内运杂费

投入物的影子价格（到厂价）= 市场价格 + 国内运杂费

② 投入物和产出物的影子价格分别按是否含增值税进项税额和增值税销项税额，根据货物的供求情况采取不同的处理方式。

③ 如果项目产出物或投入物数量大到影响其市场价格，导致“有项目”和“无项目”两种情况价格不一致的，可取两者的平均值作为确定影子价格的基础。

2. 非市场定价货物的影子价格

不具备市场价格的产出效果的影子价格，遵循消费者支付意愿和（或）接受补偿意愿的原则测算其影子价格。

3. 政府调控价格货物的影子价格

政府调控价格有政府定价、指导价、最高限价、最低限价等，它们不能完全反映其真实的经济价值。

国家主要调控价格的产品有电价、铁路运输、水价等。这类产品在进行国民经济评价时，就需要采取特殊的方法，如成本分解法、消费者支付意愿和机会成本。

（1）成本分解法：这是确定非外贸货物影子价格的一个重要方法。它对某种货物的成本进行分解并用影子价格进行调整换算。分解成本是某种货物的制造生产所需耗费的全部社会资源的价值，包括各种物料投入和人工、土地投入以及资本投入所应分摊的机会成本费用。

（2）消费者支付意愿：消费者为获得某种商品或服务所愿意付出的价格。

（3）机会成本：用于拟建项目的某种资源若改用于其他替代机会，在所有其他替代机会中所能获得的最大效益。

① 电价：作为投入物时，按成本分解法测定，电力过剩的地区，可以按电力生产的边际成本分解定价；作为产出物时，按电力为当地经济所做的边际贡献计算。

② 铁路运输：作为投入物时，一般按完全成本分解定价，在铁路运输能力过剩的地区按边际成本分解定价，在铁路运输紧张地区按支付意愿定价；作为产出物时，按替代运输成本的节约、诱发运输量的支付意愿等测算。

③ 水价：作为投入物时，按后备水源的成本分解定价，或按照恢复水功能的成本定价；

作为产出物时，按消费者支付意愿或者消费者承受能力加政府补贴确定。

4. 特殊投入物影子价格

特殊投入物影子价格的确定包括劳动力、土地、自然资源。影子价格需要采用特定的方法来确定。

（1）劳动力的影子价格——影子工资。

影子工资是指由于项目在实施和运营中投入了劳动力，社会为此付出的代价，包括劳动力的机会成本和劳动力转移而引起的新增资源消耗。

劳动力的机会成本是拟建项目占用的人力资源由于在本项目使用而不能用于其他地方或是享受闲暇时间因而被迫放弃的价值。劳动力的机会成本是影子工资的重要组成部分，这与劳动力的技术熟练程度和供求状况有关。一般来说，技术熟练程度越高，劳动力越稀缺，机会成本就越高。

（2）土地的影子价格。

根据土地用途的机会成本原则或消费者支付意愿原则计算影子价格。

① 生产性用地：主要指农业、林业、牧业、渔业及其他生产性用地，按照这些生产用地未来可以提供的产出物的效益及因改变土地用途而发生的新增资源消耗进行计算：

土地的经济成本（影子价格）= 土地机会成本 + 新增资源消耗

土地的机会成本：应按照社会对这些生产用地未来可以提供的消费产品的支付意愿价格进行分析计算，一般按照项目占用土地在“无项目”情况下的“最佳可行替代用途”的生产性产出净效益现值进行计算。

新增资源消耗：应按照在“有项目”情况下土地的征用造成原有地的附属物财产的损失及其他资源耗费来计算，主要包括拆迁补偿、农民安置补助费等。土地平整等开发成本应计入工程建设成本中，在土地经济成本估算中不再重复计算。

② 非生产性用地：如住宅、休闲用地等，应按照支付意愿的原则，根据市场交易价格测算其影子价格。

（3）自然资源的影子价格。

自然资源包括土地资源、森林资源、矿产资源和水资源等。经济费用效益分析中，项目的建设和运营需要投入的自然资源是项目投入物替代方案的成本，因此其影子价格是通过对这些资源资产用于其他用途的机会成本等进行分析测算得到的。

5. 几种特殊产出效果的计算

（1）人力资本和生命价值的估算。

应根据项目的具体情况，测算人力资本增值的价值、可能引起的死亡增加或减少的价值，以及对健康影响的价值，并将量化结果纳入项目经济费用效益分析的框架之中。

① 对于教育项目，在劳动力市场发育成熟的情况下，其价值应根据“有项目”和“无项目”两种情况下的税前工资率的差别进行估算；

② 对于医疗卫生项目，根据社会成员为避免残废而愿意支付的价格进行计算。在缺乏人们对生命的支付意愿的资料时，可通过人力资本法，即分析人员死亡所带来的为社会创造收入的减少来评价死亡引起的损失，以测算生命的价值，或者通过分析不同工种的工资差别来测算人们对生命价值的支付意愿；

③ 对于卫生保健项目，一般应通过分析疾病发病率同项目影响之间的关系，测算发病率的变化所导致的收入损失，看病、住院、医药等医疗成本及其他各种相关指标的变化，避免疾病而获得健康生活所愿意付出的代价等测算其经济价值。

（2）时间节约价值的估算。

① 出行时间节约的价值。

a. 如果所节约的时间用于工作,时间节约的价值应为将节约的时间用于工作所带来的产出增加的价值，此时通过对企业负担的所得税前工资、保险、退休金及有关的其他劳动成本综合分析计算其时间节约价值；

b. 如果所节约的时间用于闲暇，应从受益者个人的角度综合考虑个人家庭情况、收入水平、对闲暇的偏好等因素，采用意愿调查评估的方法进行估算。

② 货物时间节约的价值应根据不同货物对时间的敏感程度测算其时间节约价值。

6.4　国民经济评价中的费用效果分析

当项目效果不能或难于货币量化时，或货币量化的效果不是项目目标的主体时，在国民经济评价中可采用费用效果分析方法，其结论也可作为项目投资决策的依据。费用效果分析既可以用于财务评价，也可以用于国民经济评价。用于财务评价时，采用财务现金流量计算，主要用于项目各个环节的方案比选、项目总体方案的初步筛选；用于国民经济评价时，采用经济费用效益流量计算，除了方案比选以外，对于项目主体效益难以货币量化的，则取代经济费用效益分析，并以此作为国民经济评价的最终结论。

1. 费用效果分析概述

费用效果分析是通过对项目预期效果和所支付费用的比较，判断项目费用的有效性和项目经济合理性的分析方法。

费用效果中的费用是指为实现项目预定的目标所付出的代价，采用货币计量；效果是指项目引起的效应或效能，表示项目目标的实现程度。

2. 费用效果分析的应用条件

费用效果分析应遵循多方案比选的原则，使所分析的项目满足下列条件：

（1）备选方案不少于两个，且为互斥方案或可转化为互斥方案的方案；

（2）备选方案应该有共同的目标；

（3）备选方案的费用应该能货币化，并采用同一计量单位，且资金用量未突破资金限额；

（4）效果采用同一非货币计量单位衡量，如果有多个效果，其指标应进行加权处理形成单一综合指标；

（5）备选方案应具有可比的寿命周期。

3. 费用效果分析的基本程序

（1）确立项目目标，并将其转化为可量化的效果指标；

（2）构想和建立可以完成任务（达到效果）的方案；

（3）识别费用与效果要素，并估算各个备选方案的费用与效果；

（4）利用相关指标，综合比较、分析各方案的优缺点；
（5）推荐最佳方案或提出优先采用的次序。

4. 费用估算要点

（1）费用应包括整个计算期内发生的全部费用；
（2）费用可采用现值或年值表示，备选方案计算期不一致时应采用年值。

5. 费用效果分析的基本指标

（1）费用效果分析的基本指标是效果费用比（$R_{E/C}$），即单位费用所达到的效果：

$$R_{E/C}=E/C$$

式中：$R_{E/C}$——效果费用比；
E——项目效果；
C——项目费用。

（2）习惯上也可以采用费用效果比（$R_{C/E}$），即单位效果所花费的费用：

$$R_{C/E}=C/E$$

6. 费用效果分析的基本方法

（1）最小费用法。

最小费用法也称固定效果法，它要求当项目目标是明确固定的即效果相同时，选择满足效果的费用最小的方案。

（2）最大效果法。

最大效果法也称固定费用法，它是将费用固定而追求效果最大化的方法。

（3）增量分析法。

当备选方案效果和费用都不固定时，应分析两个方案的费用差额和效果差额，分析获得增量效果所花费的增量费用是否值得，不可盲目选择效果费用比大或费用效果比小的方案。

采用增量分析法时，需事先确定基准指标，例如$[E/C]_0$或$[C/E]_0$（也称截止指标）。若$\Delta E/\Delta C \geqslant [E/C]_0$或$\Delta C/\Delta E \leqslant [C/E]_0$，可选择费用高的方案，否则选费用低的方案。

如果有两个以上的方案，增量分析比选步骤如下：

① 将方案费用从小到大排序；
② 从费用最小的两个方案开始，通过增量分析法进行比较；
③ 将优胜方案和下一个紧邻方案进行增量比较，选出新的优胜方案；
④ 重复第三步，直到最后一个方案，最终被选定的方案为最优方案。

思考题与习题

1. 什么是工程项目的国民经济评价？它与财务评价有何异同？
2. 国民经济评价中费用与效益的识别原则是什么？
3. 什么是转移支付？常见的转移支付有哪些？

4. 在国民经济评价中采用的经济参数主要有哪些？

5. 什么是影子价格？在国民经济评价中为什么要采用影子价格来度量工程项目的费用与效益？

6. 什么是土地的影子价格？它的组成部分包括什么？

7. 经济分析的指标主要有哪些？它们的判别标准各是什么？

8. 已知某出口产品的影子价格为 1 480 元/吨，国内的现行市场价格为 1 000 元/吨，试求该产品的价格换算系数。

9. 已知某项目产出物在距项目所在地最近的口岸的离岸价格为 50 美元/吨，影子汇率为 6.56 元/美元，项目所在地距口岸 200 公里，国内运费为 0.05 元/吨·公里，贸易费用率按离岸价格的 7%计算，试求该项目产出物出厂价的影子价格。

10. 某进口产品的国内现行市场价格为 1 000 元/吨，其价格换算系数为 2.2，国内运费和贸易费用为 100 元/吨，影子汇率为 6.56 元/美元，试求该进口产品的到岸价格。

11. 国家提出要建设一个针对地质灾害的防灾预警系统，以减少灾害损失。共有三个互斥的建设方案，寿命期均为 20 年。根据统计资料分析及专家论证，如果不建造该预警系统，预期未来每年灾害经济损失为 120 亿元；如果建造该防灾预警系统，除需要初始投资外，每年还需要支付系统维护费用，但可降低每年预期灾害损失。各方案的初始投资、每年运营维护费用及预期年损失等资料见表 6.3。设定基准收益率为 8%。请利用效益费用分析法判断哪些方案不可行，哪些方案可行，并请从中选择出一个最优方案。

表 6.3　各方案投资、费用及预期损失　　亿元

方案	初始投资	年运营维护费用	预期年损失
1	120	12	70
2	210	20	90
3	250	30	30

第 7 章　不确定性分析与风险分析

【本章导读】

项目投资决策是面向未来的，而且项目经济评价所采用的数据大多来自预测和估算，因此具有一定的不确定性。为分析不确定性因素变化对评价指标的影响，估计项目可能承担的风险，应进行不确定性分析与风险分析，提出项目风险的预警、预报和相应的对策，为投资决策服务。

本章的主要内容包括盈亏平衡分析、敏感性分析和风险分析等。

不确定性与风险广泛存在于社会经济生活之中，建设项目投资决策也不例外。尽管在建设项目投资决策过程中已经对项目技术和工程方案、融资方案、产品市场等做了详细的预测、分析和研究，但由于人们对未来事物认识的局限性、可获信息的有限性以及未来事物本身的不确定性，可能使一个建设项目在实施后的实际情况与预期目标存在差异，导致项目出现不利后果。而通过不确定性分析与风险分析，发现潜在的不确定性和风险因素，可以事先拟订有效措施，合理规避风险，从而提高项目决策的可靠性和科学性。

7.1　概　述

7.1.1　不确定性与风险的概念

1. 不确定性（Uncertainty）

不确定性是指某一事件在未来可能发生，也可能不发生，其发生的时间、结果的概率未知。不确定性是与确定性（Certainty）相对的一个概念。确定性是指某一事件在未来一定发生或一定不会发生，其结果是已知的、唯一确定的。

2. 风险（Risk）

风险是指未来发生不利事件的概率或可能性。我国《建设项目经济评价方法与参数（第三版）》也采用了这个定义。这样定义的风险可视为是狭义的风险，它仅强调风险是有害的和不利的，将给项目带来威胁。

但目前国际上越来越倾向于认可广义的风险，即认为风险是中性的，就是说风险也可能是有利的，可能给项目带来机会。广义的风险可定义为：未来变化偏离预期的可能性及其对目标影响的大小。国际标准化组织（ISO）采取的就是类似广义风险的定义，ISO 对风险的定义是：某一事件发生的概率及其后果的组合。

作为工程经济学这门课而言，我们采用的是狭义风险的概念。

3. 不确定性与风险的关系

美国经济学家 Frank Knight 首先将不确定性与风险区分开来，认为风险是介于确定性与不确定性之间的一种状态。风险的概率是已知的，而不确定性的概率是未知的，进而产生了基于概率的风险分析和未知概率的不确定性分析两种分析方法。

不确定性与风险的区别表现在以下几个方面：

（1）概率可获得性。风险的发生概率是可知的，或是可以测定的，不确定性发生的概率是无法测定的，这是不确定性与风险最主要的区别。

（2）可否量化。风险是可以量化的，其发生的概率通过努力是可以知道的，而不确定性则是不可以量化的。所以，风险分析可以采用概率分析方法，而不确定性分析只能进行假设分析。

（3）可否保险。由于风险的发生概率已知，所以保险公司可以在计算保险收益的基础上推出相应保险产品对风险进行保险，而不确定性是不可以保险的。

（4）影响大小。不确定性代表不可知事件，因而有更大的影响；而风险发生概率可以量化，所以可事先采取防范措施降低其影响。

7.1.2 不确定性分析与风险分析的概念

1. 不确定性分析

不确定性分析是通过对项目具有较大影响的不确定性因素进行分析，计算不确定性因素的增减变化对项目效益的影响，找出最敏感的因素及其临界点的过程。

不确定性分析一般包括盈亏平衡分析和敏感性分析。

2. 风险分析

风险分析是通过对风险因素的识别，采用定性或定量分析方法估计各风险因素发生的可能性及对项目的影响程度，找出关键风险因素，提出项目风险的预警、预报及相应对策的过程。风险分析包括风险识别、风险估计、风险评价及风险应对等分析过程。

一般来说，盈亏平衡分析只适用于财务评价，敏感性分析和风险分析则可同时用于财务评价和国民经济评价。

3. 不确定性分析与风险分析的联系

显然，不确定性分析与风险分析是有区别的，但二者之间也存在着一定的联系。

它们之间的联系表现在：通过不确定性分析可以找出影响项目效益的敏感因素，确定其敏感程度，但仅有不确定性分析并不能知道这种不确定性因素发生的可能性及影响程度，这就需要借助于风险分析；同时，不确定性分析找出的敏感因素又可以作为风险分析中风险因素识别和风险估计的依据。

7.2 盈亏平衡分析

项目经济效果会受到许多因素的影响，如产品售价、产品成本、产品产销量等。当这些因素发生变化达到某一临界点时，就会导致项目由盈利变为亏损，或是由亏损变为盈利，这种临界点就是盈亏平衡点（Break-Even Point，BEP）。盈亏平衡点是项目盈利与亏损的转折点，在这一点上，收入刚好等于总成本费用，正好盈亏平衡。显然，盈亏平衡点越低，项目盈利的可能性越大，抗风险能力就越强。

7.2.1 盈亏平衡分析的概念

盈亏平衡分析是根据达到设计生产能力时的成本费用及收入等数据，通过计算盈亏平衡点，分析项目成本与收入的平衡关系，用以考察项目抗风险能力的一种方法。盈亏平衡分析是通过对产品产销量、成本、利润相互关系的分析来判断项目适应市场变化的能力，所以又称为量本利分析。

工程实践中，也可利用盈亏平衡分析的思想和方法进行工程方案的选择。当互斥方案的选择取决于某一共同的敏感因素的大小时，使方案选择发生改变的点，我们也把它称为盈亏平衡点，当然称为“临界点”会更恰当一些。

盈亏平衡分析分为线性盈亏平衡分析和非线性盈亏平衡分析。当项目收益和成本都是产销量的线性函数时，称为线性盈亏平衡分析；否则称为非线性盈亏平衡分析。

7.2.2 线性盈亏平衡分析

1. 线性盈亏平衡分析的前提条件

进行线性盈亏平衡分析有以下四个假设条件：

（1）生产量等于销售量，即当年生产的产品当年能够全部销售出去，没有积压库存；

（2）产品销售单价不随产量变化而变化，从而使收入与销售量成线性关系；

（3）单位可变成本不随产量变化而变化，从而总成本费用是产量的线性函数；

（4）项目只生产一种产品，或虽然生产几种产品但可换算为单一产品计算，即不同产品负荷率的变化总是一致的。

2. 线性盈亏平衡分析的方法

设年固定成本为 C_F，单位可变成本为 C_V，产销量为 Q，产品销售单价为 p，单位产品营业税金及附加为 t。

则年总收入（扣除销售税金及附加）为：

$$pQ - tQ = (p - t)Q$$

年总成本费用为：

$$C_F + C_V Q$$

年利润为：

$$B = (p - t)Q - (C_F + C_V Q) \tag{7.1}$$

因此，线性盈亏平衡分析方程为：

$$B = 0$$

即 $$(p-t)Q-(C_F+C_VQ)=0 \tag{7.2}$$

由图 7.1（线性盈亏平衡分析图）可知，总收入与总成本相交的点就是盈亏平衡点，就是亏损与盈利的分界点，该点对应的产量即为以产量表示的盈亏平衡点。图中 Q_d 为项目设计年生产能力。

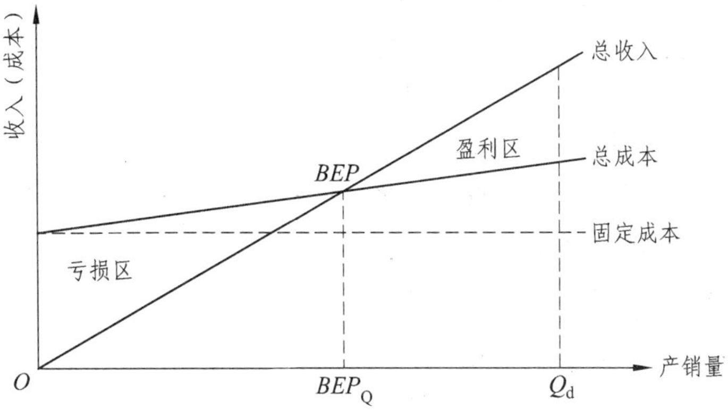

图 7.1　线性盈亏平衡分析图

由式（7.2）可以得到以产量表示的盈亏平衡点 BEP_Q 为：

$$BEP_Q=\frac{\text{固定成本}}{\text{产品销售单价}-\text{单位可变成本}-\text{单位产品营业税金及附加}}$$

即以产量表示的盈亏平衡点为：

$$BEP_Q=\frac{C_F}{p-C_V-t} \tag{7.3}$$

当采用含增值税的价格时，式中分母还要扣除增值税。

盈亏平衡点也可用生产能力利用率、产品销售单价、销售收入等表示。

以生产能力利用率表示的盈亏平衡点为：

$$BEP_{\%}=\frac{BEP_Q}{Q_d}\times100\%=\frac{C_F}{Q_d(p-C_V-t)}\times100\% \tag{7.4}$$

一般以生产能力利用率表示的盈亏平衡点不应大于 75%。

以产品销售单价表示的盈亏平衡点为：

$$BEP_p=\frac{C_F}{Q}+C_V+t \tag{7.5}$$

以销售收入表示的盈亏平衡点为：

$$BEP_R=p\times BEP_Q=p\left(\frac{C_F}{p-C_V-t}\right) \tag{7.6}$$

【例 7.1】　某新建工业项目正常年份的设计生产能力为 200 万件，年固定成本为 8 400 万元，每件产品销售价预计 900 元，营业税金及附加为 54 元，单位产品的可变成本为 700 元。试求项目盈亏平衡时的产销量和生产能力利用率、正常生产年份的最大盈利、企业欲获年利润 3 000 万元的产销量应为多少？并从盈亏平衡分析角度分析项目的可行性。

解：（1）项目盈亏平衡时的产销量为：

$$BEP_Q=\frac{C_F}{p-C_V-t}=\frac{8\,400}{900-700-54}=57.53\text{（万件）}$$

（2）项目盈亏平衡时的生产能力利用率为：

$$BEP_{\%}=\frac{BEP_Q}{Q_d}\times100\%=\frac{57.53}{200}\times100\%=28.77\%$$

（3）项目正常生产年份的最大盈利为：

$$(p-t)Q_d-(C_F+C_VQ_d)=(900-54)\times200-(8\,400+700\times200)=20\,800\text{（万元）}$$

（4）企业欲获年利润 3 000 万元的产销量：

由 $$(p-t)Q-(C_F+C_VQ)=3\,000$$

得 $$Q=\frac{C_F+3\,000}{p-C_V-t}=\frac{8\,400+3\,000}{900-700-54}=78.08\text{万件}$$

（5）从盈亏平衡分析角度分析项目的可行性：

由上述计算结果可知，只要达到设计生产能力的 28.77%，即可达到盈亏平衡，远低于 75%的标准，所以项目的盈利能力和抗风险能力均较强。从盈亏平衡分析角度看，项目是可行的。

7.2.3 非线性盈亏平衡分析

线性盈亏平衡分析方法简单，但这种方法有其局限性。因为现实中成本和收入与产销量的关系很可能不是线性的，而是呈非线性关系。在这种情况下进行的盈亏平衡分析称为非线性盈亏平衡分析。

非线性盈亏平衡分析的原理与线性盈亏平衡分析相同，只是其盈亏平衡点可能不止一个，如图 7.2 所示。

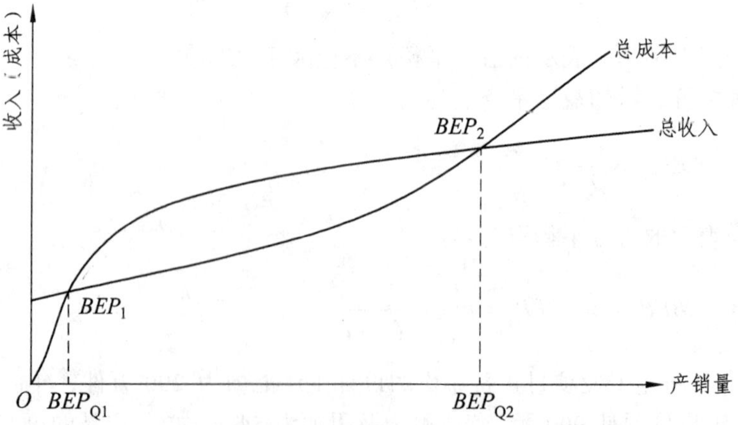

图 7.2 非线性盈亏平衡分析图

【例 7.2】　已知某拟建项目，其产品的总收入函数和总成本函数分别为 $60Q-0.02Q^2$ 和 $30\,000+20Q-0.01Q^2$，试求其盈亏平衡产量和利润最大时的产销量。

解：由盈亏平衡概念知，令总收入等于总成本，列出方程：

$$60Q-0.02Q^2=30\,000+20Q-0.01Q^2$$

可求解得盈亏平衡产量为：

$$BEP_{Q1}=1\,000\text{（单位）};\qquad BEP_{Q2}=3\,000\text{（单位）}$$

而利润函数为：

$$B=(60Q-0.02Q^2)-(30\,000+20Q-0.01Q^2)$$

令

$$\frac{\partial B}{\partial Q}=40-0.02Q=0$$

可得利润最大时的产销量为：$Q=2\,000$（单位）

7.2.4　基于盈亏平衡分析的互斥方案比选

在工程实践中，经常需要对不同的工程方案加以取舍。若有某个共同的不确定性因素影响互斥方案的取舍时，可借助于盈亏平衡概念，先求出两方案的盈亏平衡点，再根据盈亏平衡点进行方案的取舍。

【例 7.3】　已知某工程项目施工时有两种机械可供选择，A 机械的固定费用为 20 万元，可变费用为 300 元/m^3，B 机械的固定费用为 28 万元，可变费用为 250 元/m^3，则工程量为多大时应当选择 A 机械？

解：设工程量为 Q，则 A、B 机械的总费用分别为：

$$C_A=300Q+200\,000;\quad C_B=250Q+280\,000$$

令 $C_A=C_B$ 求得 $Q=1\,600\ m^3$。

以横轴表示工程量，纵轴表示成本费用，绘出盈亏平衡分析图，如图 7.3 所示。

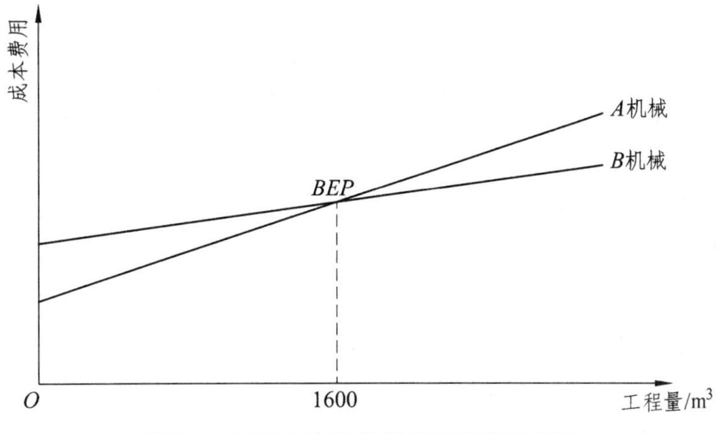

图 7.3　工程方案选择的盈亏平衡分析图

从图 7.3 中可以看出，当工程量小于 1 600 m^3 时，选用 A 机械更有利；当工程量大于 1 600 m^3 时，选用 B 机械成本更低；若工程量等于 1 600 m^3 时，选用 A 机械和 B 机械效果一样。

7.3 敏感性分析

7.3.1 敏感性分析的概念与内容

1. 敏感性分析的概念

敏感性分析（Sensitivity Analysis）是指通过分析不确定性因素发生增减变化对项目经济效果指标的影响，计算敏感度系数和临界点，从而找出敏感因素的一种不确定性分析方法。

敏感性分析是项目经济评价中应用十分广泛的一种技术。它通过考察项目涉及的各种不确定性因素对项目经济评价指标的影响，找出敏感因素，估计项目效益对它们的敏感程度，从而粗略预测项目可能存在的风险，为进一步的风险分析打下基础。

2. 敏感性分析的内容

建设项目在其建设和经营过程中，包括项目投资、建设工期、产销量、产品价格等在内的诸多因素都会由于环境的变化而变化，从而与项目经济评价时对其所作的预测产生一定的偏差，这些偏差的存在将对项目经济评价指标产生一定的影响。其中一些因素发生较小的变化都会引起评价指标较大的变动，这类因素即为所谓的敏感性因素。

根据进行敏感性分析时改变的因素个数的不同，敏感性分析分为单因素敏感性分析和多因素敏感性分析。单因素敏感性分析是指每次只改变一个因素的数值来进行分析，估算单个因素的变化对项目效益的影响；多因素敏感性分析是指每次改变两个或两个以上因素的数值来进行分析，估算多因素同时变化对项目效益的影响。

为了找出关键的敏感性因素，在我国通常只进行单因素敏感性分析。所以，下面我们只介绍单因素敏感性分析。对多因素敏感性分析请自行参阅其他文献。

7.3.2 敏感性分析的方法与步骤

1. 选取需要分析的不确定性因素

影响项目经济效果的不确定性因素很多，但没有必要对每个不确定性因素都进行敏感性分析。通常根据行业和项目特点，参考类似项目经验选择对项目效益影响较大且重要的不确定因素进行分析。

常用的敏感性分析因素包括建设投资、产出物价格、主要投入物价格或可变成本、生产负荷、建设工期以及外汇汇率等。

2. 确定不确定性因素的变化程度

为方便绘制敏感性分析图，敏感性分析需要同时考虑不确定性因素的不利变化和有利变化，但应当侧重分析不利变化对项目效益的影响。

确定不确定性因素的变化程度时，一般是选择不确定性因素的变化百分率为 ±5%、±10%、

±15%、±20%等。对于那些不便用百分数表示的因素，例如建设工期，可采用延长一段时间表示，如延长一年。

不确定性因素发生变化的百分率的取值并不重要，因为敏感性分析的目的并不在于考察项目在不确定性因素发生某个具体的百分数变化下效益变化的具体数值，而只是借助它进一步计算敏感性分析指标，包括敏感度系数和临界点。

3. 选取分析评价指标

建设项目经济评价有一整套评价指标体系，敏感性分析可选定其中一个或几个主要指标进行分析。最基本的分析指标是内部收益率，根据项目实际情况也可选择净现值或投资回收期等评价指标。

通常，财务评价的敏感性分析中必选的分析指标是项目投资财务内部收益率；国民经济评价中必选的分析指标是经济内部收益率或经济净现值。

4. 计算敏感性指标

敏感性指标（Sensitivity Indicator）包括敏感度系数和临界点（Switch Value）。

（1）敏感度系数。

敏感度系数是指项目评价指标变化的百分率与不确定性因素变化的百分率之比。敏感度系数大，表明项目效益对该不确定性因素的敏感程度高。

敏感度系数计算公式为：

$$S_{AF}=\frac{\Delta A/A}{\Delta F/F} \tag{7.7}$$

式中：S_{AF}——评价指标 A 对于不确定性因素 F 的敏感度系数；

$\Delta F/F$——不确定性因素 F 的变化率；

$\Delta A/A$——不确定性因素 F 发生ΔF 变化时，评价指标 A 的相应变化率；

ΔF——不确定性因素 F 的变化量。

$S_{AF}>0$，表示评价指标与不确定性因素同方向变化；$S_{AF}<0$，表示评价指标与不确定性因素反方向变化。$|S_{AF}|$较大者敏感程度高。

（2）临界点。

临界点又称为转换值，它是指不确定性因素的变化使项目由可行变为不可行的临界数值。临界点一般用不确定性因素相对基本方案的变化率表示，如果以内部收益率为分析评价指标，临界点就是该不确定性因素使内部收益率等于基准收益率时的变化率；如果以净现值为分析评价指标，临界点就是该不确定性因素使净现值等于零时的变化率。当该不确定性因素为费用科目时，临界点是其增加的百分率；当该不确定性因素为效益科目时，临界点是其降低的百分率。临界点也可用不确定性因素相对基本方案的变化率对应的具体数值表示。当不确定性因素的变化超过了临界点所表示的不确定性因素的极限变化时，项目将由可行变为不可行。

临界点是不确定因素的极限变化，其高低与设定的基准收益率有关。对同一个项目，基准收益率越高，临界点就越低。在一定的基准收益率下，临界点越低，说明该不确定性因素对项目经济评价指标的影响越大，项目对该因素就越敏感。

对于临界点的解，可以通过敏感性分析图求得其近似值，但由于项目经济评价指标的变化与不确定性因素变化之间不都是直线关系，有时误差较大，因此最好采用试算法或函数求解。

5. 敏感性分析结果表达

敏感性分析结果可以通过编制敏感度分析表和绘制敏感性分析图予以表达。

（1）编制敏感度分析表。

将敏感性分析的结果汇总于敏感性分析表。敏感性分析表中的要素包括基本方案的指标数值、不确定性因素及其变化幅度，以及不确定性因素变化后项目经济评价指标的计算数值。

此外，还要编制各不确定性因素的敏感度系数与临界点分析表，它们也可与敏感性分析表合并成一张表。

（2）绘制敏感性分析图。

敏感性分析图根据敏感性分析表的相关数值绘制。图中，横轴表示不确定性因素变化率，纵轴表示项目分析评价指标。每个不确定性因素对应一条曲线，该曲线代表了该不确定性因素变动对应的分析评价指标的变化。

6. 敏感性分析结果运用

（1）结合敏感度系数和临界点的计算结果，按不确定性因素的敏感程度进行排序，找出最敏感的因素。敏感度系数越大或临界点越低，则该不确定性因素越敏感。

（2）当不确定性因素的敏感程度很高时，应进一步通过风险分析来判断其发生的可能性及其对项目的影响程度。

（3）对不进行风险分析的项目，应根据敏感性分析结果，提出相应减轻不确定性因素影响的对策措施，并提请有关各方注意可能存在的风险。

【例 7.4】 已知某项目计划投资 1 300 万元，期初一次性投入，当年建成并投产，项目寿命期 6 年，基准收益率 8%，预计年营业收入 680 万元，年经营成本 350 万元，期末残值为 100 万元，试就建设投资、年营业收入、年经营成本等因素对项目进行敏感性分析。

解： 选择内部收益率为分析评价指标。根据内部收益率的计算公式可以计算出项目在初始条件（基本方案）下的内部收益率为：$IRR = 10.38\%$。

由于 $IRR = 10.38\% > i_c = 8\%$，该项目是可行的。

下面计算建设投资、年营业收入、年经营成本等因素变化对内部收益率的影响，计算结果见表 7.1。

表 7.1 敏感性分析表

序号	不确定性因素	变化率	内部收益率	敏感度系数	临界点	临界值
	基本方案		10.38%			
1	建设投资	20%	3.81%	－3.16	6.62%	1 386
		10%	6.86%	－3.39		
		－10%	14.51%	－3.98		
		－20%	19.45%	－4.37		
2	年营业收入	20%	24.49%	6.80	－3.16%	658.5
		10%	17.61%	6.97		
		－10%	2.64%	7.46		
		－20%	－5.81%	7.80		
3	年经营成本	20%	2.41%	－3.84	6.14%	371.5
		10%	6.47%	－3.77		
		－10%	14.16%	－3.64		
		20%	17.82%	3.58		

本项目的敏感性分析图见图 7.4。

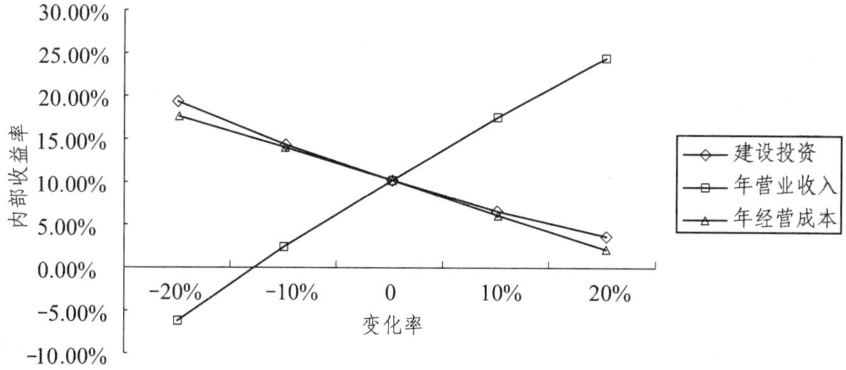

图 7.4　敏感性分析图

表 7.1 中，临界点表示不确定性因素变化的极限比率，临界值就是临界点对应的不确定性因素的数值。临界点为正，表示允许不确定性因素增加的比率；临界点为负，表示允许不确定性因素减少的比率。敏感度系数为正，表示经济评价指标（本题为内部收益率）的变化与不确定性因素的变化同向；敏感度系数为负，表示经济评价指标的变化与不确定性因素的变化反向。下面以建设投资增加 20%为例，说明表 7.1 中敏感度系数的计算。

$$S_{AF}=\frac{\Delta A/A}{\Delta F/F}=\frac{(3.81\%-10.38\%)/10.38\%}{20\%}=-3.16$$

由表 7.1 可知，本项目的内部收益率指标对年营业收入最敏感，其次是年经营成本和建设投资。

7.3.3　敏感性分析的不足之处

敏感性分析可以找出项目最敏感的不确定性因素，并估计其对项目经济效益的影响，但不能分析得到不确定性因素发生的可能性，这是敏感性分析的最大不足之处。

有些不太敏感的因素发生的机率很大，而敏感的因素可能发生的概率却很小，因此只知道风险的有无和风险大小是不够的，只有解决了风险发生的可能性问题，才能最终做出正确的决策，这就需要进行风险分析。

7.4　风险分析

7.4.1　风险分析基础

1. 风险的分类

风险可以从不同角度进行分类。

（1）纯风险和理论风险。

这是根据风险的性质进行的分类。纯风险是指只会造成损失而没有任何收益的可能的风险，如自然灾害导致财产损失；理论风险是指可能会带来损失，但也存在收益的可能性的风险，如参与条件恶劣工程的投标竞争。

（2）静态风险和动态风险。

这是按照风险与时间的关系进行的分类。静态风险是指社会经济处于稳定状态时的风险，如地震造成的损失；动态风险是指由于社会经济的变化而产生的风险，如城市规划的变化。

（3）主观风险和客观风险。

这是按照风险与行为人的关系划分的。主观风险是源于行为人的思维状态和对行为后果的看法的风险；主观风险提供了一种解释不同的人对相同的客观风险却有不同结论的方法，也告诉我们仅知道客观风险程度是不够的，还必须了解人对风险的态度。

（4）内部风险和外部风险。

这是按照风险的边界划分的。内部风险是指发生在风险事件主体组织内部的风险，如生产管理风险；外部风险是指发生在风险事件主体组织外部的、只能被动接受的风险，如政策风险、自然风险等。

（5）可保风险和不可保风险。

这是根据风险的可管理性划分的。可保风险是指可以通过购买保险等方式来控制其影响的风险；不可保风险是指不能通过保险方式来控制其影响的风险。

2. 投资项目的主要风险

（1）市场风险。

市场风险是指由于市场价格的不确定导致损失的可能性，主要表现在产品销路不畅、产品价格低迷等致使产销量和营业收入达不到预期目标。市场风险是大多数项目最直接、最主要的风险。

（2）技术风险。

技术风险是指由于对技术的适用性和可靠性认识不够，导致项目达不到设计生产能力、质量不达标或能耗消耗指标偏高等。

（3）政策风险。

政策风险主要是指国内外政治经济条件发生重大变化或政策调整，项目预定目标难以实现的可能性。国家或地方的各种政策，包括经济政策、技术政策、产业政策等，涉及税收、金融、环保、土地等政策的调整变化，都会对项目带来各种影响。

（4）组织管理风险。

组织管理风险是指由于项目管理模式不合理，项目内部组织不当、管理混乱或主要管理者能力不足等，导致项目投资增加、项目不能按期完工等造成损失的可能性。

（5）其他风险。

以上只是列举了项目可能存在的一些风险因素，但并未涵盖所有风险因素。其他风险如环境与社会风险、信用风险、责任风险等要根据具体项目情况予以分析。

3. 风险分析的程序

项目风险分析包括风险识别、风险估计、风险评价与风险应对四个基本阶段。这四个阶段实质上是从定性分析到定量分析，再到定性分析的过程。

项目经济评价中的风险分析应当遵循以下程序：首先识别风险因素；其次选择适当的方法估计风险发生的可能性及其影响；再次按照一定标准对风险程度进行评价；最后提出针对

性的风险应对对策。因此，风险分析的程序为：

（1）风险识别，即识别影响项目结果的各种不确定性因素。

（2）风险估计，估计风险的性质、风险发生的概率及其对项目影响的大小。

（3）风险评价，根据风险因素发生的可能性及其造成损失的大小进行项目风险分级排序。

（4）风险应对，在前几步的基础上，制定应对风险的策略和措施。

7.4.2　风险识别

风险识别是风险分析的基础。它是在对项目全面综合分析后，找出各种潜在的风险因素，并对各种风险进行比较、分类，确定各因素间的相关性与独立性，判断其发生的可能性及对项目的影响程度，按其重要性进行排序或赋予权重。

敏感性分析是初步识别风险因素的重要手段。

风险识别应根据项目特点选用适当的识别方法，常用的方法有问卷调查法、专家调查法和情景分析法等。在实际工作中，一般通过问卷调查法或专家调查法进行。

对于在敏感性分析基础上进行的风险分析，只需要分析敏感因素发生的可能性及对经济评价指标的影响程度，没必要再进行详细的风险识别。

7.4.3　风险估计

风险估计又称风险测定、测试、衡量和估算等。风险估计是在风险识别之后，通过定量分析方法测度风险发生的可能性及对项目的影响程度。

风险估计应采用主观概率和客观概率结合的统计方法，确定风险因素的概率分布，运用数理统计方法，计算项目评价指标相应的概率分布或累计概率、期望值、标准差等。

风险与概率密切相关，概率又分主观概率和客观概率。主观概率是人们基于所掌握的大量信息或长期经验的积累，对某一风险因素发生可能性的主观判断，并用介于 0 到 1 的数据来描述，主观概率绝非纯主观的随意猜想。客观概率是根据大量的实验数据，用统计方法计算出的某一风险因素发生的可能性。客观概率不以人的主观意志为转移，是一种客观存在的概率。在项目评价中很难计算出事件的客观概率，但决策又需要对概率做出估计，所以往往由专家或决策者做出主观概率估计。

风险估计的一个重要方面是确定风险事件的概率分布。概率分布函数给出的分布形式、期望值、方差、标准差等信息可用来判断项目的风险。确定风险事件概率分布的常用方法有概率树、蒙特卡罗模型（Monte-Carlo Simulation）及 CIM 模型（Controlled Interval and Memory Model）等分析方法，下面简要介绍一下概率树分析方法。

概率树分析是假定风险变量间是相互独立的，在构造概率树的基础上，将每个风险变量的各种状态取值进行组合，分别计算每种组合状态下的评价指标值及相应的概率，得到评价指标的概率分布，并统计出评价指标低于或高于基准值的累积概率，计算评价指标的期望值、方差、标准差和离散系数。

用概率树分析方法计算项目净现值的期望值和净现值大于或等于零的累积概率的计算步骤为：

（1）通过敏感性分析，确定风险变量；

（2）判断风险变量可能发生的各种情况，即其数值发生变化的几种情况；

（3）确定每种情况可能发生的概率，每种情况发生概率的和一定要等于 1；

（4）计算可能发生事件的净现值、加权净现值；

（5）求出净现值的期望值；

（6）求出净现值大于或等于零的累积概率。

【例 7.5】 已知某项目现金流量的估计值见表 7.2，其主要的风险变量是营业收入和成本费用（二者相互独立）。经调查，每个风险变量有三种状态，其概率分布见表 7.3。基准收益率 $i_c = 10\%$，试计算该项目净现值的期望值和净现值大于或等于零的累积概率，如果投资者是稳健型的，要求净现值大于或等于零的累积概率是 0.7，那该项目在经济上是否可行？

表 7.2 项目现金流量估计 万元

年 份	1	2	3～6
营业收入	800	6 800	8 800
成本费用	6 000	3 600	5 200
净现金流量	−5 200	3 200	3 600

表 7.3 主要风险变量及其概率

风险变量 \ 变化率	−20%	0	+20%
营业收入	0.3	0.5	0.2
成本费用	0.2	0.4	0.4

解： 由于每个变量有三种状态，共组成 9 个组合，见图 7.5 中的 9 个分支。矩形框内的数字表示各种状态发生的概率，如第一个分支表示营业收入和成本费用同时增加 20%的情况，以下称其为状态 1。

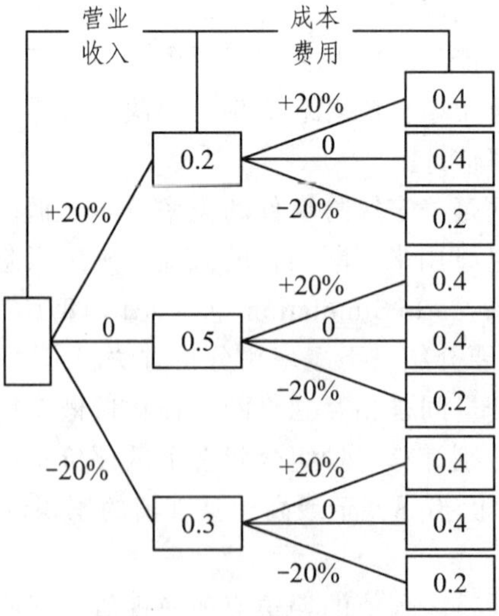

图 7.5 概率树分析图

计算各种状态的概率、各种状态下项目的净现值、加权净现值（净现值与概率的乘积），计算结果见表 7.4。

表 7.4　各状态及其净现值

状　态	概　率	净现值/万元	加权净现值/万元
1	0.2×0.4 = 0.08	8 818.03	705.44
2	0.2×0.4 = 0.08	13 228.49	1 058.28
3	0.2×0.2 = 0.04	17 638.96	705.56
4	0.5×0.4 = 0.20	2 937.9	587.58
5	0.5×0.4 = 0.20	7 348.36	1 469.67
6	0.5×0.2 = 0.10	11 758.82	1 175.88
7	0.3×0.4 = 0.12	− 2 942.24	− 353.07
8	0.3×0.4 = 0.12	1 468.23	176.19
9	0.3×0.2 = 0.06	5 878.69	352.72
合　计	1.0		5 878.25

从表 7.4 可见，该项目净现值的期望值为 5 878.25 万元。净现值大于或等于零的累积概率为 $1 - 0.12 = 0.88 > 0.7$，即项目净现值大于或等于零的累积概率大于投资者的要求，项目在经济上是可行的。

7.4.4　风险评价

风险评价是在风险识别和风险估计的基础上，依据项目风险判别标准，找出影响项目成败的关键风险因素的过程。通过风险评价确定项目的整体风险水平，可以为如何处置这些风险提供科学依据。风险评价一般采用评价指标的概率分布或累计概率、期望值、标准差作为判别标准，也可采用综合风险等级作为判别标准。

（1）以评价指标作为判别标准。

内部收益率大于等于基准收益率（社会折现率）的累积概率值越大，风险越小；标准差越小，风险越小。

净现值大于等于零的累积概率值越大，风险越小；标准差越小，风险越小。

（2）以综合风险等级作为判别标准。

根据风险因素发生的可能性及其造成损失的程度，建立综合风险等级矩阵，将综合风险分为风险很强的 *K*（Kill）级、风险强的 *M*（Modify）级、风险较强的 *T*（Trigger）级、风险适度（较小）的 *R*（Review and reconsider）级、风险弱的 *I*（Ignore）级。

表 7.5 综合风险等级分类表

综合风险等级		风险严重程度			
		严 重	较 大	适 度	低
风险的可能性	高	*K*	*M*	*R*	*R*
	较 高	*M*	*M*	*R*	*R*
	适 度	*T*	*T*	*R*	*I*
	低	*T*	*T*	*R*	*I*

出现 *K* 级风险，一般应当放弃项目；出现 *M* 级风险，一般需要修正拟订中的方案；出现 *T* 级风险，应当设定某些指标的临界值，一旦指标达到临界值，就应对负面影响采取补偿措施；出现 *R* 级风险，一般采取适当措施后不会对项目产生影响；出现 *I* 级风险，可以忽略。

7.4.5 风险应对

风险应对是根据风险评价结果，研究规避、控制与防范风险的措施的过程。风险应对的基本方法包括风险回避、风险转移、风险分担和风险自担。

1. 风险回避

风险回避是彻底规避风险的一种做法，即断绝风险的来源。采取风险回避对策可以将发生损失的机会降到零，但也因此放弃了潜在的收益机会，所以简单的风险回避是一种最消极的风险应对方法。

风险回避一般在以下情况下采用：

（1）某种风险可能造成相当大的损失，且发生的频率较高，如出现 *K* 级风险；

（2）决策者对风险极端厌恶；

（3）存在其他风险更低的替代方案；

（4）应用其他风险对策代价昂贵，得不偿失。

2. 风险转移

风险转移是将可能面临的风险转移给他人承担，以避免风险损失的一种方法。转移风险有两种方式：一是将风险源转移出去；二是只把部分或全部风险损失转移出去。

第一种风险转移方式可以说是风险回避的一种特殊形式，如将项目风险大的部分转给他人承包建设或经营。

第二种风险转移方式又细分为保险转移方式和非保险转移方式两种。保险转移是使用最广泛的风险转移方式，它是通过向保险公司投保将项目风险转移给保险公司承担的方式，凡是属于保险公司可保的险种，都可采用这种方式；非保险转移方式一般是指合同转移方式，也就是通过合同将风险转移给其他参与者的方式。如项目建设单位在项目发包时，与对方签订交钥匙工程合同，并在合同中约定违约责任，从而将设计、采购和施工过程中的风险通过合同转移给对方。

3. 风险分担

风险分担是针对风险较大，自身无法独立承担，或是为了控制项目的风险源，而采取与其他主体合资、合作等方式，共同承担风险，当然也共同分享收益的方法。

4. 风险自担

风险自担是指完全由自己独立承担风险损失的一种方法。

风险自担适用于两种情况：一种情况是已知有风险但由于可能获利而需要冒险，又不愿将获利的机会分给他人时，必须保留和承担这种风险；另一种情况是已知有风险，但若采取某种风险控制措施，其费用支出会大于自担风险的损失时，常常主动自担风险。

思考题与习题

1. 什么是风险、不确定性？二者的主要区别有哪些？
2. 不确定性分析和风险分析方法有哪些？其适用性如何？
3. 线性盈亏平衡分析有哪些基本假定？
4. 为什么要进行敏感性分析？
5. 简述敏感性分析的步骤。
6. 简述风险分析的程序。
7. 风险应对的基本方法有哪些？
8. 某项目设计生产能力为 300 万件，年固定成本为 8 800 万元，每件产品销售价预计 800 元，营业税金及附加为 48 元，单位产品的可变成本为 600 元。试求项目盈亏平衡时的产销量和生产能力利用率、正常生产年份的最大盈利以及企业欲获年利润 2 000 万元的产销量应为多少？并从盈亏平衡分析角度分析项目的可行性。
9. 已知某项目计划投资 1 300 万元，期初一次性投入，当年建成并投产，项目寿命期 6 年，基准收益率 8%，预计年营业收入 680 万元，年经营成本 350 万元，期末残值为 100 万元，试选取净现值作为分析评价指标，就建设投资、年营业收入、年经营成本等因素对项目进行敏感性分析。

第 8 章　价值工程

【本章导读】

价值工程是通过对产品功能的分析和正确处理功能与成本之间的关系来节约资源、降低成本的一种有效方法。价值工程不但是一种管理技术，更是一种思想方法，在国内外都得到了广泛的运用。

本章的主要内容包括价值工程的基本概念、价值工程的工作程序和方法等。

8.1　价值工程的基本原理

价值工程是第二次世界大战以后发展起来的一种技术经济分析方法，它是一种把功能与成本、技术与经济结合起来进行技术经济评价的方法。它不仅广泛应用于产品设计和产品开发，而且应用于各种建设项目。

8.1.1　价值工程的产生与发展

价值工程起源于美国。第二次世界大战期间，美国的军事工业发展迅速，军工生产造成原材料供应紧缺，一些重要材料更是不易买到。当时，美国通用电气公司汽车装配厂急需一种耐火材料——石棉板，而这种材料属军工生产用材料，价格高且奇缺。公司工程师麦尔斯（L.D.Miles）负责采购石棉板，面对石棉板价高且难求的状况，迈尔斯想：只要保证材料功能一样，能否用一种价格更低的材料代替石棉板？通过调查，麦尔斯发现：原来汽车装配中的涂料容易漏洒在地板上，根据美国消防法规定，该类企业作业时地板上必须铺上一层石棉板，以防发生火灾。麦尔斯弄清石棉板的功能后，找到了一种价格便宜且能满足防火功能的防火纸来代替石棉板。经过试用和检验，美国消防部门同意该企业采用这种代用材料。这种防火纸不仅货源充足，而且价格只相当于石棉板价格的 1/4，这样就顺利解决了石棉板短缺的问题。麦尔斯经过几年的研究总结，于 1947 年在《美国机械师》上发表了《价值分析》一文，这标志着价值工程的产生。麦尔斯也因此被誉为“价值工程之父”。1954 年，美国海军应用了这一方法，并正式定名为价值工程。

二战后，价值工程在美国得到迅速发展。1955 年，价值工程传入日本；1965 年，日本价值工程协会成立，在协会的大力促进下，到 20 世纪 70 年代，价值工程在日本的应用已经相当普及，并取得了巨大的经济效益。1978 年，价值工程被介绍到中国，1982 年创刊了《价值工程》杂志。1987 年，我国发布了第一个价值工程方面的国家标准《价值工程基本术语和一般工作程序》（GB 8223—87），2009 年又发布了《价值工程　第 1 部分：基本术语》（GB/T 8223.1

—2009）部分代替原标准 GB 8223—87，这标志着我国价值工程的推广应用已基本成熟和规范。据有关数据显示，价值工程在我国的推广应用也已产生良好的经济效益。

在价值工程（Value Engineering，VE）的发展历程以及在不同领域的应用中，还有价值分析（Value Analysis，VA）、价值管理（Value Management，VM）等称谓，这几个术语间没有本质的不同，在实际应用中，它们经常互相替代。

8.1.2　价值工程的概念

我国国家标准《价值工程 第 1 部分：基本术语》（GB/T 8223.1—2009）中对价值工程的定义是："价值工程是通过各相关领域的协作，对研究对象的功能和费用进行系统分析，持续创新，旨在提高研究对象价值的管理思想和管理技术。"价值工程的目的是以最低的寿命周期成本，可靠地实现研究对象的必要功能。

价值工程对象是指为获取功能而发生费用的事物，可以是产品、工程、服务或它们的组成部分。

价值工程的定义中，涉及价值、功能和寿命周期成本 3 个价值工程基本概念。

1. 价值（Value）

价值工程中的"价值"与经济学中的价值是不同的。价值工程中的"价值"是研究对象所具有的功能与获得该功能所发生的费用之比。

用公式表示为：

$$V=\frac{F}{C} \tag{8.1}$$

式中：V——研究对象的价值；

F——研究对象的功能；

C——研究对象的成本。

上式表明，对象价值的大小取决于功能和成本，在功能不变的情况下，成本越低，价值越大；在成本不变的情况下，功能越大，价值越大。

在价值工程活动中，对象的价值 V、功能 F 和成本 C 一般都用某种系数表达。

2. 功能（Function）

功能是指对象能满足某种需求的效用或属性。

任何一个研究对象都会有若干不同的功能。为便于功能分析，需要对功能进行分类，一般有以下几种分类方法。

（1）基本功能（Basic Function）和辅助功能（Supporting Function）。

基本功能是与对象的主要目的直接相关的功能。基本功能是对象存在的主要理由，是决定对象性质的基本因素。辅助功能是为更好地实现对象基本功能的功能。一般而言，基本功能是必要的功能，辅助功能有些是必要的功能，有些可能是不必要的、多余的功能。

（2）使用功能（Use Function）和品味功能（Esteem Function）。

使用功能是对象所具有的与技术经济用途直接有关的功能；品味功能是与使用者的精神

感觉、主观意识有关的功能，包括贵重功能、美学功能、外观功能和欣赏功能等。产品通常都兼有使用功能和品位功能，但根据用途和使用者的要求会有所侧重。

（3）必要功能（Necessary Function）和不必要功能（Unnecessary Function）。

必要功能是研究对象为满足使用者的要求而必须具备的功能；不必要功能是研究对象具有的与满足使用者的需求无关的功能。

区分必要功能和不必要功能是为了更有针对性地对对象进行功能分析，使价值工程活动更有效率。

（4）不足功能（Insufficient Function）和过剩功能（Plethoric Function）。

不足功能是对象尚未足量满足使用者需求的必要功能；过剩功能是对象具有的超量满足使用者需求的必要功能。不足功能和过剩功能具有相对性，同一对象，不同的消费者有的可能认为功能过剩，有的可能认为功能不足。

3. 寿命周期成本（Life Cycle Cost）

寿命周期是指对象从研发、制造、使用直至报废为止的整个时间段。寿命周期成本是指从对象的研究、形成到退出使用所需全部费用。对于一个产品，其寿命周期成本指有关这个产品的策划、设计、采购、生产、经营、维护、使用和处置等所发生费用的总和。寿命周期成本主要由生产成本和使用成本组成。生产成本 C_1 是指用户购买产品的费用，包括产品的研发、设计、试制、生产、销售等费用；使用成本 C_2 是指用户使用产品过程中支付的各种费用，包括使用过程中的能耗、维修费用、人工费用、管理费用等。

寿命周期及寿命周期成本如图 8.1 所示。

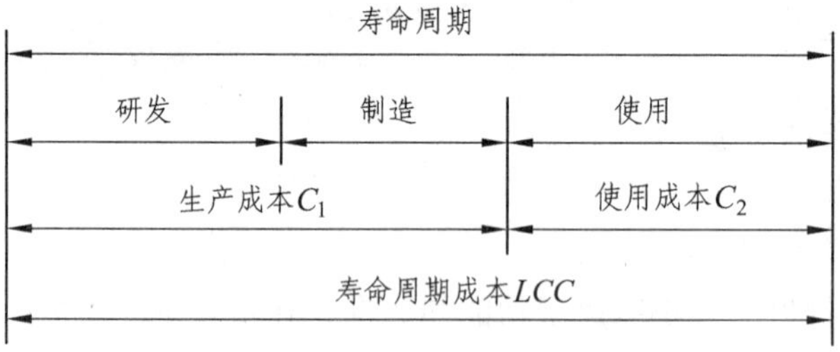

图 8.1　寿命周期与寿命周期成本

8.1.3　价值工程的特点

价值工程作为一种管理思想和管理技术，有以下几个方面的特点。

（1）价值工程的目标是以最低的寿命周期成本，使对象具备它所必须具备的功能。

一般而言，随着功能水平的提高，生产成本 C_1 增加，而使用成本 C_2 降低。而寿命周期成本是生产成本与使用成本之和，所以，寿命周期成本与功能水平之间呈图 8.2 所示的马鞍形曲线变化关系，所以存在着寿命周期成本的最低值 C_{min}，其对应的就是最佳功能水平 F_0。

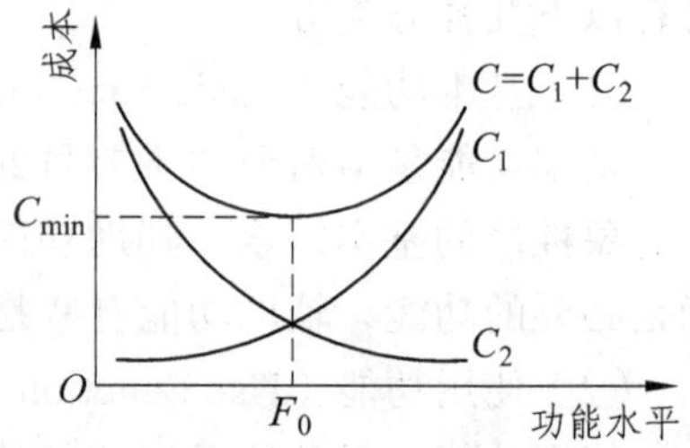

图 8.2　寿命周期成本与功能的关系

（2）价值工程的核心是功能分析。

通过功能分析，明确对象的必要功能和不必要功能、不足功能和过剩功能，以保证必要功能、取消不必要功能，弥补不足功能、剔除过剩功能，从而适应用户需求并尽可能降低成本。

（3）价值工程将对象的价值、功能和成本作为一个整体来考虑。

价值工程中对对象的价值、功能和成本的考虑不是片面的、孤立的，而是在确保必要功能的基础上，综合考虑生产成本和使用成本，兼顾生产者和使用者利益，从而创造出总体价值最高的产品。

（4）价值工程强调持续创新。

价值工程强调不断改革创新，从而简化产品结构、节约原材料，以便提高产品的技术经济效益。

（5）价值工程要求将功能定量化。

价值工程要求将功能转化为能够与成本直接相比的量化值。

（6）价值工程是以集体的智慧开展的有计划、有组织的管理活动。

价值工程研究的问题涉及对象的整个寿命周期，涉及面广，研究过程复杂，需要多部门众多人员的共同参与才能达到既定目标。

8.1.4　提高价值的途径

价值的定义式 $V=\dfrac{F}{C}$ 不仅深刻地反映了对象价值与功能和实现此功能所需成本之间的关系，而且也为如何提高价值提供了五种途径：

（1）在保持对象功能不变的前提下，通过降低成本达到提高价值的目的，用公式表示就是 $\dfrac{F\rightarrow}{C\downarrow}=V\uparrow$。

（2）在对象成本不变的条件下，通过提高其功能达到提高产品价值的目的，用公式表示就是 $\dfrac{F\uparrow}{C\rightarrow}=V\uparrow$。

（3）在提高对象功能的同时，降低其成本，这是大幅度提高价值最为理想的途径，用公式表示就是 $\dfrac{F\uparrow}{C\downarrow}=V\uparrow\uparrow$。

（4）对象成本稍有增大，但功能有较大幅度提高，即功能的提高幅度超过了成本的提高幅度，价值还是提高了，用公式表示就是 $\dfrac{F\uparrow\uparrow}{C\uparrow}=V\uparrow$。

（5）对象功能略有下降，但成本大幅度下降，即功能的下降幅度小于成本下降的幅度，这样也可以达到提升价值的目的，用公式表示就是 $\dfrac{F\downarrow}{C\downarrow\downarrow}=V\uparrow$。

在产品形成的各个阶段都可以应用价值工程提升产品价值，但在不同的阶段应用价值工程的效果却是大不相同的。价值工程更侧重在产品的研制与设计阶段，对于工程建设项目来说，侧重在规划与设计阶段。

8.2 价值工程的工作程序和方法

8.2.1 价值工程的工作程序

价值工程有自己独特的一套工作程序，价值工程的工作程序实质上是针对研究对象的功能和成本提出问题、分析问题和解决问题的过程。我国国家标准《价值工程基本术语和一般工作程序》（GB 8223—87）规定的价值工程的一般工作程序见表 8.1。

表 8.1 价值工程的一般工作程序

阶 段	步 骤	说 明
准备阶段	1. 选择对象	根据客观需要，选择价值对象并明确目标、限制条件和分析范围
	2. 组成价值工程工作小组	一般由负责人、专业技术人员和熟悉价值工程的人员约 10 人组成
	3. 制订工作计划	计划应包括具体执行人、执行日期、工作目标等
分析阶段	4. 搜集整理信息资料	与对象有关的一切信息资料
	5. 功能系统分析	简明正确表述各对象的功能
	6. 功能评价	求出功能目前成本、确定功能改进区域；确定功能目标成本
创新阶段	7. 方案创新	提出各种不同的实现功能的方案
	8. 方案评价	综合评价各方案能否达到预定目标，并选择最佳方案
	9. 提案编写	将选出的方案编写成正式提案
实施阶段	10. 审批	主管部门审查
	11. 实施与检测	制订实施计划，组织实施，并跟踪检查
	12. 成果鉴定	根据实施效果，进行成果鉴定

价值工程应用范围广泛，其活动形式也不尽相同。因此在实际应用中，可参照上述程序，因地制宜地考虑具体的实施步骤和方法。但其中的对象选择、功能分析、功能评价和方案创新与评价是任何一次具体价值工程活动不可缺少的关键内容。以下针对这几个环节作进一步阐述。

8.2.2 价值工程的对象选择

价值工程的对象选择过程就是收缩研究范围的过程，目的是明确分析研究的目标及主攻方向。正确选择研究对象是价值工程成功的第一步。

1. 选择对象的原则

一般来说，应从以下几个方面考虑价值工程对象的选择：

（1）从设计方面来看，应选择产品结构复杂、技术性能差、体积和重量大的或是原材料消耗大、贵重稀缺的产品进行价值工程的活动；

（2）从生产方面来看，应选择量大面广、工序烦琐、工艺复杂、能源消耗高、质量难以保证的产品进行价值工程活动；

（3）从销售方面来看，应选择用户意见较多、退货索赔多和竞争力差、市场占有率低的产品进行价值活动；

（4）从成本方面来看，应选择成本高、利润低或成本比重大的产品进行价值活动。

总之，应选择量大、质差、价高、重要的产品或零部件作为价值工程的研究对象。

2. 选择对象的方法

选择价值工程对象的方法很多，应根据不同价值工程对象的特点及自身条件选用适宜的方法。常用的方法有经验分析法、百分比分析法、ABC 分析法、价值指数法、强制确定法等。

（1）经验分析法。

经验分析法又称因素分析法，是一种定性分析方法。这种方法是凭借分析人员的经验而作出价值工程对象的选择。

经验分析法的优点是简便易行，考虑问题综合全面；缺点是缺乏定量的数据分析，若分析人员经验不足的话，选择的准确性较差，对象选择的正确与否主要取决于分析人员的水平与态度。为了消除和克服缺点，可以挑选经验丰富、熟悉业务的人员参加，通过集体研究共同确定分析对象。在实践中，也可将经验分析法与其他定量分析方法结合使用，互为补充，以取得更好的效果。

（2）百分比分析法。

百分比分析法是一种通过分析某种费用或资源对某个技术经济指标的影响程度的大小（百分比）来选择价值工程对象的方法。

【例 8.1】 已知某公司有 5 种产品，其成本和利润百分比见表 8.2。试用百分比分析法确定价值工程对象。

解： 各产品的利润百分比和成本百分比计算结果见表 8.2，由表 8.2 可知，A 产品的成本占总成本的 61.2%，而其利润占总利润的比重只有 53.8%，显然，应当把 A 产品作为价值工程的重点研究对象。

表 8.2　某公司产品成本和利润百分比

产　品	A	B	C	D	E	合　计
成本/万元	600	80	50	180	70	980
成本百分比	61.2%	8.2%	5.1%	18.4%	7.1%	100.0%
利润/万元	190	32	28	68	35	353
利润百分比	53.8%	9.1%	7.9%	19.3%	9.9%	100.0%
利润百分比/成本百分比	0.88	1.11	1.55	1.05	1.39	
对象选择排序	1	3	5	2	4	

百分比分析法的优点是当在一定时期内需要提高某些经济指标且候选对象数目不多时，它具有较强的针对性和有效性；缺点是不够系统、全面。为了更为综合、全面地选择对象，可与经验分析法结合使用。

（3）ABC 分析法。

ABC 分析法又称 Pareto 分析法，源于 19 世纪意大利经济学家 Pareto 对资本主义财富分布的分析，他发现 80%的财富掌握在 20%的人手里，即所谓“关键的少数与次要的多数”这一相当普遍的社会现象。用 ABC 分析法选择价值工程对象时，将产品、零件或工序按其成本大小进行排序，通过分析比较局部成本在总成本中所占比重的大小，找出其中“关键的少数”

作为价值工程分析的对象。

一般按如下方式对产品、零件或工序进行 A、B、C 分类，如图 8.3 所示。

A 类，就是所谓“关键的少数”，其数量只占 10%左右，而它的成本却占总成本比重的 70%左右，一般应作为价值工程的研究对象。

B 类，数量占 20%左右，它的成本占总成本比重的 20%左右，如果人力、财力、物力允许，也可以作为价值工程的研究对象。

C 类，就是所谓“次要的多数”，其数量占 70%左右，它的成本只占总成本比重的 10%左右，一般不宜作为价值工程的研究对象。

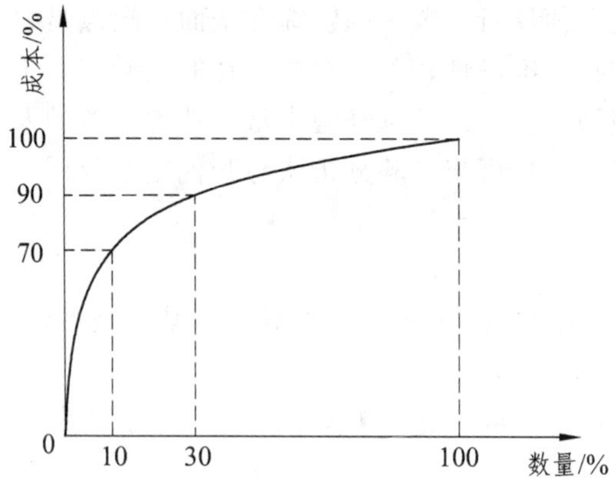

图 8.3　ABC 分析图

ABC 分析法的优点是能抓住重点，突出主要矛盾。在候选对象众多时，可用它分清主次，忽略“次要的多数”，以便集中精力解决好“关键的少数”。

【例 8.2】　某单位工程共有 14 个分项工程，总造价 300 万元，各分项工程的造价见表 8.3。试用 ABC 分析法选择价值工程对象。

表 8.3　某单位工程 ABC 分析表

分项工程	累计项数	累计项数百分比	造价/万元	累计造价/万元	累计造价百分比	分类
A	1	7.1%	120	120	40.0%	A
B	2	14.3%	91	211	70.3%	
C	3	21.4%	29	240	80.0%	B
D	4	28.6%	20	260	86.7%	
E	5	35.7%	13	273	91.0%	
F	6	42.9%	6	279	93.0%	C
G	7	50.0%	5.4	284.4	94.8%	
H	8	57.1%	4.2	288.6	96.2%	
I	9	64.3%	3.6	292.2	97.4%	
J	10	71.4%	2.1	294.3	98.1%	
K	11	78.6%	2	296.3	98.8%	
L	12	85.7%	1.9	298.2	99.4%	
M	13	92.9%	1.2	299.4	99.8%	
N	14	100.0%	0.6	300	100.0%	

解：将 14 个分项工程按造价大小依次排列入表，计算累计项数百分比和累计造价百分比，结果见表 8.3。从表中可以看出，分项工程 A、B 两项，项数不多，却占总造价的 70.3%，应归为 A 类，作为价值工程分析的重点对象。

（4）价值指数法。

价值指数法是在产品成本已知的基础上，将其产品的功能定量化，并计算出各产品的价值指数，选择价值指数小的产品作为价值工程研究对象的方法。

功能定量化的常用方法就是功能的参数化，就是用某个主要的、有一定量纲的产品功能参数来定量表示功能的高低。将功能参数化后计算出价值指数，如单位成本载重量、单位成本建筑面积等。

价值指数法一般适用于产品功能单一并可定量化以及产品结构和生产特点具有可比性的系列产品的对象选择。

【例 8.3】　某建筑机械厂生产 4 种型号的挖掘机，各型号挖掘机的主要功能参数、成本费用见表 8.4，试用价值指数法选择价值工程对象。

表 8.4　挖掘机功能参数及成本费用

产品型号	甲	乙	丙	丁
功能参数/（m^3/台班）	130	151	155	160
成本费用/（元/台班）	140	136	112	130
价值指数	0.93	1.11	1.38	1.23

解：各型号挖掘机的价值指数等于其功能参数除以成本费用，结果见表 8.4。从表 8.4 可见，甲型号挖掘机价值指数最低，应当作为价值工程的研究对象。

（5）强制确定法（01 评分法）。

强制确定法（Forced Decision Method，简称 FD 法）的基本思想是产品每一零部件的功能和成本应当是匹配的。如果某零部件的成本很高，而其功能在零部件中所处的重要性又较低，即成本与功能不相匹配，就可以通过求算零部件的功能评价系数、成本系数、价值系数来判断其价值。强制确定法除用于选择对象外，还可用来进行功能评价和方案评价。

强制确定法的应用步骤如下：

① 计算功能系数 F。

将零部件排列成矩阵，按零部件功能的重要性一对一进行对比评分，重要的得 1 分，不重要的得 0 分。然后将各零部件得分汇总，为避免有的零部件功能得分为 0，用各加 1 分的办法对总得分予以修正。最后用修正得分除以总修正得分得到功能系数。功能系数定量地说明了每一零部件的重要程度。

$$\text{功能系数}F=\frac{\text{修正得分}}{\text{总修正得分}} \tag{8.2}$$

② 计算成本系数 C。

将各零部件的目前成本汇总得到所有零部件现实总成本，用各零部件的目前成本除以总成本得到成本系数。

$$成本系数C=\frac{目前成本}{目前总成本} \tag{8.3}$$

③ 计算价值系数 V。

用各零部件的功能系数除以成本系数得到价值系数。

$$价值系数V=\frac{功能系数F}{成本系数C} \tag{8.4}$$

④ 确定价值工程对象。

根据各零部件价值系数的不同，按如下原则确定价值工程对象：

若 $V=1$，表明评价对象的功能目前成本与实现功能所需成本大致相当，一般无需改进；

若 $V<1$，表明评价对象的功能目前成本偏高，可能存在过剩功能或是实现功能的成本大于功能的实际需要，应当作为价值工程对象予以改进；

若 $V>1$，可能有三种情况：一是目前成本偏低，不能满足对象实现其应有的功能要求，应当作为价值工程对象予以改进；二是对象存在过剩功能，也应当作为价值工程对象予以改进；三是对象在技术经济方面存在某种特殊性，在满足功能的前提下成本偏低，可不列入价值工程对象。

强制确定法从功能与成本两方面来考虑问题，所以比较全面而且方法简便易行，能够将功能由定性表达提升到定量分析。但这种方法是依据人的主观打分，不能准确地反映出功能差距的大小。如果一次分析的零部件数目不太多时，可采用强制确定法。在零部件很多时，可先用经验分析法、ABC 分析法等选出重点零部件，再用强制确定法细选。

【例 8.4】 某产品由 5 个零部件组成，已知 A、B、C、D、E 五个零部件的目前成本依次为：180 元、140 元、150 元、100 元、130 元。经过专家分析确定五个零部件的重要性依次为 C、A、B、E、D。试用强制确定法确定价值工程对象。

解： ① 计算功能系数 F。

根据功能重要性，计算功能系数见表 8.5。

表 8.5 功能系数表

零部件	A	B	C	D	E	得 分	修正得分	功能系数
A	—	1	0	1	1	3	4	0.27
B	0	—	0	1	1	2	3	0.20
C	1	1	—	1	1	4	5	0.33
D	0	0	0	—	0	0	1	0.07
E	0	0	0	1	—	1	2	0.13
合 计						10	15	1

② 计算成本系数 C。

根据目前成本，计算成本系数见表 8.6。

表 8.6　成本系数表

零部件	A	B	C	D	E	合　计
目前成本（元）	180	140	150	100	130	700
成本系数	0.26	0.20	0.21	0.14	0.19	1

③ 计算价值系数 V。

根据功能系数和成本系数，计算价值系数见表 8.7。

表 8.7　价值系数表

零部件	A	B	C	D	E
功能系数	0.27	0.20	0.33	0.07	0.13
成本系数	0.26	0.20	0.21	0.14	0.19
价值系数	1.04	1.0	1.57	0.5	0.68

④ 确定价值工程对象。

根据计算结果可知，D 和 E 应被确定为价值工程对象，C 需要看具体情况分析是否列为价值工程对象。

8.2.3　功能分析

功能分析是价值工程的核心。功能分析（Function Analysis）是为完整描述各功能及其相互关系而对各功能进行定性和定量的系统分析过程。功能分析包括功能定义、功能整理和功能计量。

1. 功能定义

功能定义（Function Definition）是对功能的内容和本质属性进行准确而简洁的表述。这里要求表述的是“功能”，而不是对象的结构、外形或材质等。通过对功能下定义，可以加深对产品功能的理解，为以后提出功能代用方案打下基础。

功能定义通常用动词和名词（所谓两词法）简洁、抽象、准确地表述，如基础的功能定义为“承受荷载”，间隔墙的功能定义为“分隔空间”。功能定义要适当抽象，尽量使用不限制思路的词汇，如“钻孔”改为“作孔”。

2. 功能整理

功能定义之后，还需要进一步进行功能整理。

功能整理（Function Reorganization）是从功能系统的角度，将对象含有的功能按照特定的逻辑关系进行整理和排列，通常用功能系统图（FAST 图）直观地描述对象功能得以实现的各项细分功能的逻辑关系。

功能整理的主要任务就是建立功能系统图。功能系统图是按照一定规则将定义的功能连接起来，从单个到局部再到整体而形成的一个功能体系，其一般形式如图 8.4 所示。

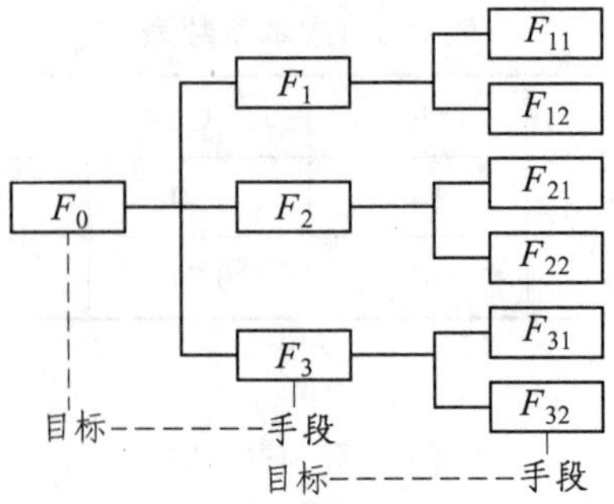

图 8.4 功能系统图

3. 功能计量

功能计量（Function Measurement）是在功能定性分析基础上对各项功能的定量分析。

功能计量以功能系统图为基础，依据功能间的逻辑关系，以对象整体功能的定量指标为出发点，从左至右逐级测算、分析，确定各级功能程度的数量指标，揭示出各级功能领域中有无功能不足或功能过剩，从而为保证必要功能、剔除过剩功能、补足不足功能的价值工程后续活动（功能评价、方案创新等）提供依据。

8.2.4 功能评价

通过功能分析明确必要功能后，下一步就是进行功能评价。

功能评价，即评定功能的价值，是指找出实现功能的最低费用作为功能的目标成本（又称功能评价值），以功能目标成本为基准，通过与功能目前成本的比较，求出两者的比值（功能价值）和两者的差值（改善期望值），然后选择功能价值低、改善期望值大的功能作为价值工程活动的重点对象。

功能评价的程序如图 8.5 所示。

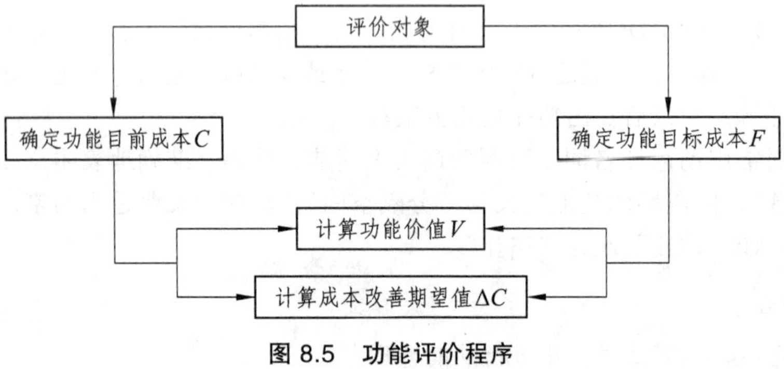

图 8.5 功能评价程序

1. 功能目前成本的计算

功能目前成本的计算与一般的成本核算既有共同点，也有不同之处。两者相同点是指它们在成本费用的构成项目上是相同的；两者的不同之处在于功能目前成本的计算是以对象的功能为单位，而传统的成本核算是以产品或零部件为单位。因此，在计算功能目前成本时，需要根据传统的成本核算资料，将产品或零部件的目前成本转化为功能目前成本。

当一个零部件只具有一个功能时，该零部件的成本就是它本身的功能成本；当一项功能要有多个零部件共同实现时，该功能的成本就等于这些零部件的功能成本之和。当一个零部件具有多项功能或同时与多项功能有关时，就需要将零部件成本分摊给各项有关功能，至于分摊的方法和分摊的比例，可根据具体情况决定。

【例 8.5】 某产品有 A、B、C、D、E 五个零部件组成，成本分别为 200 元、100 元、160 元、80 元和 70 元，共实现 $F_1 \sim F_5$ 五项功能，具体数据见表 8.8，求各项功能的现实成本。

表 8.8　功能目前成本计算表

零部件			功　能				
序　号	名　称	成本/元	F_1	F_2	F_3	F_4	F_5
1	A	200	60	80	40		20
2	B	100		40	30	30	
3	C	160	50		40		70
4	D	80		20		50	10
5	E	70	20			30	20
		C	C_1	C_2	C_3	C_4	C_5
合　计		610	130	140	110	110	120

解： 表 8.8 中的 A 零部件是用来实现 F_1、F_2、F_3 和 F_5 功能的，将 A 零部件的成本分配给其所实现的 4 项功能，分别为 60、80、40 和 20 元。依此类推将 B、C、D、E 的成本分别分摊到各自实现的功能中，然后将各功能分配的成本合计起来，便得到了各功能的目前成本。如 F_1 的目前成本为 130 元，F_2 的目前成本为 140 元等。

计算出目前成本后，就可依式（8.5）计算各评价对象的成本指数。成本指数是指评价对象的目前成本在全部成本中所占的比率。

$$\text{第}i\text{个评价对象的成本指数}C_i = \frac{\text{第}i\text{个评价对象的目前成本}}{\text{所有评价对象的目前成本之和}} \tag{8.5}$$

2. 功能目标成本的计算

功能目标成本（Target Cost of Function）又称为功能评价值，它是为功能设定的成本目标值。通常把可靠地实现用户要求功能的最低成本作为功能目标成本或功能评价值。

功能目前成本相对容易确定，而功能目标成本较难确定。功能目标成本计算常用的方法是功能重要性系数评价法。其基本思路是：首先确定产品总目标成本，并根据各功能的重要程度和复杂程度确定功能重要性系数，最后按功能重要性系数分配产品的目标成本，从而求出各个功能的目标成本。

（1）确定功能重要性系数（功能评价系数、功能指数）。

功能重要性系数又称功能评价系数或功能指数，它是指评价对象的功能在整体功能中所占的比率，用公式表示为：

$$\text{第}i\text{个评价对象的功能指数}F_i = \frac{\text{第}i\text{个评价对象的功能得分}}{\text{所有评价对象的功能得分之和}} \tag{8.6}$$

可见，确定功能重要性系数的关键是对功能打分，常用的打分方法有环比评分法、“01”评分法、“04”评分法和直接评分法。

① 环比评分法。

环比评分法又称 DARE 法，它是首先根据评价对象间的比较而确定出评价对象的环比值，然后从基准评价对象的评分开始逐个地累积倍乘环比值而得到其他评价对象的功能评分的方法（见表 8.9）。

表 8.9　环比评分法计算功能指数

评价对象	环比值	得　分	功能评价系数（功能指数）
F_1	$F_1/F_2 = 2$	6	0.50
F_2	$F_2/F_3 = 1.5$	3	0.25
F_3	$F_3/F_4 = 2$	2	0.17
F_4		1	0.08
合　计		12	1

② “01”评分法。

“01”评分法又称强制确定法（FD 法），这种方法是请 5 ~ 15 个对产品熟悉的专家各自参加功能的评价，当评价两个功能的重要性时，相对重要者得 1 分，相对不重要者得 0 分。为避免有的功能得分为 0，用各加 1 分的办法对总得分予以修正。某一评价人员用“01”评分法计算功能指数的过程见表 8.10。

表 8.10　“01”评分法计算功能指数

功　能	F_1	F_2	F_3	F_4	得　分	修正得分	功能评价系数（功能指数）
F_1	—	1	0	1	2	3	0.3
F_2	0	—	0	1	1	2	0.2
F_3	1	1	—	1	3	4	0.4
F_4	0	0	0	—	0	1	0.1
合　计					6	10	1

多人参加评定时，可用多人评分的平均值来计算功能评价系数，也可取各自计算出的功能评价系数的平均值。

③ “04”评分法。

“04”评分法是对“01”评分法的改进，“01”评分法中只有“重要”与“不重要”之分，不能充分反映功能之间的真实差别。“04”评分法对评价对象进行一一比较时，分为四种情况：

a. 非常重要的得 4 分，很不重要的得 0 分；

b. 比较重要的得 3 分，不太重要的得 1 分；

c. 同样重要的各得 2 分；

d. 自身对比不得分，或者说自己不同自己比较。

某一评价人员用“04”评分法计算功能指数的过程见表 8.11。

表 8.11　“04”评分法计算功能指数

功　能	F_1	F_2	F_3	F_4	得　分	功能评价系数（功能指数）
F_1	—	4	0	3	7	0.29
F_2	0	—	3	2	5	0.21
F_3	4	1	—	3	8	0.33
F_4	1	2	1	—	4	0.17
合　计					24	1

④ 直接评分法。

直接评分法是请 5 ~ 15 个对产品熟悉的专家对对象的功能直接打分，评价时规定有总分标准，每个评价人员对各功能的评分之和必须等于规定的总分。

（2）确定功能评价值（功能目标成本）。

功能评价值的确定可以分为新产品设计和老产品改进设计两种情况。

老产品在改进设计之前，已经有了产品和各功能的目前成本，但成本的分配不一定合理，因此可利用功能重要性系数重新分配成本，从而确定功能评价值，具体可按表 8.12 进行。

表 8.12　老产品的功能评价值

功　能	目前成本	功能评价系数（功能指数）	功能评价值
F_1	100	0.29	116
F_2	135	0.21	84
F_3	80	0.33	132
F_4	85	0.17	68
合　计	400	1	400

进行新产品设计时，产品的目标成本已基本上确定。因此，可将设定好的新产品目标成本按功能评价系数进行分配，从而求出各功能的目标成本。

3. 功能价值的计算

计算功能价值 V 可以分析成本功能的合理匹配程度。功能价值 V 的计算方法可分为功能成本法与功能指数法两大类。

（1）功能成本法。

功能成本法又称绝对值法，它是将评价对象的功能评价值与功能的目前成本进行比较，以求得评价对象的价值系数和成本降低期望值，进而确定价值工程改进对象的方法，其计算公式如下：

$$\text{价值系数}V=\frac{\text{功能评价值（目标成本）}F}{\text{功能目前成本}C} \tag{8.7}$$

计算出价值系数后，通过分析评价，确定功能改进目标。一般来说，应用功能成本法计算的价值系数结果有三种情况：

若 $V=1$，表明评价对象的功能评价值等于功能目前成本，一般无需改进；

若 $V<1$，表明评价对象的功能目前成本大于功能评价值，可能存在过剩功能或是实现功

能的方法不当而使成本大于功能的实际需要，应当列入需要改进的范围。

若 $V>1$，此时功能目前成本低于功能评价值，可能是评价对象功能不足，不能满足用户的功能要求，应适当加大投入来提高功能水平；如果目前的低成本确实满足了用户对该功能的要求，则无需改进。

价值系数计算及功能改进分析见表 8.13。

表 8.13 价值系数计算表

功 能	目前成本 ①	功能评价值 ②	价值系数 ③ = ②/①	成本降低目标 ④ = ① − ②	功能改进 优先顺序
F_1	100	116	1.16	—	—
F_2	135	84	0.62	51	1
F_3	80	132	1.65	—	—
F_4	85	68	0.80	17	2
合 计	400	400	—	—	—

（2）功能指数法。

功能指数法又称为相对值法，它是将评价对象的功能指数与评价对象的成本指数进行比较，得出评价对象的价值指数，进而确定价值工程改进对象的方法，其计算公式如下：

$$价值指数V=\frac{功能指数F}{成本指数C} \tag{8.8}$$

价值指数计算及功能改进分析见表 8.14。

表 8.14 价值指数计算表

功 能	成本指数 ①	功能指数 ②	价值指数 ③ = ②/①	功能改进优先顺序
F_1	0.25	0.29	1.16	—
F_2	0.34	0.21	0.62	1
F_3	0.20	0.33	1.65	—
F_4	0.21	0.17	0.81	2
合 计	1	1	—	—

4. *确定功能改进范围*

确定功能改进范围是功能评价的最后一步。确定对象改进范围的原则如下：

（1）价值系数（或价值指数）V 值低的功能。

计算出来的 $V<1$ 的功能基本上都应进行改进，特别是 V 值比 1 小得较多的功能应力求使 $V=1$。

（2）成本改进期望值大的功能。

核算功能目前成本 C、确定功能目标成本 F 后，计算成本改进期望值，从而排列出改进的优先顺序。成本改进期望值的表达式为：

$$成本改进期望值\Delta C=目前成本C-目标成本F \tag{8.9}$$

当 n 个功能区域的价值系数同样低时，就要优先选择成本改进期望值大的功能区域作为重点对象。一般情况下，当成本改进期望值大于零时，成本改进期望值大者为优先改进对象。

（3）复杂的功能。

复杂的功能往往是通过采用很多零件来实现的。一般来说，复杂的功能其价值系数（或价值指数）较低。

8.2.5　方案创新与评价

通过功能分析和功能评价，对对象整体及各组成部分的功能价值进行了分析计算和评价，明确了重点改进对象和改进目标，接下来就要依靠方案创新和方案评价来具体实现了。

1. 方案创新

方案创新是针对应改进的具体目标，依据已建立的功能系统图、功能特性和功能目标成本，通过创造性的思维和活动，提出各种不同的实现功能的方案的过程。

方案创新是价值工程能否取得成效的关键步骤。方案创新的方法很多，如头脑风暴法、模糊目标法、专家意见法等。

（1）头脑风暴法（Brain Storming Method，简称 BS 法）。

头脑风暴法的核心是自由奔放、打破常规、创造性地思考问题。其具体做法是：一般以开会的方式进行，组织者预先通知议题，会议中要求各参与者自由奔放地思考，提出不同的方案，方案多多益善，但不允许批评别人的方案，鼓励在别人建议方案的基础上补充、完善，提出新的方案。总之，头脑风暴法有四条规则：① 不互相指责；② 鼓励自由地提出想法；③ 欢迎提出大量方案；④ 欢迎完善别人提出的方案。

（2）模糊目标法（Gordon Method，即哥顿法）。

模糊目标法又称哥顿法，是美国人哥顿于 1964 年提出的方法。哥顿法也是通过会议的形式进行，但预先不通知具体议题，真正要解决的具体问题只有会议主持人知晓。在会议上，主持人仅把要解决的问题抽象介绍，使会议参加者并不明白会议的研究问题，以开拓思路。例如，要研制一种稻谷脱粒机，主持人首先向大家提出如何使物体“分离”的问题，与会者可能回答“切断”“锯断”“剪断”“烧断”等方法，会议主持人再进一步提出如何使稻谷与稻草分离的问题，最后会议形成一种高效率圆筒式稻谷脱粒机的方案。

哥顿法的优点是将问题抽象化，有利于减少束缚、产生创造性想法，难点在于主持人要机智灵活、提问得当。因为提问太具体，容易限制思路；提问太抽象，则方案可能离题太远。

（3）专家意见法（德尔菲法）。

专家意见法又称德尔菲（Delphi）法，最早于 20 世纪 50 年代由美国兰德公司首先运用。德尔菲法的具体做法是：由组织者将研究问题和要求函寄给有关专家，专家们互不了解，专家将自己的设想意见返回组织者，经过汇总整理分析后，组织者再函寄给专家征询意见，再回收整理，如此反复几次后，专家意见趋于一致，从而最终确定最优方案。

德尔菲法具有匿名性、反馈性和收敛性等特点。德尔菲法的优点是专家之间互不见面，可以排除权威、资历、多数意见等心理因素的影响；缺点是所需时间较长。

2. 方案评价

方案评价是从技术、经济和社会等方面评价所提出的各种方案，看其是否能实现规定的目标，然后从中选择最佳方案的过程。

方案评价包括方案的概略评价和方案的详细评价两个阶段，如图 8.6 所示。

概略评价是对方案创新阶段提出的新构思方案进行初步研究，其目的是从众多的方案中进行粗略的筛选，淘汰那些明显不可行的方案，留下少数几个价值较高的方案；详细评价是对概略评价所得的几个方案从技术、经济、社会三方面进行详尽的评价分析，从而为提案的编写和审批提供依据。

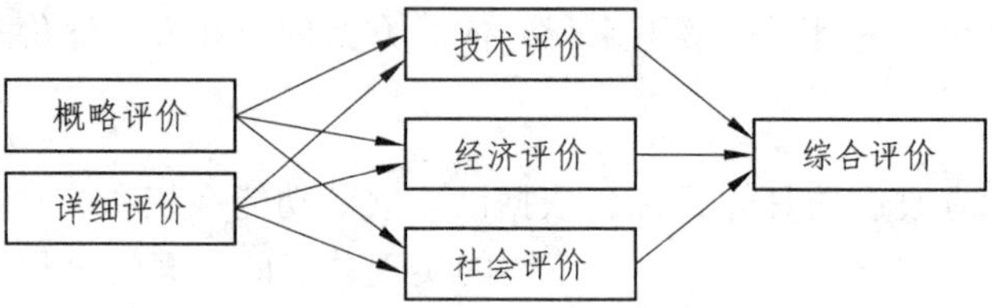

图 8.6　方案评价步骤示意图

技术评价围绕功能进行，内容是方案能否实现所需功能以及实现程度；经济评价围绕经济效果进行，内容是以成本为代表的经济可行性；社会评价围绕社会效果进行，内容是方案对社会的利弊；最后进行综合评价，选出最佳方案。

8.3　价值工程应用案例

【案例 8.1】 某业主邀请若干专家对某住宅楼的设计方案进行评价，经专家讨论确定的主要评价指标分别为：功能适用性（F_1）、经济合理性（F_2）、结构可靠性（F_3）、外形美观性（F_4）、与环境协调性（F_5）五项评价指标，各功能之间的重要性关系为：F_3 比 F_4 重要得多，F_3 比 F_1 重要，F_1 和 F_2 同等重要，F_4 和 F_5 同等重要，经过筛选后，最终对 A、B、C、D 四个设计方案进行评价，四个设计方案评价指标的评价得分结果和估算总造价见表 8.15。

表 8.15　各方案评价指标的功能得分和估算造价表

功　能	方案 A	方案 B	方案 C	方案 D
功能适用性（F_1）	9 分	8 分	10 分	7 分
经济合理性（F_2）	8 分	10 分	8 分	9 分
结构可靠性（F_3）	10 分	9 分	8 分	8 分
外形美观性（F_4）	7 分	8 分	9 分	10 分
与环境协调性（F_5）	8 分	9 分	8 分	7 分
估算总造价/万元	6 500	6 550	6 600	6 650

问题：（1）用“04”评分法计算各功能的权重。

（2）用价值指数法选择最佳设计方案。

（3）若 A、B、C、D 四个方案的年度使用费用分别为 360 万元、350 万元、340 万元、300 万元，设计使用年限均为 50 年，基准折现率为 10%，用寿命周期年费用法选择最佳设计方案。

解：（1）用“04”评分法计算各功能的权重，结果见表 8.16。

表 8.16 “04”评分法计算功能权重

功 能	F_1	F_2	F_3	F_4	F_5	得 分	功能权重
F_1	—	2	1	3	3	9	0.225
F_2	2	—	1	3	3	9	0.225
F_3	3	3	—	4	4	14	0.350
F_4	1	1	0	—	2	4	0.100
F_5	1	1	0	2	—	4	0.100
合 计						40	1

（2）用价值指数法选择最佳设计方案。

① 计算功能指数。

功能指数计算见表 8.17。

表 8.17 方案功能指数计算

功 能	功能权重	方案功能加权得分			
		A	B	C	D
F_1	0.225	9×0.225 = 2.205	8×0.225 = 1.800	10×0.225 = 2.250	7×0.225 = 1.575
F_2	0.225	8×0.225 = 1.800	10×0.225 = 2.250	8×0.225 = 1.800	9×0.225 = 2.205
F_3	0.350	10×0.350 = 3.500	9×0.350 = 3.150	8×0.350 = 2.800	8×0.350 = 2.800
F_4	0.100	7×0.100 = 0.700	8×0.100 = 0.800	9×0.100 = 0.900	10×0.100 = 1.000
F_5	0.100	8×0.100 = 0.800	9×0.100 = 0.900	8×0.100 = 0.800	7×0.100 = 0.700
合 计		9.005	8.900	8.550	8.280
功能指数		0.259	0.256	0.246	0.238

② 计算成本指数。

成本指数计算见表 8.18。

表 8.18 方案成本指数计算

方 案	A	B	C	D	合计
估算总造价	6 500	6 550	6 600	6 650	26 300
成本指数	0.247	0.249	0.251	0.253	1

③ 计算价值指数。

价值指数计算见表 8.19。

表 8.19　方案价值指数计算

方　案	A	B	C	D
功能指数	0.259	0.256	0.246	0.238
成本指数	0.247	0.249	0.251	0.253
价值指数	1.049	1.028	0.98	0.941

④ 选择最佳方案。

由于 A 方案的价值指数大于 1，且是四个方案中最大的，所以 A 方案是最佳方案。

（3）用寿命周期年费用法选择最佳设计方案。

A 方案：$6\,500\times(A/P,10\%,50)+360=6\,500\times0.100\,9+360=1\,015.85$（万元）

B 方案：$6\,550\times(A/P,10\%,50)+350=6\,550\times0.100\,9+350=1\,010.90$（万元）

C 方案：$6\,600\times(A/P,10\%,50)+340=6\,600\times0.100\,9+340=1\,005.94$（万元）

D 方案：$6\,650\times(A/P,10\%,50)+300=6\,650\times0.100\,9+300=970.99$（万元）

由于 D 方案的寿命周期年费用最低，所以 D 方案是最佳方案。

【案例 8.2】 某业主委托专家对其拟建建筑的四个设计方案进行评审。该建筑的设计使用年限为 40 年。专家在对设计方案评审中提出了功能适用性（F_1）、经济合理性（F_2）、结构可靠性（F_3）、外形美观性（F_4）、与环境协调性（F_5）五项评价指标，这五个评价指标的重要程度依次为 F_1、F_3、F_2、F_5、F_4，各方案的每项指标得分见表 8.20。

表 8.20　各方案评价指标的功能得分

功　能	方案 A	方案 B	方案 C	方案 D
功能适用性（F_1）	9 分	8 分	10 分	7 分
经济合理性（F_2）	8 分	9 分	8 分	9 分
结构可靠性（F_3）	10 分	10 分	8 分	8 分
外形美观性（F_4）	7 分	8 分	9 分	10 分
与环境协调性（F_5）	8 分	9 分	8 分	7 分

问题：（1）用“01”评分法计算各功能的权重。

（2）列式计算各方案的加权综合得分并选择最佳设计方案。

解：（1）用“01”评分法计算各功能的权重，结果见表 8.21。

表 8.21 “01”评分法计算功能权重

功　能	F_1	F_2	F_3	F_4	F_5	得　分	修正得分	功能权重
F_1	—	1	1	1	1	4	5	0.33
F_2	0	—	0	1	1	2	3	0.20
F_3	0	1	—	1	1	3	4	0.27
F_4	0	0	0	—	0	0	1	0.07
F_5	0	0	0	1	—	1	2	0.13
合　计						10	15	1

（2）列式计算各方案的加权综合得分并选择最佳设计方案。

A 方案：$0.33\times9+0.20\times8+0.27\times10+0.07\times7+0.13\times8=8.80$（分）

B 方案：$0.33\times8+0.20\times9+0.27\times10+0.07\times8+0.13\times9=8.87$（分）

C 方案：$0.33\times10+0.20\times8+0.27\times8+0.07\times9+0.13\times8=8.73$（分）

D 方案：$0.33\times7+0.20\times9+0.27\times8+0.07\times10+0.13\times7=7.88$（分）

由于 B 方案的加权综合得分最高，所以 B 方案是最佳方案。

思考题与习题

1. 什么是价值工程？价值工程中的价值是什么意思？提高价值的途径有哪些？
2. 什么是寿命周期成本？
3. 价值工程对象选择的方法有哪些？ABC 分析法的主要优点是什么？
4. 什么是功能分析？功能分析包括哪些环节？如何进行功能整理？
5. 什么是功能评价？功能评价的基本程序如何？
6. 方案创新的方法有哪些？各有何优缺点？
7. 某建设项目有三个设计方案，各方案对比项目如下：

A 方案：结构方案为大柱网框架轻墙体系，采用预应力大跨度叠合楼板，墙体材料采用多孔砖计移动式可拆装式分室隔墙，窗户采用单框双玻璃塑钢，面积利用系数为 93%，单方造价为 1 450 元/m^2。

B 方案：结构方案同 A 方案，墙体采用内浇外砌，窗户采用单框双玻璃空腹钢窗，面积利用系数为 87%，单方造价为 1 110 元/m^2。

C 方案：结构方案采用砖混结构体系，采用多孔预应力板，墙体材料采用标准黏土砖，窗户采用单玻璃空腹钢窗，面积利用系数为 79%，单方造价为 1 050 元/m^2。

方案各功能的权重及各方案的功能得分见表 8.22。试用价值工程方法选择最优设计方案。

表 8.22　各方案功能权重及功能得分表

方案功能	功能权重	方案功能得分/分		
		A	B	C
结构体系	0.25	10	10	8
模板类型	0.05	10	10	9
墙体材料	0.25	8	9	7
面积系数	0.35	9	8	7
采光效果	0.10	9	7	8

附录　复利系数表

附表 1　复利系数表（i= 4%）

N	F/P	P/F	F/A	P/A	A/F	A/P
1	1.040 0	0.961 5	1.000 0	0.961 5	1.000 0	1.040 0
2	1.081 6	0.924 6	2.040 0	1.886 1	0.490 2	0.530 2
3	1.124 9	0.889 0	3.121 6	2.775 1	0.320 3	0.360 3
4	1.169 9	0.854 8	4.246 5	3.629 9	0.235 5	0.275 5
5	1.216 7	0.821 9	5.416 3	4.451 8	0.184 6	0.224 6
6	1.265 3	0.790 3	6.633 0	5.242 1	0.150 8	0.190 8
7	1.315 9	0.759 9	7.898 3	6.002 1	0.126 6	0.166 6
8	1.368 6	0.730 7	9.214 2	6.732 7	0.108 5	0.148 5
9	1.423 3	0.702 6	10.582 8	7.435 3	0.094 5	0.134 5
10	1.480 2	0.675 6	12.006 1	8.110 9	0.083 3	0.123 3
11	1.539 5	0.649 6	13.486 4	8.760 5	0.074 1	0.114 1
12	1.601 0	0.624 6	15.025 8	9.385 1	0.066 6	0.106 6
13	1.665 1	0.600 6	16.626 8	9.985 6	0.060 1	0.100 1
14	1.731 7	0.577 5	18.291 9	10.563 1	0.054 7	0.094 7
15	1.800 9	0.555 3	20.023 6	11.118 4	0.049 9	0.089 9
16	1.873 0	0.533 9	21.824 5	11.652 3	0.045 8	0.085 8
17	1.947 9	0.513 4	23.697 5	12.165 7	0.042 2	0.082 2
18	2.025 8	0.493 6	25.645 4	12.659 3	0.039 0	0.079 0
19	2.106 8	0.474 6	27.671 2	13.133 9	0.036 1	0.076 1
20	2.191 1	0.456 4	29.778 1	13.590 3	0.033 6	0.073 6
21	2.278 8	0.438 8	31.969 2	14.029 2	0.031 3	0.071 3
22	2.369 9	0.422 0	34.248 0	14.451 1	0.029 2	0.069 2
23	2.464 7	0.405 7	36.617 9	14.856 8	0.027 3	0.067 3
24	2.563 3	0.390 1	39.082 6	15.247 0	0.025 6	0.065 6
25	2.665 8	0.375 1	41.645 9	15.622 1	0.024 0	0.064 0
26	2.772 5	0.360 7	44.311 7	15.982 8	0.022 6	0.062 6
27	2.883 4	0.346 8	47.084 2	16.329 6	0.021 2	0.061 2
28	2.998 7	0.333 5	49.967 6	16.663 1	0.020 0	0.060 0
29	3.118 7	0.320 7	52.966 3	16.983 7	0.018 9	0.058 9

续附表 1

N	F/P	P/F	F/A	P/A	A/F	A/P
30	3.243 4	0.308 3	56.084 9	17.292 0	0.017 8	0.057 8
32	3.508 1	0.285 1	62.701 5	17.873 6	0.015 9	0.055 9
34	3.794 3	0.263 6	69.857 9	18.411 2	0.014 3	0.054 3
36	4.103 9	0.243 7	77.598 3	18.908 3	0.012 9	0.052 9
38	4.438 8	0.225 3	85.970 3	19.367 9	0.011 6	0.051 6
40	4.801 0	0.208 3	95.025 5	19.792 8	0.010 5	0.050 5
42	5.192 8	0.192 6	104.819 6	20.185 6	0.009 5	0.049 5
44	5.616 5	0.178 0	115.412 9	20.548 8	0.008 7	0.048 7
46	6.074 8	0.164 6	126.870 6	20.884 7	0.007 9	0.047 9
48	6.570 5	0.152 2	139.263 2	21.195 1	0.007 2	0.047 2
50	7.106 7	0.140 7	152.667 1	21.482 2	0.006 6	0.046 6
52	7.686 6	0.130 1	167.164 7	21.747 6	0.006 0	0.046 0
54	8.313 8	0.120 3	182.845 4	21.993 0	0.005 5	0.045 5
56	8.992 2	0.111 2	199.805 5	22.219 8	0.005 0	0.045 0
58	9.726 0	0.102 8	218.149 7	22.429 6	0.004 6	0.044 6
60	10.519 6	0.095 1	237.990 7	22.623 5	0.004 2	0.044 2
62	11.378 0	0.087 9	259.450 7	22.802 8	0.003 9	0.043 9
64	12.306 5	0.081 3	282.661 9	22.968 5	0.003 5	0.043 5
66	13.3107	0.075 1	307.767 1	23.121 8	0.003 2	0.043 2
68	14.396 8	0.069 5	334.920 9	23.263 5	0.003 0	0.043 0
70	15.571 6	0.064 2	364.290 5	23.394 5	0.002 7	0.042 7
72	16.842 3	0.059 4	396.056 6	23.515 6	0.002 5	0.042 5
74	18.216 6	0.054 9	430.414 8	23.627 6	0.002 3	0.042 3
76	19.703 1	0.050 8	467.576 6	23.731 2	0.002 1	0.042 1
78	21.310 8	0.046 9	507.770 9	23.826 9	0.002 0	0.042 0
80	23.049 8	0.043 4	551.245 0	23.915 4	0.001 8	0.041 8
82	24.930 7	0.040 1	598.266 6	23.997 2	0.001 7	0.041 7
84	26.965 0	0.037 1	649.125 1	24.072 9	0.001 5	0.041 5
86	29.165 3	0.034 3	704.133 7	24.142 8	0.001 4	0.041 4
88	31.545 2	0.031 7	763.631 0	24.207 5	0.001 3	0.041 3
90	34.119 3	0.029 3	827.983 3	24.267 3	0.001 2	0.041 2
92	36.903 5	0.027 1	897.586 8	24.322 6	0.001 1	0.041 1
94	39.914 8	0.025 1	972.869 9	24.373 7	0.001 0	0.041 0
96	43.171 8	0.023 2	1054.296 0	24.420 9	0.000 9	0.040 9
98	46.694 7	0.021 4	1142.366 6	24.464 6	0.000 9	0.040 9
100	50.504 9	0.019 8	1237.623 7	24.505 0	0.000 8	0.040 8

附表 2　复利系数表（i= 5%）

N	F/P	P/F	F/A	P/A	A/F	A/P
1	1.050 0	0.952 4	1.000 0	0.952 4	1.000 0	1.050 0
2	1.102 5	0.907 0	2.050 0	1.859 4	0.487 8	0.537 8
3	1.157 6	0.863 8	3.152 5	2.723 2	0.317 2	0.367 2
4	1.215 5	0.822 7	4.310 1	3.546 0	0.232 0	0.282 0
5	1.276 3	0.783 5	5.525 6	4.329 5	0.181 0	0.231 0
6	1.340 1	0.746 2	6.801 9	5.075 7	0.147 0	0.197 0
7	1.407 1	0.710 7	8.142 0	5.786 4	0.122 8	0.172 8
8	1.477 5	0.676 8	9.549 1	6.463 2	0.104 7	0.154 7
9	1.551 3	0.644 6	11.026 6	7.107 8	0.090 7	0.140 7
10	1.628 9	0.613 9	12.577 9	7.721 7	0.079 5	0.129 5
11	1.710 3	0.584 7	14.206 8	8.306 4	0.070 4	0.120 4
12	1.795 9	0.556 8	15.917 1	8.863 3	0.062 8	0.112 8
13	1.885 6	0.530 3	17.713 0	9.393 6	0.056 5	0.106 5
14	1.979 9	0.505 1	19.598 6	9.898 6	0.051 0	0.101 0
15	2.078 9	0.481 0	21.578 6	10.379 7	0.046 3	0.096 3
16	2.182 9	0.458 1	23.657 5	10.837 8	0.042 3	0.092 3
17	2.292 0	0.436 3	25.840 4	11.274 1	0.038 7	0.088 7
18	2.406 6	0.415 5	28.132 4	11.689 6	0.035 5	0.085 5
19	2.527 0	0.395 7	30.539 0	12.085 3	0.032 7	0.082 7
20	2.653 3	0.376 9	33.066 0	12.462 2	0.030 2	0.080 2
21	2.786 0	0.358 9	35.719 3	12.821 2	0.028 0	0.078 0
22	2.925 3	0.341 8	38.505 2	13.163 0	0.026 0	0.076 0
23	3.071 5	0.325 6	41.430 5	13.488 6	0.024 1	0.074 1
24	3.225 1	0.310 1	44.502 0	13.798 6	0.022 5	0.072 5
25	3.386 4	0.295 3	47.727 1	14.093 9	0.021 0	0.071 0
26	3.555 7	0.281 2	51.113 5	14.375 2	0.019 6	0.069 6
27	3.733 5	0.267 8	54.669 1	14.643 0	0.018 3	0.068 3
28	3.920 1	0.255 1	58.402 6	14.898 1	0.017 1	0.067 1
29	4.116 1	0.242 9	62.322 7	15.141 1	0.016 0	0.066 0
30	4.321 9	0.231 4	66.438 8	15.372 5	0.015 1	0.065 1
32	4.764 9	0.209 9	75.298 8	15.802 7	0.013 3	0.063 3
34	5.253 3	0.190 4	85.067 0	16.192 9	0.011 8	0.061 8
36	5.791 8	0.172 7	95.836 3	16.546 9	0.010 4	0.060 4
38	6.385 5	0.156 6	107.709 5	16.867 9	0.009 3	0.059 3
40	7.040 0	0.142 0	120.799 8	17.159 1	0.008 3	0.058 3

续附表 2

N	F/P	P/F	F/A	P/A	A/F	A/P
42	7.761 6	0.128 8	135.231 8	17.423 2	0.007 4	0.057 4
44	8.557 2	0.116 9	151.143 0	17.662 8	0.006 6	0.056 6
46	9.434 3	0.106 0	168.685 2	17.880 1	0.005 9	0.055 9
48	10.401 3	0.096 1	188.025 4	18.077 2	0.005 3	0.055 3
50	11.467 4	0.087 2	209.348 0	18.255 9	0.004 8	0.054 8
52	12.642 8	0.079 1	232.856 2	18.418 1	0.004 3	0.054 3
54	13.938 7	0.071 7	258.773 9	18.565 1	0.003 9	0.053 9
56	15.367 4	0.065 1	287.348 2	18.698 5	0.003 5	0.053 5
58	16.942 6	0.059 0	318.851 4	18.819 5	0.003 1	0.053 1
60	18.679 2	0.053 5	353.583 7	18.929 3	0.002 8	0.052 8
62	20.593 8	0.048 6	391.876 0	19.028 8	0.002 6	0.052 6
64	22.704 7	0.044 0	434.093 3	19.119 1	0.002 3	0.052 3
66	25.031 9	0.039 9	480.637 9	19.201 0	0.002 1	0.052 1
68	27.597 7	0.036 2	531.953 3	19.275 3	0.001 9	0.051 9
70	30.426 4	0.032 9	588.528 5	19.342 7	0.001 7	0.051 7
72	33.545 1	0.029 8	650.902 7	19.403 8	0.001 5	0.051 5
74	36.983 5	0.027 0	719.670 2	19.459 2	0.001 4	0.051 4
76	40.774 3	0.024 5	795.486 4	19.509 5	0.001 3	0.051 3
78	44.953 7	0.022 2	879.073 8	19.555 1	0.001 1	0.051 1
80	49.561 4	0.020 2	971.228 8	19.596 5	0.001 0	0.051 0
82	54.641 5	0.018 3	1072.829 8	19.634 0	0.000 9	0.050 9
84	60.242 2	0.016 6	1184.844 8	19.668 0	0.000 8	0.050 8
86	66.417 1	0.015 1	1308.341 4	19.698 9	0.000 8	0.050 8
88	73.224 8	0.013 7	1444.496 4	19.726 9	0.000 7	0.050 7
90	80.730 4	0.012 4	1594.607 3	19.752 3	0.000 6	0.050 6
92	89.005 2	0.011 2	1760.104 5	19.775 3	0.000 6	0.050 6
94	98.128 3	0.010 2	1942.565 3	19.796 2	0.000 5	0.050 5
96	108.186 4	0.009 2	2143.728 2	19.815 1	0.000 5	0.050 5
98	119.275 5	0.008 4	2365.510 3	19.832 3	0.000 4	0.050 4
100	131.501 3	0.007 6	2610.025 2	19.847 9	0.000 4	0.050 4

附表 3　复利系数表（$i = 6\%$）

N	F/P	P/F	F/A	P/A	A/F	A/P
1	1.060 0	0.943 4	1.000 0	0.943 4	1.000 0	1.060 0
2	1.123 6	0.890 0	2.060 0	1.833 4	0.485 4	0.545 4
3	1.191 0	0.839 6	3.183 6	2.673 0	0.314 1	0.374 1
4	1.262 5	0.792 1	4.374 6	3.465 1	0.228 6	0.288 6
5	1.338 2	0.747 3	5.637 1	4.212 4	0.177 4	0.237 4
6	1.418 5	0.705 0	6.975 3	4.917 3	0.143 4	0.203 4
7	1.503 6	0.665 1	8.393 8	5.582 4	0.119 1	0.179 1
8	1.593 8	0.627 4	9.897 5	6.209 8	0.101 0	0.161 0
9	1.689 5	0.591 9	11.491 3	6.801 7	0.087 0	0.147 0
10	1.790 8	0.558 4	13.180 8	7.360 1	0.075 9	0.135 9
11	1.898 3	0.526 8	14.971 6	7.886 9	0.066 8	0.126 8
12	2.012 2	0.497 0	16.869 9	8.383 8	0.059 3	0.119 3
13	2.132 9	0.468 8	18.882 1	8.852 7	0.053 0	0.113 0
14	2.260 9	0.442 3	21.015 1	9.295 0	0.047 6	0.107 6
15	2.396 6	0.417 3	23.276 0	9.712 2	0.043 0	0.103 0
16	2.540 4	0.393 6	25.672 5	10.105 9	0.039 0	0.099 0
17	2.692 8	0.371 4	28.212 9	10.477 3	0.035 4	0.095 4
18	2.854 3	0.350 3	30.905 7	10.827 6	0.032 4	0.092 4
19	3.025 6	0.330 5	33.760 0	11.158 1	0.029 6	0.089 6
20	3.207 1	0.311 8	36.785 6	11.469 9	0.027 2	0.087 2
21	3.399 6	0.294 2	39.992 7	11.764 1	0.025 0	0.085 0
22	3.603 5	0.277 5	43.392 3	12.041 6	0.023 0	0.083 0
23	3.819 7	0.261 8	46.995 8	12.303 4	0.021 3	0.081 3
24	4.048 9	0.247 0	50.815 6	12.550 4	0.019 7	0.079 7
25	4.291 9	0.233 0	54.864 5	12.783 4	0.018 2	0.078 2
26	4.549 4	0.219 8	59.156 4	13.003 2	0.016 9	0.076 9
27	4.822 3	0.207 4	63.705 8	13.210 5	0.015 7	0.075 7
28	5.111 7	0.195 6	68.528 1	13.406 2	0.014 6	0.074 6
29	5.418 4	0.184 6	73.639 8	13.590 7	0.013 6	0.073 6
30	5.743 5	0.174 1	79.058 2	13.764 8	0.012 6	0.072 6
32	6.453 4	0.155 0	90.889 8	14.084 0	0.011 0	0.071 0
34	7.251 0	0.137 9	104.183 8	14.368 1	0.009 6	0.069 6
36	8.147 3	0.122 7	119.120 9	14.621 0	0.008 4	0.068 4
38	9.154 3	0.109 2	135.904 2	14.846 0	0.007 4	0.067 4

续附表 3

N	F/P	P/F	F/A	P/A	A/F	A/P
40	10.285 7	0.097 2	154.762 0	15.046 3	0.006 5	0.066 5
42	11.557 0	0.086 5	175.950 5	15.224 5	0.005 7	0.065 7
44	12.985 5	0.077 0	199.758 0	15.383 2	0.005 0	0.065 0
46	14.590 5	0.068 5	226.508 1	15.524 4	0.004 4	0.064 4
48	16.393 9	0.061 0	256.564 5	15.650 0	0.003 9	0.063 9
50	18.420 2	0.054 3	290.335 9	15.761 9	0.003 4	0.063 4
52	20.696 9	0.048 3	328.281 4	15.861 4	0.003 0	0.063 0
54	23.255 0	0.043 0	370.917 0	15.950 0	0.002 7	0.062 7
56	26.129 3	0.038 3	418.822 3	16.028 8	0.002 4	0.062 4
58	29.358 9	0.034 1	472.648 8	16.099 0	0.002 1	0.062 1
60	32.987 7	0.030 3	533.128 2	16.161 4	0.001 9	0.061 9
62	37.065 0	0.027 0	601.082 8	16.217 0	0.001 7	0.061 7
64	41.646 2	0.024 0	677.436 7	16.266 5	0.001 5	0.061 5
66	46.793 7	0.021 4	763.227 8	16.310 5	0.001 3	0.061 3
68	52.577 4	0.019 0	859.622 8	16.349 7	0.001 2	0.061 2
70	59.075 9	0.016 9	967.932 2	16.384 5	0.001 0	0.061 0
72	66.377 7	0.015 1	1 089.628 6	16.415 6	0.000 9	0.060 9
74	74.582 0	0.013 4	1 226.366 7	16.443 2	0.000 8	0.060 8
76	83.800 3	0.011 9	1 380.005 6	16.467 8	0.000 7	0.060 7
78	94.158 1	0.010 6	1 552.634 3	16.489 7	0.000 6	0.060 6
80	105.796 0	0.009 5	1 746.599 9	16.509 1	0.000 6	0.060 6
82	118.872 4	0.008 4	1 964.539 6	16.526 5	0.000 5	0.060 5
84	133.565 0	0.007 5	2 209.416 7	16.541 9	0.000 5	0.060 5
86	150.073 6	0.006 7	2 484.560 6	16.555 6	0.000 4	0.060 4
88	168.622 7	0.005 9	2 793.712 3	16.567 8	0.000 4	0.060 4
90	189.464 5	0.005 3	3 141.075 2	16.578 7	0.000 3	0.060 3
92	212.882 3	0.004 7	3 531.372 1	16.588 4	0.000 3	0.060 3
94	239.194 6	0.004 2	3 969.909 7	16.597 0	0.000 3	0.060 3
96	268.759 0	0.003 7	4 462.650 5	16.604 7	0.000 2	0.060 2
98	301.977 6	0.003 3	5 016.294 1	16.611 5	0.000 2	0.060 2
100	339.302 1	0.002 9	5 638.368 1	16.617 5	0.000 2	0.060 2

附表 4　复利系数表（$i=8\%$）

N	F/P	P/F	F/A	P/A	A/F	A/P
1	1.080 0	0.925 9	1.000 0	0.925 9	1.000 0	1.080 0
2	1.166 4	0.857 3	2.080 0	1.783 3	0.480 8	0.560 8
3	1.259 7	0.793 8	3.246 4	2.577 1	0.308 0	0.388 0
4	1.360 5	0.735 0	4.506 1	3.312 1	0.221 9	0.301 9
5	1.469 3	0.680 6	5.866 6	3.992 7	0.170 5	0.250 5
6	1.586 9	0.630 2	7.335 9	4.622 9	0.136 3	0.216 3
7	1.713 8	0.583 5	8.922 8	5.206 4	0.112 1	0.192 1
8	1.850 9	0.540 3	10.636 6	5.746 6	0.094 0	0.174 0
9	1.999 0	0.500 2	12.487 6	6.246 9	0.080 1	0.160 1
10	2.158 9	0.463 2	14.486 6	6.710 1	0.069 0	0.149 0
11	2.331 6	0.428 9	16.645 5	7.139 0	0.060 1	0.140 1
12	2.518 2	0.397 1	18.977 1	7.536 1	0.052 7	0.132 7
13	2.719 6	0.367 7	21.495 3	7.903 8	0.046 5	0.126 5
14	2.937 2	0.340 5	24.214 9	8.244 2	0.041 3	0.121 3
15	3.172 2	0.315 2	27.152 1	8.559 5	0.036 8	0.116 8
16	3.425 9	0.291 9	30.324 3	8.851 4	0.033 0	0.113 0
17	3.700 0	0.270 3	33.750 2	9.121 6	0.029 6	0.109 6
18	3.996 0	0.250 2	37.450 2	9.371 9	0.026 7	0.106 7
19	4.315 7	0.231 7	41.446 3	9.603 6	0.024 1	0.104 1
20	4.661 0	0.214 5	45.762 0	9.818 1	0.021 9	0.101 9
21	5.033 8	0.198 7	50.422 9	10.016 8	0.019 8	0.099 8
22	5.436 5	0.183 9	55.456 8	10.200 7	0.018 0	0.098 0
23	5.871 5	0.170 3	60.893 3	10.371 1	0.016 4	0.096 4
24	6.341 2	0.157 7	66.764 8	10.528 8	0.015 0	0.095 0
25	6.848 5	0.146 0	73.105 9	10.674 8	0.013 7	0.093 7
26	7.396 4	0.135 2	79.954 4	10.810 0	0.012 5	0.092 5
27	7.988 1	0.125 2	87.350 8	10.935 2	0.011 4	0.091 4
28	8.627 1	0.115 9	95.338 8	11.051 1	0.010 5	0.090 5
29	9.317 3	0.107 3	103.965 9	11.158 4	0.009 6	0.089 6
30	10.062 7	0.099 4	113.283 2	11.257 8	0.008 8	0.088 8
32	11.737 1	0.085 2	134.213 5	11.435 0	0.007 5	0.087 5
34	13.690 1	0.073 0	158.626 7	11.586 9	0.006 3	0.086 3
36	15.968 2	0.062 6	187.102 1	11.717 2	0.005 3	0.085 3

续附表 4

N	F/P	P/F	F/A	P/A	A/F	A/P
38	18.625 3	0.053 7	220.315 9	11.828 9	0.004 5	0.084 5
40	21.724 5	0.046 0	259.056 5	11.924 6	0.003 9	0.083 9
42	25.339 5	0.039 5	304.243 5	12.006 7	0.003 3	0.083 3
44	29.556 0	0.033 8	356.949 6	12.077 1	0.002 8	0.082 8
46	34.474 1	0.029 0	418.426 1	12.137 4	0.002 4	0.082 4
48	40.210 6	0.024 9	490.132 2	12.189 1	0.002 0	0.082 0
50	46.901 6	0.021 3	573.770 2	12.233 5	0.001 7	0.081 7
52	54.706 0	0.018 3	671.325 5	12.271 5	0.001 5	0.081 5
54	63.809 1	0.015 7	785.114 1	12.304 1	0.001 3	0.081 3
56	74.427 0	0.013 4	917.837 1	12.3321	0.001 1	0.081 1
58	86.811 6	0.011 5	1 072.645 1	12.356 0	0.000 9	0.080 9
60	101.257 1	0.009 9	1 253.213 3	12.376 6	0.000 8	0.080 8
62	118.106 2	0.008 5	1 463.828 0	12.394 2	0.000 7	0.080 7
64	137.759 1	0.007 3	1 709.489 0	12.409 3	0.000 6	0.080 6
66	160.682 2	0.006 2	1 996.027 9	12.422 2	0.000 5	0.080 5
68	187.419 8	0.005 3	2 330.247 0	12.433 3	0.000 4	0.080 4
70	218.606 4	0.004 6	2 720.080 1	12.442 8	0.000 4	0.080 4
72	254.982 5	0.003 9	3 174.781 4	12.451 0	0.000 3	0.080 3
74	297.411 6	0.003 4	3 705.145 0	12.458 0	0.000 3	0.080 3
76	346.900 9	0.002 9	4 323.761 2	12.464 0	0.000 2	0.080 2
78	404.625 2	0.002 5	5 045.315 0	12.469 1	0.000 2	0.080 2
80	471.954 8	0.002 1	5 886.935 4	12.473 5	0.000 2	0.080 2
82	550.488 1	0.001 8	6 868.601 5	12.477 3	0.000 1	0.080 1
84	642.089 3	0.001 6	8 013.616 8	12.480 5	0.000 1	0.080 1
86	748.933 0	0.001 3	9 349.162 6	12.483 3	0.000 1	0.080 1
88	873.555 5	0.001 1	10 906.943 3	12.485 7	0.000 1	0.080 1
90	1 018.915 1	0.001 0	12 723.938 6	12.487 7	0.000 1	0.080 1
92	1 188.462 6	0.000 8	14 843.282 0	12.489 5	0.000 1	0.080 1
94	1 386.222 7	0.000 7	17 315.284 1	12.491 0	0.000 1	0.080 1
96	1 616.890 2	0.000 6	20 198.627 4	12.492 3	0.000 0	0.080 0
98	1 885.940 7	0.000 5	23 561.759 0	12.493 4	0.000 0	0.080 0
100	2 199.761 3	0.000 5	27 484.515 7	12.494 3	0.000 0	0.080 0

附表 5　复利系数表（i= 10%）

N	F/P	P/F	F/A	P/A	A/F	A/P
1	1.100 0	0.909 1	1.000 0	0.909 1	1.000 0	1.100 0
2	1.210 0	0.826 4	2.100 0	1.735 5	0.476 2	0.576 2
3	1.331 0	0.751 3	3.310 0	2.486 9	0.302 1	0.402 1
4	1.464 1	0.683 0	4.641 0	3.169 9	0.215 5	0.315 5
5	1.610 5	0.620 9	6.105 1	3.790 8	0.163 8	0.263 8
6	1.771 6	0.564 5	7.715 6	4.355 3	0.129 6	0.229 6
7	1.948 7	0.513 2	9.487 2	4.868 4	0.105 4	0.205 4
8	2.143 6	0.466 5	11.435 9	5.334 9	0.087 4	0.187 4
9	2.357 9	0.424 1	13.579 5	5.759 0	0.073 6	0.173 6
10	2.593 7	0.385 5	15.937 4	6.144 6	0.062 7	0.162 7
11	2.853 1	0.350 5	18.531 2	6.495 [illegible]	0.054 0	0.154 0
12	3.138 4	0.318 6	21.384 3	6.81[illegible]	0.046 8	0.146 8
13	3.452 3	0.289 7	24.522 7	7.103 4	0.040 8	0.140 8
14	3.797 5	0.263 3	27.975 0	7.366 7	0.035 7	0.135 7
15	4.177 2	0.239 4	31.772 5	7.606 1	0.031 5	0.131 5
16	4.595 0	0.217 6	35.949 7	7.823 7	0.027 8	0.127 8
17	5.054 5	0.197 8	40.544 7	8.021 6	0.024 7	0.124 7
18	5.559 9	0.179 9	45.599 2	8.201 4	0.021 9	0.121 9
19	6.115 9	0.163 5	51.159 1	8.364 9	0.019 5	0.119 5
20	6.727 5	0.148 6	57.275 0	8.513 6	0.017 5	0.117 5
21	7.400 2	0.135 1	64.002 5	8.648 7	0.015 6	0.115 6
22	8.140 3	0.122 8	71.402 7	8.771 5	0.014 0	0.114 0
23	8.954 3	0.111 7	79.543 0	8.883 2	0.012 6	0.112 6
24	9.849 7	0.101 5	88.497 3	8.984 7	0.011 3	0.111 3
25	10.834 7	0.092 3	98.347 1	9.077 0	0.010 2	0.110 2
26	11.918 2	0.083 9	109.181 8	9.160 9	0.009 2	0.109 2
27	13.110 0	0.076 3	121.099 9	9.237 2	0.008 3	0.108 3
28	14.421 0	0.069 3	134.209 9	9.306 6	0.007 5	0.107 5
29	15.863 1	0.063 0	148.630 9	9.369 6	0.006 7	0.106 7
30	17.449 4	0.057 3	164.494 0	9.426 9	0.006 1	0.106 1
32	21.113 8	0.047 4	201.137 8	9.526 4	0.005 0	0.105 0
34	25.547 7	0.039 1	245.476 7	9.608 6	0.004 1	0.104 1
36	30.912 7	0.032 3	299.126 8	9.676 5	0.003 3	0.103 3

续附表 5

N	F/P	P/F	F/A	P/A	A/F	A/P
38	37.404 3	0.026 7	364.043 4	9.732 7	0.002 7	0.102 7
40	45.259 3	0.022 1	442.592 6	9.779 1	0.002 3	0.102 3
42	54.763 7	0.018 3	537.637 0	9.817 4	0.001 9	0.101 9
44	66.264 1	0.015 1	652.640 8	9.849 1	0.001 5	0.101 5
46	80.179 5	0.012 5	791.795 3	9.875 3	0.001 3	0.101 3
48	97.017 2	0.010 3	960.172 3	9.896 9	0.001 0	0.101 0
50	117.390 9	0.008 5	1 163.908 5	9.914 8	0.000 9	0.100 9
52	142.042 9	0.007 0	1 410.429 3	9.929 6	0.000 7	0.100 7
54	171.871 9	0.005 8	1 708.719 5	9.941 8	0.000 6	0.100 6
56	207.965 1	0.004 8	2 069.650 6	9.951 9	0.000 5	0.100 5
58	251.637 7	0.004 0	2 506.377 2	9.960 3	0.000 4	0.100 4
60	304.481 6	0.003 3	3 034.816 4	9.967 2	0.000 3	0.100 3
62	368.422 8	0.002 7	3 674.227 8	9.972 9	0.000 3	0.100 3
64	445.791 6	0.002 2	4 447.915 7	9.977 6	0.000 2	0.100 2
66	539.407 8	0.001 9	5 384.078 0	9.981 5	0.000 2	0.100 2
68	652.683 4	0.001 5	6 516.834 4	9.984 7	0.000 2	0.100 2
70	789.747 0	0.001 3	7 887.469 6	9.987 3	0.000 1	0.100 1
72	955.593 8	0.001 0	9 545.938 2	9.989 5	0.000 1	0.100 1
74	1 156.268 5	0.000 9	11 552.685 2	9.991 4	0.000 1	0.100 1
76	1 399.084 9	0.000 7	13 980.849 1	9.992 9	0.000 1	0.100 1
78	1 692.892 7	0.000 6	16 918.927 4	9.994 1	0.000 1	0.100 1
80	2 048.400 2	0.000 5	20 474.002 1	9.995 1	0.000 0	0.100 0
82	2 478.564 3	0.000 4	24 775.642 6	9.996 0	0.000 0	0.100 0
84	2 999.062 8	0.000 3	29 980.627 5	9.996 7	0.000 0	0.100 0
86	3 628.865 9	0.000 3	36 278.659 3	9.997 2	0.000 0	0.100 0
88	4 390.927 8	0.000 2	43 899.277 8	9.997 7	0.000 0	0.100 0
90	5 313.022 6	0.000 2	53 120.226 1	9.998 1	0.000 0	0.100 0
92	6 428.757 4	0.000 2	64 277.573 6	9.998 4	0.000 0	0.100 0
94	7 778.796 4	0.000 1	77 777.964 1	9.998 7	0.000 0	0.100 0
96	9 412.3437	0.000 1	94 113.436 5	9.998 9	0.000 0	0.100 0
98	11 388.935 8	0.000 1	11 3879.358 2	9.999 1	0.000 0	0.100 0
100	13 780.612 3	0.000 1	13 7796.123 4	9.999 3	0.000 0	0.100 0

附表 6　复利系数表（$i=12\%$）

N	F/P	P/F	F/A	P/A	A/F	A/P
1	1.120 0	0.892 9	1.000 0	0.892 9	1.000 0	1.120 0
2	1.254 4	0.797 2	2.120 0	1.690 1	0.471 7	0.591 7
3	1.404 9	0.711 8	3.374 4	2.401 8	0.296 3	0.416 3
4	1.573 5	0.635 5	4.779 3	3.037 3	0.209 2	0.329 2
5	1.762 3	0.567 4	6.352 8	3.604 8	0.157 4	0.277 4
6	1.973 8	0.506 6	8.115 2	4.111 4	0.123 2	0.243 2
7	2.210 7	0.452 3	10.089 0	4.563 8	0.099 1	0.219 1
8	2.476 0	0.403 9	12.299 7	4.967 6	0.081 3	0.201 3
9	2.773 1	0.360 6	14.775 7	5.328 2	0.067 7	0.187 7
10	3.105 8	0.322 0	17.548 7	5.650 2	0.057 0	0.177 0
11	3.478 5	0.287 5	20.654 6	5.937 7	0.048 4	0.168 4
12	3.896 0	0.256 7	24.133 1	6.194 4	0.041 4	0.161 4
13	4.363 5	0.229 2	28.029 1	6.423 5	0.035 7	0.155 7
14	4.887 1	0.204 6	32.392 6	6.628 2	0.030 9	0.150 9
15	5.473 6	0.182 7	37.279 7	6.810 9	0.026 8	0.146 8
16	6.130 4	0.163 1	42.753 3	6.974 0	0.023 4	0.143 4
17	6.866 0	0.145 6	48.883 7	7.119 6	0.020 5	0.140 5
18	7.690 0	0.130 0	55.749 7	7.249 7	0.017 9	0.137 9
19	8.612 8	0.116 1	63.439 7	7.365 8	0.015 8	0.135 8
20	9.646 3	0.103 7	72.052 4	7.469 4	0.013 9	0.133 9
21	10.803 8	0.092 6	81.698 7	7.562 0	0.012 2	0.132 2
22	12.100 3	0.082 6	92.502 6	7.644 6	0.010 8	0.130 8
23	13.552 3	0.073 8	104.602 9	7.718 4	0.009 6	0.129 6
24	15.178 6	0.065 9	118.155 2	7.784 3	0.008 5	0.128 5
25	17.000 1	0.058 8	133.333 9	7.843 1	0.007 5	0.127 5
26	19.040 1	0.052 5	150.333 9	7.895 7	0.006 7	0.126 7
27	21.324 9	0.046 9	169.374 0	7.942 6	0.005 9	0.125 9
28	23.883 9	0.041 9	190.698 9	7.984 4	0.005 2	0.125 2
29	26.749 9	0.037 4	214.582 8	8.021 8	0.004 7	0.124 7
30	29.959 9	0.033 4	241.332 7	8.055 2	0.004 1	0.124 1
32	37.581 7	0.026 6	304.847 7	8.111 6	0.003 3	0.123 3
34	47.142 5	0.021 2	384.521 0	8.156 6	0.002 6	0.122 6
36	59.135 6	0.016 9	484.463 1	8.192 4	0.002 1	0.122 1

续附表 6

N	F/P	P/F	F/A	P/A	A/F	A/P
38	74.179 7	0.013 5	609.830 5	8.221 0	0.001 6	0.121 6
40	93.051 0	0.010 7	767.091 4	8.243 8	0.001 3	0.121 3
42	116.723 1	0.008 6	964.359 5	8.261 9	0.001 0	0.121 0
44	146.417 5	0.006 8	1 211.812 5	8.276 4	0.000 8	0.120 8
46	183.666 1	0.005 4	1 522.217 6	8.288 0	0.000 7	0.120 7
48	230.390 8	0.004 3	1 911.589 8	8.297 2	0.000 5	0.120 5
50	289.002 2	0.003 5	2 400.018 2	8.304 5	0.000 4	0.120 4
52	362.524 3	0.002 8	3 012.702 9	8.310 3	0.000 3	0.120 3
54	454.750 5	0.002 2	3 781.254 5	8.315 0	0.000 3	0.120 3
56	570.439 1	0.001 8	4 745.325 7	8.318 7	0.000 2	0.120 2
58	715.558 8	0.001 4	5 954.656 5	8.321 7	0.000 2	0.120 2
60	897.596 9	0.001 1	7 471.641 1	8.324 0	0.000 1	0.120 1
62	1 125.945 6	0.000 9	9 374.546 6	8.325 9	0.000 1	0.120 1
64	1 412.386 2	0.000 7	11 761.551 3	8.327 4	0.000 1	0.120 1
66	1 771.697 2	0.000 6	14 755.809 9	8.328 6	0.000 1	0.120 1
68	2 222.417 0	0.000 4	18 511.808 0	8.329 6	0.000 1	0.120 1
70	2 787.799 8	0.000 4	23 223.331 9	8.330 3	0.000 0	0.120 0
72	3 497.016 1	0.000 3	29 133.467 5	8.331 0	0.000 0	0.120 0
74	4 386.657 0	0.000 2	36 547.141 7	8.331 4	0.000 0	0.120 0
76	5 502.622 5	0.000 2	45 846.854 5	8.331 8	0.000 0	0.120 0
78	6 902.489 7	0.000 1	57 512.414 3	8.332 1	0.000 0	0.120 0
80	8 658.483 1	0.000 1	72 145.692 5	8.332 4	0.000 0	0.120 0
82	10 861.201 2	0.000 1	90 501.676 7	8.332 6	0.000 0	0.120 0
84	13 624.290 8	0.000 1	113 527.423 2	8.332 7	0.000 0	0.120 0
86	17 090.310 4	0.000 1	142 410.919 7	8.332 8	0.000 0	0.120 0
88	21 438.085 3	0.000 0	178 642.377 7	8.332 9	0.000 0	0.120 0
90	26 891.934 2	0.000 0	224 091.118 5	8.333 0	0.000 0	0.120 0
92	33 733.242 3	0.000 0	281 102.019 1	8.333 1	0.000 0	0.120 0
94	42 314.979 1	0.000 0	352 616.492 7	8.333 1	0.000 0	0.120 0
96	53 079.909 8	0.000 0	442 324.248 5	8.333 2	0.000 0	0.120 0
98	66 583.438 9	0.000 0	554 853.657 3	8.333 2	0.000 0	0.120 0
100	83 522.265 7	0.000 0	696 010.547 7	8.333 2	0.000 0	0.120 0

附表 7　复利系数表（i= 15%）

N	F/P	P/F	F/A	P/A	A/F	A/P
1	1.150 0	0.869 6	1.000 0	0.869 6	1.000 0	1.150 0
2	1.322 5	0.756 1	2.150 0	1.625 7	0.465 1	0.615 1
3	1.520 9	0.657 5	3.472 5	2.283 2	0.288 0	0.438 0
4	1.749 0	0.571 8	4.993 4	2.855 0	0.200 3	0.350 3
5	2.011 4	0.497 2	6.742 4	3.352 2	0.148 3	0.298 3
6	2.313 1	0.432 3	8.753 7	3.784 5	0.114 2	0.264 2
7	2.660 0	0.375 9	11.066 8	4.160 4	0.090 4	0.240 4
8	3.059 0	0.326 9	13.726 8	4.487 3	0.072 9	0.222 9
9	3.517 9	0.284 3	16.785 8	4.771 6	0.059 6	0.209 6
10	4.045 6	0.247 2	20.303 7	5.018 8	0.049 3	0.199 3
11	4.652 4	0.214 9	24.349 3	5.233 7	0.041 1	0.191 1
12	5.350 3	0.186 9	29.001 7	5.420 6	0.034 5	0.184 5
13	6.152 8	0.162 5	34.351 9	5.583 1	0.029 1	0.179 1
14	7.075 7	0.141 3	40.504 7	5.724 5	0.024 7	0.174 7
15	8.137 1	0.122 9	47.580 4	5.847 4	0.021 0	0.171 0
16	9.357 6	0.106 9	55.717 5	5.954 2	0.017 9	0.167 9
17	10.761 3	0.092 9	65.075 1	6.047 2	0.015 4	0.165 4
18	12.375 5	0.080 8	75.836 4	6.128 0	0.013 2	0.163 2
19	14.231 8	0.070 3	88.211 8	6.198 2	0.011 3	0.161 3
20	16.366 5	0.061 1	102.443 6	6.259 3	0.009 8	0.159 8
21	18.821 5	0.053 1	118.810 1	6.312 5	0.008 4	0.158 4
22	21.644 7	0.046 2	137.631 6	6.358 7	0.007 3	0.157 3
23	24.891 5	0.040 2	159.276 4	6.398 8	0.006 3	0.156 3
24	28.625 2	0.034 9	184.167 8	6.433 8	0.005 4	0.155 4
25	32.919 0	0.030 4	212.793 0	6.464 1	0.004 7	0.154 7
26	37.856 8	0.026 4	245.712 0	6.490 6	0.004 1	0.154 1
27	43.535 3	0.023 0	283.568 8	6.513 5	0.003 5	0.153 5
28	50.065 6	0.020 0	327.104 1	6.533 5	0.003 1	0.153 1
29	57.575 5	0.017 4	377.169 7	6.550 9	0.002 7	0.152 7
30	66.211 8	0.015 1	434.745 1	6.566 0	0.002 3	0.152 3
32	87.565 1	0.011 4	577.100 5	6.590 5	0.001 7	0.151 7
34	115.804 8	0.008 6	765.365 4	6.609 1	0.001 3	0.151 3
36	153.151 9	0.006 5	1 014.345 7	6.623 1	0.001 0	0.151 0

续附表 7

N	F/P	P/F	F/A	P/A	A/F	A/P
38	202.543 3	0.004 9	1 343.622 2	6.633 8	0.000 7	0.150 7
40	267.863 5	0.003 7	1 779.090 3	6.641 8	0.000 6	0.150 6
42	354.249 5	0.002 8	2 354.996 9	6.647 8	0.000 4	0.150 4
44	468.495 0	0.002 1	3 116.633 4	6.652 4	0.000 3	0.150 3
46	619.584 7	0.001 6	4 123.897 7	6.655 9	0.000 2	0.150 2
48	819.400 7	0.001 2	5 456.004 7	6.658 5	0.000 2	0.150 2
50	1 083.657 4	0.000 9	7 217.716 3	6.660 5	0.000 1	0.150 1
52	1 433.137 0	0.000 7	9 547.579 8	6.662 0	0.000 1	0.150 1
54	1 895.323 6	0.000 5	12 628.824 3	6.663 1	0.000 1	0.150 1
56	2 506.565 5	0.0004	16 703.770 1	6.664 0	0.000 1	0.150 1
58	3 314.932 9	0.000 3	22 092.885 9	6.664 7	0.000 0	0.150 0
60	4 383.998 7	0.000 2	29 219.991 6	6.665 1	0.000 0	0.150 0
62	5 797.838 3	0.000 2	38 645.588 9	6.665 5	0.000 0	0.150 0
64	7 667.641 2	0.000 1	51 110.941 4	6.665 8	0.000 0	0.150 0
66	10 140.455 5	0.000 1	67 596.370 0	6.666 0	0.000 0	0.150 0
68	13 410.752 4	0.000 1	89 398.349 3	6.666 2	0.000 0	0.150 0
70	17 735.720 0	0.000 1	118 231.466 9	6.666 3	0.000 0	0.150 0
72	23 455.489 8	0.000 0	156 363.265 0	6.666 4	0.000 0	0.150 0
74	31 019.885 2	0.000 0	206 792.568 0	6.666 5	0.000 0	0.150 0
76	41 023.798 2	0.000 0	273 485.321 1	6.666 5	0.000 0	0.150 0
78	54 253.973 1	0.000 0	361 686.487 2	6.666 5	0.000 0	0.150 0
80	71 750.879 4	0.000 0	478 332.529 3	6.666 6	0.000 0	0.150 0
82	94 890.5380	0.000 0	632 596.920 1	6.666 6	0.000 0	0.150 0
84	125 492.736 5	0.000 0	836 611.576 8	6.666 6	0.000 0	0.150 0
86	165 964.144 0	0.0000	1 106 420.960 3	6.666 6	0.000 0	0.150 0
88	219 487.580 5	0.000 0	1 463 243.870 0	6.666 6	0.000 0	0.150 0
90	290 272.325 2	0.000 0	1 935 142.168 0	6.666 6	0.000 0	0.150 0
92	383 885.150 1	0.000 0	2 559 227.667 2	6.666 6	0.000 0	0.150 0
94	507 688.111 0	0.000 0	3 384 580.739 9	6.666 7	0.000 0	0.150 0
96	671 417.526 8	0.000 0	4 476 110.178 5	6.666 7	0.000 0	0.150 0
98	887 949.679 2	0.000 0	5 919 657.861 1	6.666 7	0.000 0	0.150 0
100	1 174 313.450 7	0.000 0	7 828 749.671 3	6.666 7	0.000 0	0.150 0

附表 8 复利系数表（$i=20\%$）

N	F/P	P/F	F/A	P/A	A/F	A/P
1	1.200 0	0.833 3	1.000 0	0.833 3	1.000 0	1.200 0
2	1.440 0	0.694 4	2.200 0	1.527 8	0.454 5	0.654 5
3	1.728 0	0.578 7	3.640 0	2.106 5	0.274 7	0.474 7
4	2.073 6	0.482 3	5.368 0	2.588 7	0.186 3	0.386 3
5	2.488 3	0.401 9	7.441 6	2.990 6	0.134 4	0.334 4
6	2.986 0	0.334 9	9.929 9	3.325 5	0.100 7	0.300 7
7	3.583 2	0.279 1	12.915 9	3.604 6	0.077 4	0.277 4
8	4.299 8	0.232 6	16.499 1	3.837 2	0.060 6	0.260 6
9	5.159 8	0.193 8	20.798 9	4.031 0	0.048 1	0.248 1
10	6.191 7	0.161 5	25.958 7	4.192 5	0.038 5	0.238 5
11	7.430 1	0.134 6	32.150 4	4.327 1	0.031 1	0.231 1
12	8.916 1	0.112 2	39.580 5	4.439 2	0.025 3	0.225 3
13	10.699 3	0.093 5	48.496 6	4.532 7	0.020 6	0.220 6
14	12.839 2	0.077 9	59.195 9	4.610 6	0.016 9	0.216 9
15	15.407 0	0.064 9	72.035 1	4.675 5	0.013 9	0.213 9
16	18.488 4	0.054 1	87.442 1	4.729 6	0.011 4	0.211 4
17	22.186 1	0.045 1	105.930 6	4.774 6	0.009 4	0.209 4
18	26.623 3	0.037 6	128.116 7	4.812 2	0.007 8	0.207 8
19	31.948 0	0.031 3	154.740 0	4.843 5	0.006 5	0.206 5
20	38.337 6	0.026 1	186.688 0	4.869 6	0.005 4	0.205 4
21	46.005 1	0.021 7	225.025 6	4.891 3	0.004 4	0.204 4
22	55.206 1	0.018 1	271.030 7	4.909 4	0.003 7	0.203 7
23	66.247 4	0.015 1	326.236 9	4.924 5	0.003 1	0.203 1
24	79.496 8	0.012 6	392.484 2	4.937 1	0.002 5	0.202 5
25	95.396 2	0.010 5	471.981 1	4.947 6	0.002 1	0.202 1
26	114.475 5	0.008 7	567.377 3	4.956 3	0.001 8	0.201 8
27	137.370 6	0.007 3	681.852 8	4.963 6	0.001 5	0.201 5
28	164.844 7	0.006 1	819.223 3	4.969 7	0.001 2	0.201 2
29	197.813 6	0.005 1	984.068 0	4.974 7	0.001 0	0.201 0
30	237.376 3	0.004 2	1 181.881 6	4.978 9	0.000 8	0.200 8
32	341.821 9	0.002 9	1 704.109 5	4.985 4	0.000 6	0.200 6
34	492.223 5	0.002 0	2 456.117 6	4.989 8	0.000 4	0.200 4
36	708.801 9	0.001 4	3 539.009 4	4.992 9	0.000 3	0.200 3

续附表 8

N	F/P	P/F	F/A	P/A	A/F	A/P
38	1 020.674 7	0.001 0	5 098.373 5	4.995 1	0.000 2	0.200 2
40	1 469.771 6	0.000 7	7 343.857 8	4.996 6	0.000 1	0.200 1
42	2 116.471 1	0.000 5	10 577.355 3	4.997 6	0.000 1	0.200 1
44	3 047.718 3	0.000 3	15 233.591 6	4.998 4	0.000 1	0.200 1
46	4 388.714 4	0.000 2	21 938.571 9	4.998 9	0.000 0	0.200 0
48	6 319.748 7	0.000 2	31 593.743 6	4.999 2	0.000 0	0.200 0
50	9 100.438 2	0.000 1	45 497.190 8	4.999 5	0.000 0	0.200 0
52	13 104.630 9	0.000 1	65 518.154 7	4.999 6	0.000 0	0.200 0
54	18 870.668 5	0.000 1	94 348.342 7	4.999 7	0.000 0	0.200 0
56	27 173.762 7	0.000 0	135 863.813 5	4.999 8	0.000 0	0.200 0
58	39 130.218 3	0.000 0	195 646.091 5	4.999 9	0.000 0	0.200 0
60	56 347.514 4	0.000 0	281 732.571 8	4.999 9	0.000 0	0.200 0
62	81 140.420 7	0.000 0	405 697.103 3	4.999 9	0.000 0	0.200 0
64	116 842.205 8	0.000 0	584 206.028 8	5.000 0	0.000 0	0.200 0
66	168 252.776 3	0.000 0	841 258.881 5	5.000 0	0.000 0	0.200 0
68	242 283.997 9	0.000 0	1 211 414.989 3	5.000 0	0.000 0	0.200 0
70	348 888.956 9	0.000 0	1 744 439.784 7	5.000 0	0.000 0	0.200 0
72	502 400.098 0	0.000 0	2 511 995.489 9	5.000 0	0.000 0	0.200 0
74	723 456.141 1	0.000 0	3 617 275.705 5	5.000 0	0.000 0	0.200 0
76	1 041 776.843 2	0.000 0	5 208 879.215 9	5.000 0	0.000 0	0.200 0
78	1 500 158.654 2	0.000 0	7 500 788.270 9	5.000 0	0.000 0	0.200 0
80	2 160 228.462 0	0.000 0	10 801 137.310 1	5.000 0	0.000 0	0.200 0
82	3 110 728.985 3	0.000 0	15 553 639.926 5	5.000 0	0.000 0	0.200 0
84	4 479 449.738 8	0.000 0	22 397 243.694 1	5.000 0	0.000 0	0.200 0
86	6 450 407.623 9	0.0000	32 252 033.119 5	5.000 0	0.000 0	0.200 0
88	9 288 586.978 4	0.0000	46 442 929.892 1	5.000 0	0.000 0	0.200 0
90	13 375 565.248 9	0.0000	66 877 821.244 7	5.000 0	0.000 0	0.200 0
92	19 260 813.958 5	0.0000	96 304 064.792 3	5.000 0	0.000 0	0.200 0
94	27 735 572.100 2	0.0000	138 677 855.501 0	5.000 0	0.000 0	0.200 0
96	39 939 223.824 3	0.0000	199 696 114.121 4	5.000 0	0.000 0	0.200 0
98	57 512 482.307 0	0.0000	287 562 406.534 8	5.000 0	0.000 0	0.200 0
100	82 817 974.522 0	0.0000	414 089 867.610 1	5.000 0	0.000 0	0.200 0

附表 9　复利系数表（$i=25\%$）

N	F/P	P/F	F/A	P/A	A/F	A/P
1	1.250 0	0.800 0	1.000 0	0.800 0	1.000 0	1.250 0
2	1.562 5	0.640 0	2.250 0	1.440 0	0.444 4	0.694 4
3	1.953 1	0.512 0	3.812 5	1.952 0	0.262 3	0.512 3
4	2.441 4	0.409 6	5.765 6	2.361 6	0.173 4	0.423 4
5	3.051 8	0.327 7	8.207 0	2.689 3	0.121 8	0.371 8
6	3.814 7	0.262 1	11.258 8	2.951 4	0.088 8	0.338 8
7	4.768 4	0.209 7	15.073 5	3.161 1	0.066 3	0.316 3
8	5.960 5	0.167 8	19.841 9	3.328 9	0.050 4	0.300 4
9	7.450 6	0.134 2	25.802 3	3.463 1	0.038 8	0.288 8
10	9.313 2	0.107 4	33.252 9	3.570 5	0.030 1	0.280 1
11	11.641 5	0.085 9	42.566 1	3.656 4	0.023 5	0.273 5
12	14.551 9	0.068 7	54.207 7	3.725 1	0.018 4	0.268 4
13	18.189 9	0.055 0	68.759 6	3.780 1	0.014 5	0.264 5
14	22.737 4	0.044 0	86.949 5	3.824 1	0.011 5	0.261 5
15	28.421 7	0.035 2	109.686 8	3.859 3	0.009 1	0.259 1
16	35.527 1	0.028 1	138.108 5	3.887 4	0.007 2	0.257 2
17	44.408 9	0.022 5	173.635 7	3.909 9	0.005 8	0.255 8
18	55.511 2	0.018 0	218.044 6	3.927 9	0.004 6	0.254 6
19	69.388 9	0.014 4	273.555 8	3.942 4	0.003 7	0.253 7
20	86.736 2	0.011 5	342.944 7	3.953 9	0.002 9	0.252 9
21	108.420 2	0.009 2	429.680 9	3.963 1	0.002 3	0.252 3
22	135.525 3	0.007 4	538.101 1	3.970 5	0.001 9	0.251 9
23	169.406 6	0.005 9	673.626 4	3.976 4	0.001 5	0.251 5
24	211.758 2	0.004 7	843.032 9	3.981 1	0.001 2	0.251 2
25	264.697 8	0.003 8	1 054.791 2	3.984 9	0.000 9	0.250 9
26	330.872 2	0.003 0	1 319.489 0	3.987 9	0.000 8	0.250 8
27	413.590 3	0.002 4	1 650.361 2	3.990 3	0.000 6	0.250 6
28	516.987 9	0.001 9	2 063.951 5	3.992 3	0.000 5	0.250 5
29	646.234 9	0.001 5	2 580.939 4	3.993 8	0.000 4	0.250 4
30	807.793 6	0.001 2	3 227.174 3	3.995 0	0.000 3	0.250 3
32	1 262.177 4	0.000 8	5 044.709 8	3.996 8	0.000 2	0.250 2
34	1 972.152 3	0.000 5	7 884.609 1	3.998 0	0.000 1	0.250 1
36	3 081.487 9	0.000 3	12 321.951 6	3.998 7	0.000 1	0.250 1

续附表 9

N	F/P	P/F	F/A	P/A	A/F	A/P
38	4 814.824 9	0.000 2	19 255.299 4	3.999 2	0.000 1	0.250 1
40	7 523.163 8	0.000 1	30 088.655 4	3.999 5	0.000 0	0.250 0
42	11 754.943 5	0.000 1	47 015.774 0	3.999 7	0.000 0	0.250 0
44	18 367.099 2	0.000 1	73 464.396 9	3.999 8	0.000 0	0.250 0
46	28 698.592 5	0.000 0	114 790.370 2	3.999 9	0.000 0	0.250 0
48	44 841.550 9	0.000 0	179 362.203 4	3.999 9	0.000 0	0.250 0
50	70 064.923 2	0.000 0	280 255.692 9	3.999 9	0.000 0	0.250 0
52	109 476.442 5	0.000 0	437 901.770 1	4.000 0	0.000 0	0.250 0
54	171 056.941 4	0.000 0	684 223.765 8	4.000 0	0.000 0	0.250 0
56	267 276.471 0	0.000 0	1 069 101.884 0	4.000 0	0.000 0	0.250 0
58	417 619.486 0	0.000 0	1 670 473.943 8	4.000 0	0.000 0	0.250 0
60	652 530.446 8	0.000 0	2 610 117.787 2	4.000 0	0.000 0	0.250 0
62	1 019 578.823 1	0.000 0	4 078 311.292 5	4.000 0	0.000 0	0.250 0
64	1 593 091.911 1	0.000 0	6 372 363.644 5	4.000 0	0.000 0	0.250 0
66	2 489 206.111 1	0.000 0	9 956 820.444 6	4.000 0	0.000 0	0.250 0
68	3 889 384.548 7	0.000 0	15 557 534.194 7	4.000 0	0.000 0	0.250 0
70	6 077 163.357 3	0.000 0	24 308 649.429 1	4.000 0	0.000 0	0.250 0
72	9 495 567.745 8	0.000 0	37 982 266.983 0	4.000 0	0.000 0	0.250 0
74	14 836 824.602 7	0.000 0	59 347 294.411 0	4.000 0	0.000 0	0.250 0
76	23 182 538.441 8	0.000 0	92 730 149.767 2	4.000 0	0.000 0	0.250 0
78	36 222 716.315 3	0.000 0	144 890 861.261 2	4.000 0	0.000 0	0.250 0
80	56 597 994.242 7	0.000 0	226 391 972.970 7	4.000 0	0.000 0	0.250 0
82	88 4343 66.004 2	0.000 0	353 737 460.016 7	4.000 0	0.000 0	0.250 0
84	138 178 696.881 5	0.000 0	552 714 783.526 0	4.000 0	0.000 0	0.250 0
86	215 904 213.877 4	0.000 0	863 616 851.509 4	4.000 0	0.000 0	0.250 0
88	337 350 334.183 4	0.000 0	1 349 401 332.733 5	4.000 0	0.000 0	0.250 0
90	527 109 897.161 5	0.000 0	2 108 439 584.646 1	4.000 0	0.000 0	0.250 0
92	823 609 214.314 9	0.000 0	3 294 436 853.259 5	4.000 0	0.000 0	0.250 0
94	1 286 889 397.367 0	0.000 0	5 147 557 585.468 0	4.000 0	0.000 0	0.250 0
96	2 010 764 683.386 0	0.000 0	8 043 058 729.543 8	4.000 0	0.000 0	0.250 0
98	3 141 819 817.790 6	0.000 0	12 567 279 267.162 2	4.000 0	0.000 0	0.250 0
100	4 909 093 465.297 7	0.000 0	19 636 373 857.190 9	4.000 0	0.000 0	0.250 0

附表 10 复利系数表（$i=30\%$）

N	F/P	P/F	F/A	P/A	A/F	A/P
1	1.300 0	0.769 2	1.000 0	0.769 2	1.000 0	1.300 0
2	1.690 0	0.591 7	2.300 0	1.360 9	0.434 8	0.734 8
3	2.197 0	0.455 2	3.990 0	1.816 1	0.250 6	0.550 6
4	2.856 1	0.350 1	6.187 0	2.166 2	0.161 6	0.461 6
5	3.712 9	0.269 3	9.043 1	2.435 6	0.110 6	0.410 6
6	4.826 8	0.207 2	12.756 0	2.642 7	0.078 4	0.378 4
7	6.274 9	0.159 4	17.582 8	2.802 1	0.056 9	0.356 9
8	8.157 3	0.122 6	23.857 7	2.924 7	0.041 9	0.341 9
9	10.604 5	0.094 3	32.015 0	3.019 0	0.031 2	0.331 2
10	13.785 8	0.072 5	42.619 5	3.091 5	0.023 5	0.323 5
11	17.921 6	0.055 8	56.405 3	3.147 3	0.017 7	0.317 7
12	23.298 1	0.042 9	74.327 0	3.190 3	0.013 5	0.313 5
13	30.287 5	0.033 0	97.625 0	3.223 3	0.010 2	0.310 2
14	39.373 8	0.025 4	127.912 5	3.248 7	0.007 8	0.307 8
15	51.185 9	0.019 5	167.286 3	3.268 2	0.006 0	0.306 0
16	66.541 7	0.015 0	218.472 2	3.283 2	0.004 6	0.304 6
17	86.504 2	0.011 6	285.013 9	3.294 8	0.003 5	0.303 5
18	112.455 4	0.008 9	371.518 0	3.303 7	0.002 7	0.302 7
19	146.192 0	0.006 8	483.973 4	3.310 5	0.002 1	0.302 1
20	190.049 6	0.005 3	630.165 5	3.315 8	0.001 6	0.301 6
21	247.064 5	0.004 0	820.215 1	3.319 8	0.001 2	0.301 2
22	321.183 9	0.003 1	1 067.279 6	3.323 0	0.000 9	0.300 9
23	417.539 1	0.002 4	1 388.463 5	3.3254	0.000 7	0.300 7
24	542.800 8	0.001 8	1 806.002 6	3.3272	0.000 6	0.300 6
25	705.641 0	0.001 4	2 348.803 3	3.3286	0.000 4	0.300 4
26	917.333 3	0.001 1	3 054.444 3	3.3297	0.000 3	0.300 3
27	1 192.533 3	0.000 8	3 971.777 6	3.3305	0.000 3	0.300 3
28	1 550.293 3	0.000 6	5 164.310 9	3.3312	0.000 2	0.300 2
29	2 015.381 3	0.000 5	6 714.604 2	3.3317	0.000 1	0.300 1
30	2 619.995 6	0.000 4	8 729.985 5	3.3321	0.000 1	0.300 1
32	4 427.792 6	0.000 2	14 755.975 5	3.3326	0.000 1	0.300 1
34	7 482.969 6	0.000 1	24 939.898 5	3.332 9	0.000 0	0.300 0
36	12 646.218 6	0.000 1	42 150.728 5	3.333 1	0.000 0	0.300 0

续附表 10

N	F/P	P/F	F/A	P/A	A/F	A/P
38	21 372.109 4	0.000 0	71 237.031 2	3.333 2	0.000 0	0.300 0
40	36 118.864 8	0.000 0	120 392.882 7	3.333 2	0.000 0	0.300 0
42	61 040.881 5	0.000 0	203 466.271 8	3.333 3	0.000 0	0.300 0
44	103 159.089 8	0.000 0	343 860.299 3	3.333 3	0.000 0	0.300 0
46	174 338.861 7	0.000 0	581 126.205 8	3.333 3	0.000 0	0.300 0
48	294 632.676 3	0.000 0	982 105.587 7	3.333 3	0.000 0	0.300 0
50	497 929.223 0	0.000 0	1 659 760.743 3	3.333 3	0.000 0	0.300 0
52	841 500.386 8	0.000 0	2 804 997.956 1	3.333 3	0.000 0	0.300 0
54	1 422 135.653 8	0.000 0	4 740 448.845 8	3.333 3	0.000 0	0.300 0
56	2 403 409.254 8	0.000 0	8 011 360.849 5	3.333 3	0.000 0	0.300 0
58	4 061 761.640 7	0.000 0	13 539 202.135 6	3.333 3	0.000 0	0.300 0
60	6 864 377.172 7	0.000 0	22 881 253.909 1	3.333 3	0.000 0	0.300 0
62	11 600 797.421 9	0.000 0	38 669 321.406 5	3.333 3	0.000 0	0.300 0
64	19 605 347.643 1	0.000 0	65 351 155.476 9	3.333 3	0.000 0	0.300 0
66	33 133 037.516 8	0.000 0	110 443 455.056 0	3.333 3	0.000 0	0.300 0
68	55 994 833.403 4	0.000 0	186 649 441.344 6	3.333 3	0.000 0	0.300 0
70	94 631 268.451 7	0.000 0	315 437 558.172 4	3.333 3	0.000 0	0.300 0
72	159 926 843.683 4	0.000 0	533 089 475.611 4	3.333 3	0.000 0	0.300 0
74	270 276 365.825 0	0.000 0	900 921 216.083 3	3.333 3	0.000 0	0.300 0
76	456 767 058.244 2	0.000 0	1 522 556 857.480 7	3.333 3	0.000 0	0.300 0
78	771 936 328.432 7	0.000 0	2 573 121 091.442 4	3.333 3	0.000 0	0.300 0
80	1 304 572 395.051 3	0.000 0	4 348 574 646.837 7	3.333 3	0.000 0	0.300 0
82	2 204 727 347.636 7	0.000 0	7 349 091 155.455 8	3.333 3	0.000 0	0.300 0
84	3 725 989 217.506 1	0.000 0	12 419 964 055.020 2	3.333 3	0.000 0	0.300 0
86	6 296 921 777.585 3	0.000 0	20 989 739 255.284 2	3.333 3	0.000 0	0.300 0
88	10 641 797 804.119 1	0.000 0	35 472 659 343.730 3	3.333 3	0.000 0	0.300 0
90	17 984 638 288.961 3	0.000 0	59 948 794 293.204 3	3.333 3	0.000 0	0.300 0
92	30 394 038 708.344 6	0.000 0	101 313 462 357.815 0	3.333 3	0.000 0	0.300 0
94	51 365 925 417.102 3	0.000 0	171219 751 387.008 0	3.333 3	0.000 0	0.300 0
96	86 808 413 954.903 0	0.000 0	289 361 379 846.343 0	3.333 3	0.000 0	0.300 0
98	146 706 219 583.786 0	0.000 0	489 020 731 942.620 0	3.333 3	0.000 0	0.300 0
100	247 933 511 096.598 0	0.000 0	826 445 036 985.328 0	3.333 3	0.000 0	0.300 0

附表 11　复利系数表（i= 40%）

N	F/P	P/F	F/A	P/A	A/F	A/P
1	1.400 0	0.714 3	1.000 0	0.714 3	1.000 0	1.400 0
2	1.960 0	0.510 2	2.400 0	1.224 5	0.416 7	0.816 7
3	2.744 0	0.364 4	4.360 0	1.588 9	0.229 4	0.629 4
4	3.841 6	0.260 3	7.104 0	1.849 2	0.140 8	0.540 8
5	5.378 2	0.185 9	10.945 6	2.035 2	0.091 4	0.491 4
6	7.529 5	0.132 8	16.323 8	2.168 0	0.061 3	0.461 3
7	10.541 4	0.094 9	23.853 4	2.262 8	0.041 9	0.441 9
8	14.757 9	0.067 8	34.394 7	2.330 6	0.029 1	0.429 1
9	20.661 0	0.048 4	49.152 6	2.379 0	0.020 3	0.420 3
10	28.925 5	0.034 6	69.813 7	2.413 6	0.014 3	0.414 3
11	40.495 7	0.024 7	98.739 1	2.438 3	0.010 1	0.410 1
12	56.693 9	0.017 6	139.234 8	2.455 9	0.007 2	0.407 2
13	79.371 5	0.012 6	195.928 7	2.468 5	0.005 1	0.405 1
14	111.120 1	0.009 0	275.300 2	2.477 5	0.003 6	0.403 6
15	155.568 1	0.006 4	386.420 2	2.483 9	0.002 6	0.402 6
16	217.795 3	0.004 6	541.988 3	2.488 5	0.001 8	0.401 8
17	304.913 5	0.003 3	759.783 7	2.491 8	0.001 3	0.401 3
18	426.878 9	0.002 3	1 064.697 1	2.494 1	0.000 9	0.400 9
19	597.630 4	0.001 7	1 491.576 0	2.495 8	0.000 7	0.400 7
20	836.682 6	0.001 2	2 089.206 4	2.497 0	0.000 5	0.400 5
21	1 171.355 6	0.000 9	2 925.888 9	2.497 9	0.000 3	0.400 3
22	1 639.897 8	0.0006	4 097.244 5	2.498 5	0.000 2	0.400 2
23	2 295.856 9	0.0004	5 737.142 3	2.498 9	0.000 2	0.400 2
24	3 214.199 7	0.0003	8 032.999 3	2.499 2	0.000 1	0.400 1
25	4 499.879 6	0.0002	11 247.199 0	2.499 4	0.000 1	0.400 1
26	6 299.831 4	0.0002	15 747.078 5	2.499 6	0.000 1	0.400 1
27	8 819.764 0	0.0001	22 046.909 9	2.499 7	0.000 0	0.400 0
28	12 347.669 6	0.0001	30 866.673 9	2.499 8	0.000 0	0.400 0
29	17 286.737 4	0.0001	43 214.343 5	2.499 9	0.000 0	0.400 0
30	24 201.432 4	0.000 0	60 501.080 9	2.499 9	0.000 0	0.400 0
32	47 434.807 4	0.000 0	118 584.518 5	2.499 9	0.000 0	0.400 0
34	92 972.222 5	0.000 0	232 428.056 3	2.500 0	0.000 0	0.400 0
36	182 225.556 2	0.000 0	455 561.390 4	2.500 0	0.000 0	0.400 0

续附表 11

N	F/P	P/F	F/A	P/A	A/F	A/P
38	357 162.090 1	0.000 0	892 902.725 2	2.500 0	0.000 0	0.400 0
40	700 037.696 6	0.000 0	1 750 091.741 5	2.500 0	0.000 0	0.400 0
42	1 372 073.885 3	0.000 0	3 430 182.213 3	2.500 0	0.000 0	0.400 0
44	2 689 264.815 2	0.000 0	6 723 159.538 1	2.500 0	0.000 0	0.400 0
46	5 270 959.037 8	0.000 0	13 177 395.094 6	2.500 0	0.000 0	0.400 0
48	10 331 079.714 2	0.000 0	25 827 696.785 4	2.500 0	0.000 0	0.400 0
50	20 248 916.239 8	0.000 0	50 622 288.099 4	2.500 0	0.000 0	0.400 0
52	39 687 875.829 9	0.000 0	99 219 687.074 8	2.500 0	0.000 0	0.400 0
54	77 788 236.626 7	0.000 0	194 470 589.066 7	2.500 0	0.000 0	0.400 0
56	152 464 943.788 3	0.000 0	381 162 356.970 7	2.500 0	0.000 0	0.400 0
58	298 831 289.825 0	0.000 0	747 078 222.062 6	2.500 0	0.000 0	0.400 0
60	585 709 328.057 1	0.000 0	1 464 273 317.642 7	2.500 0	0.000 0	0.400 0
62	1 147 990 282.991 9	0.000 0	2 869 975 704.979 8	2.500 0	0.000 0	0.400 0
64	2 250 060 954.664 1	0.000 0	5 625 152 384.160 3	2.500 0	0.000 0	0.400 0
66	4 410 119 471.141 7	0.000 0	11 025 298 675.354 2	2.500 0	0.000 0	0.400 0
68	8 643 834 163.437 7	0.000 0	21 609 585 406.094 3	2.500 0	0.000 0	0.400 0
70	16 941 914 960.337 9	0.000 0	42 354 787 398.344 9	2.500 0	0.000 0	0.400 0
72	33 206 153 322.262 4	0.000 0	83 015 383 303.155 9	2.500 0	0.000 0	0.400 0
74	65 084 060 511.634 2	0.000 0	162 710 151 276.586 0	2.500 0	0.000 0	0.400 0
76	127 564 758 602.803 0	0.000 0	318 911 896 504.508 0	2.500 0	0.000 0	0.400 0
78	250 026 926 861.494 0	0.000 0	625 067 317 151.235 0	2.500 0	0.000 0	0.400 0
80	490 052 776 648.528 0	0.000 0	1 225 131 941 618.820 0	2.500 0	0.000 0	0.400 0
82	960 503 442 231.115 0	0.000 0	2 401 258 605 575.290 0	2.500 0	0.000 0	0.400 0
84	1 882 586 746 772.980 0	0.000 0	4 706 466 866 929.960 0	2.500 0	0.000 0	0.400 0
86	3 689 870 023 675.050 0	0.000 0	9 224 675 059 185.120 0	2.500 0	0.000 0	0.400 0
88	7 232 145 246 403.100 0	0.000 0	18 080 363 116 005.200 0	2.500 0	0.000 0	0.400 0
90	14 175 004 682 950.100 0	0.000 0	35 437 511 707 372.7000	2.500 0	0.000 0	0.400 0
92	27 783 009 178 582.100 0	0.000 0	69 457 522 946 452.8000	2.500 0	0.000 0	0.400 0
94	54 454 697 990 021.000 0	0.000 0	136 136 744 975 050.000 0	2.500 0	0.000 0	0.400 0
96	106 731 208 060 441.000 0	0.000 0	266 828 020 151 100.000 0	2.500 0	0.000 0	0.400 0
98	209 193 167 798 464.000 0	0.000 0	522 982 919 496 159.000 0	2.500 0	0.000 0	0.400 0
100	410 018 608 884 990.000 0	0.000 0	1 025 046 522 212 470.000 0	2.500 0	0.000 0	0.400 0

附表 12　复利系数表（i= 50%）

N	F/P	P/F	F/A	P/A	A/F	A/P
1	1.500 0	0.666 7	1.000 0	0.666 7	1.000 0	1.500 0
2	2.250 0	0.444 4	2.500 0	1.111 1	0.400 0	0.900 0
3	3.375 0	0.296 3	4.750 0	1.407 4	0.2105	0.710 5
4	5.062 5	0.197 5	8.125 0	1.604 9	0.1231	0.623 1
5	7.593 8	0.131 7	13.187 5	1.736 6	0.0758	0.575 8
6	11.390 6	0.087 8	20.781 3	1.824 4	0.0481	0.548 1
7	17.085 9	0.058 5	32.171 9	1.882 9	0.0311	0.531 1
8	25.628 9	0.039 0	49.257 8	1.922 0	0.0203	0.520 3
9	38.443 4	0.026 0	74.886 7	1.948 0	0.0134	0.513 4
10	57.665 0	0.017 3	113.330 1	1.965 3	0.0088	0.508 8
11	86.497 6	0.011 6	170.995 1	1.976 9	0.0058	0.505 8
12	129.746 3	0.007 7	257.492 7	1.984 6	0.0039	0.503 9
13	194.619 5	0.005 1	387.239 0	1.989 7	0.0026	0.502 6
14	291.929 3	0.003 4	581.858 5	1.993 1	0.0017	0.501 7
15	437.893 9	0.002 3	873.787 8	1.995 4	0.0011	0.501 1
16	656.840 8	0.001 5	1 311.681 7	1.997 0	0.0008	0.500 8
17	985.261 3	0.001 0	1 968.522 5	1.998 0	0.0005	0.500 5
18	1 477.891 9	0.000 7	2 953.783 8	1.998 6	0.0003	0.500 3
19	2 216.837 8	0.000 5	4 431.675 6	1.999 1	0.0002	0.500 2
20	3 325.256 7	0.000 3	6 648.513 5	1.999 4	0.000 2	0.500 2
21	4 987.885 1	0.000 2	9 973.770 2	1.999 6	0.000 1	0.500 1
22	7 481.827 6	0.000 1	14 961.655 3	1.999 7	0.000 1	0.500 1
23	11 222.741 5	0.000 1	22 443.482 9	1.999 8	0.000 0	0.500 0
24	16 834.112 2	0.000 1	33 666.224 4	1.999 9	0.000 0	0.500 0
25	25 251.168 3	0.000 0	50 500.336 6	1.999 9	0.000 0	0.500 0
26	37 876.752 4	0.000 0	75 751.504 9	1.999 9	0.000 0	0.500 0
27	56 815.128 7	0.000 0	113 628.257 3	2.000 0	0.000 0	0.500 0
28	85 222.693 0	0.000 0	170 443.386 0	2.000 0	0.000 0	0.500 0
29	127 834.039 5	0.000 0	255 666.079 0	2.000 0	0.000 0	0.500 0
30	191 751.059 2	0.000 0	383 500.118 5	2.000 0	0.000 0	0.500 0
32	431 439.883 3	0.000 0	862 877.766 5	2.000 0	0.000 0	0.500 0
34	970 739.737 4	0.000 0	1 941 477.474 7	2.000 0	0.000 0	0.500 0
36	2 184 164.409 1	0.000 0	4 368 326.818 1	2.000 0	0.000 0	0.500 0
38	4 914 369.920 4	0.000 0	9 828 737.840 8	2.000 0	0.000 0	0.500 0

续附表 12

N	F/P	P/F	F/A	P/A	A/F	A/P
40	11 057 332.320 9	0.000 0	22 114 662.641 9	2.000 0	0.000 0	0.500 0
42	24 878 997.722 1	0.000 0	49 757 993.444 2	2.000 0	0.000 0	0.500 0
44	55 977 744.874 8	0.000 0	111 955 487.749 5	2.000 0	0.000 0	0.500 0
46	125 949 925.968 2	0.000 0	251 899 849.936 4	2.000 0	0.000 0	0.500 0
48	283 387 333.428 5	0.000 0	566 774 664.856 9	2.000 0	0.000 0	0.500 0
50	637 621 500.214 1	0.000 0	1 275 242 998.428 1	2.000 0	0.000 0	0.500 0
52	1 434 648 375.481 6	0.000 0	2 869 296 748.963 2	2.000 0	0.000 0	0.500 0
54	3 227 958 844.833 6	0.000 0	6 455 917 687.667 3	2.000 0	0.000 0	0.500 0
56	7 262 907 400.875 7	0.000 0	14 525 814 799.751 3	2.000 0	0.000 0	0.500 0
58	16 341 541 651.970 2	0.000 0	32 683 083 301.940 5	2.000 0	0.000 0	0.500 0
60	36 768 468 716.933 0	0.000 0	73 536 937 431.866 0	2.000 0	0.000 0	0.500 0
62	82 729 054 613.099 3	0.000 0	165 458 109 224.199 0	2.000 0	0.000 0	0.500 0
64	186 140 372 879.473 0	0.000 0	372 280 745 756.947 0	2.000 0	0.000 0	0.500 0
66	418 815 838 978.815 0	0.000 0	837 631 677 955.630 0	2.000 0	0.000 0	0.500 0
68	942 335 637 702.334 0	0.000 0	1 884 671 275 402.670 0	2.000 0	0.000 0	0.500 0
70	2 120 255 184 830.250 0	0.000 0	4 240 510 369 658.500 0	2.000 0	0.000 0	0.500 0
72	4 770 574 165 868.070 0	0.000 0	9 541 148 331 734.130 0	2.000 0	0.000 0	0.500 0
74	10 733 791 873 203.200 0	0.000 0	21 467 583 746 404.300 0	2.000 0	0.000 0	0.500 0
76	24 151 031 714 707.100 0	0.000 0	48 302 063 429 412.200 0	2.000 0	0.000 0	0.500 0
78	54 339 821 358 090.900 0	0.000 0	108 679 642 716 180.000 0	2.000 0	0.000 0	0.500 0
80	122 264 598 055 705.000 0	0.000 0	244 529 196 111 407.000 0	2.000 0	0.000 0	0.500 0
82	275 095 345 625 335.000 0	0.000 0	550 190 691 250 669.000 0	2.000 0	0.000 0	0.500 0
84	618 964 527 657 005.000 0	0.000 0	1 237 929 055 314 010.000 0	2.000 0	0.000 0	0.500 0
86	1 392 670 187 228 260.000 0	0.000 0	2 785 340 374 456 520.000 0	2.000 0	0.000 0	0.500 0
88	3 133 507 921 263 590.000 0	0.000 0	6 267 015 842 527 170.000 0	2.000 0	0.000 0	0.500 0
90	7 050 392 822 843 070.000 0	0.000 0	14 100 785 645 686 100.000 0	2.000 0	0.000 0	0.500 0
92	15 863 383 851 396 900.000 0	0.000 0	31 726 767 702 793 800.000 0	2.000 0	0.000 0	0.500 0
94	35 692 613 665 643 000.000 0	0.000 0	71 385 227 331 286 100.000 0	2.000 0	0.000 0	0.500 0
96	80 308 380 747 696 800.000 0	0.000 0	160 616 761 495 394 000.000 0	2.000 0	0.000 0	0.500 0
98	180 693 856 682 318 000.000 0	0.000 0	361 387 713 364 636 000.000 0	2.000 0	0.000 0	0.500 0
100	406 561 177 535 215 000.000 0	0.000 0	813 122 355 070 431 000.000 0	2.000 0	0.000 0	0.500 0

参考文献

[1] 国家发展改革委，建设部. 建设项目经济评价方法与参数[S]. 3 版. 北京：中国计划出版社，2006.
[2] 刘亚臣. 工程经济学[M]. 3 版. 大连：大连理工大学出版社，2008.
[3] 陆宁. 工程经济学[M]. 北京：化学工业出版社，2008.
[4] 李相然. 工程经济学[M]. 北京：中国电力出版社，2008.
[5] 谭大璐，赵世强. 工程经济学[M]. 武汉：武汉理工大学出版社，2008.
[6] 石勇民. 工程经济学[M]. 北京：人民交通出版社，2008.
[7] 蒋景楠，余金凤，陆雷. 工程经济理论与实务[M]. 广州：华南理工大学出版社，2008.
[8] 李雪淋，刘辉. 工程经济学[M]. 北京：人民交通出版社，2007.
[9] 赵阳，齐小琳，孙秀伟. 工程经济学[M]. 北京：北京理工大学出版社，2009.
[10] 邵颖红. 工程经济学概论[M]. 2 版. 北京：电子工业出版社，2009.
[11] 李南. 工程经济学[M]. 2 版. 北京：科学出版社，2004.
[12] 邵颖红，黄渝祥，邢爱芳. 工程经济学[M]. 4 版. 上海：同济大学出版社，2009.
[13] 宋伟，王恩茂. 工程经济学[M]. 北京：人民交通出版社，2007.
[14] 李建峰，刘立国. 工程经济[M]. 北京：中国电力出版社，2009.
[15] 武献华，石振武. 工程经济学[M]. 北京：科学出版社，2006.
[16] 贾湖. 工程经济学[M]. 天津：天津大学出版社，2009.
[17] 庞永师，王亦斌，王学通. 建筑经济与管理[M]. 北京：中国建筑工业出版社，2009.
[18] 杨丽. 建筑经济[M]. 西安：西安交通大学出版社，2009.
[19] 全国注册咨询工程师（投资）资格考试参考教材编写委员会. 项目决策分析与评价（2008 年版）[M]. 北京：中国计划出版社，2007.
[20] 全国造价工程师执业资格考试培训教材编审委员会. 工程造价管理基础理论与相关法规[M]. 北京：中国计划出版社，2009.
[21] 全国一级建造师执业资格考试用书编写委员会. 建设工程经济[M]. 3 版. 北京：中国建筑工业出版社，2011.
[22] 陈宪. 项目决策分析与评价[M]. 北京：机械工业出版社，2008.
[23] 冯为民，付晓灵. 工程经济学[M]. 北京：北京大学出版社，2006.
[24] 国家标准局. 价值工程基本术语和一般工作程序[S]. 北京：中国标准出版社，1987.
[25] 国家质量监督检验检疫总局，中国国家标准化管理委员会. 价值工程　第 1 部分：基本术语[S]. 北京：中国标准出版社，2009.